新聞からみた1918

大正期再考

長野浩典

弦書房

〈カバー・表紙〉

シベリア出兵（右上）、米騒動（左上）、１９１８年が世界歴史の一大転機（中央）、世界的感冒＝スペインかぜ（下）等の状況について報道された１９１８年当時の新聞記事。

目次

凡例

（一）おもな新聞資料は、明治大正昭和新聞研究会編『新聞集成大正編年史』（大正七年度版上（昭和五十一年）、同上ノ下（昭和五十九年）、同中（昭和五十年）、同下（昭和五十二年））、神戸大学附属図書館デジタル新聞記事文庫所蔵資料、大分県立図書館所蔵『大分新聞』、大分市民図書館所蔵『豊州新報』、佐伯市教育委員会所蔵『佐伯自治新聞』および『佐伯新聞』（一九一六年（大正五）一〇月、『佐伯自治新聞』から『佐伯新聞』に改題）を利用した。

（二）かな遣いや言いまわしを現代語に改めた箇所（例えば、「云ふ」→「言う」、「せざる可からず」→「しなければならない」など）がある。さらには、現代語に意訳した箇所も多い。

（三）また新聞名と日付の表記は、一九一八年のものは月日だけ、それ以外は冒頭に年号を入れている。例えば、『大分新聞』一九一八年一月一五日付は（1.15大分）、一九一九年一月一五日付は（1919.1.15大分）。

（四）新聞の略称は以下の通り。『北海タイムス』→北海、『河北新報』→河北、『東京日日新聞』→東日、『東京朝日新聞』→東朝、『万朝報』→万朝、『時事新報』→時事、『報知新聞』→報知、『国民新聞』→国民、『読売新聞』→読売、『中外商業新報』→中外、『新愛知新聞』→新愛、『大阪毎日新聞』→大毎、『大阪朝日新聞』→大朝、『大阪時事新報』→大時、『神戸又新日報』→又新、『山陽新聞』→山陽、『芸備日日新聞』→芸備、『福岡日日新聞』→福日、『大分新聞』→大分、『豊州新報』→豊州、『佐伯自治新聞』→佐伯自治、『佐伯新聞』→佐伯。

はじめに

元号で時代を画する習慣は、日本独自のものである。もともと元号は中国のもので、「皇帝が時間をも支配する」という考えが根底にある。だが筆者には、明治、大正、昭和、平成という、いわば「意味の無い」はずの時間の区分がどうしても頭を離れない。天皇の生き死にで時代を画することは、科学的ではないと自覚しているつもりでも。長いあいだ教育現場にいて日本史を伝え、また学んできた者の経験からいえば、教科書もそれをもとにして展開される授業も、やはり元号無しには成立しない。それは、この国に元号法なるものが厳然と存在することが、やはり大きく作用している。ただ日本史の場合、前近代よりもむしろ近代の方が、この元号に縛られている感が強い。なぜか。

筆者には、明治、大正、昭和という「時代」のイメージを拭えない。慣らされることの恐ろしさも感じている。ところで明治、大正、昭和と並べてみたとき、これまでの筆者の学びで一番手薄なのが「大正」であった。大正デモクラシーや大正ロマン、それに関東大震災など、そのイメージが湧かないことはない。だが実際、「大正」でこれまで深く取り組んだことは、「スペインかぜ」くらいしかない。要は筆者の頭の中では、明治と昭和に挟まれた大正が、「抜け落ちている」という感覚を持ち続けてきた。

教育現場にいたとき、「一九一八年」＝大正七年には、実に色々な出来事があったと、ふと思った事がある。そして、一九一八年から一九二〇年にかけて猛威を振るったスペインかぜについて研究したときも、同じような感慨をもった。ひと言でいえば、一九一八年は「多難な年」。そして二〇一八年、あれから一〇〇年だと思った時に、この本の構想は浮かんできた。第一次世界大戦、米騒動、シベリア出兵、政党政治の成立、スペインかぜ……。そして同時代人はその「自覚」、つまり「多難な年」だという感覚があったのだろうか、こんな時代をどう生きたのだろうかと思った。

拙著の基礎になっているのは、同時代の新聞である。拙著では中央で発行されたいわゆる大新聞（今風にいえば全国紙。厳密にいえば全国紙に近いもの）のほか、当時大分県で発行されていた『大分新聞』『豊州新報』（いわゆるローカル紙）、それにさらにローカルな『佐伯新聞』（現大分県佐伯市で発行されていた週刊新聞。一九一三年（大正二）三月創刊。一九三九年（昭和一四）廃刊）などを利用している。いわば中央（東京や大阪）から大分県、そして佐伯町と、重層的に発行されていた新聞を材料に、「一九一八年」を多面的に掘り起こしてみようと試みた。

さて、同時代人の「自覚」にもどる。『佐伯新聞』一九一八年一二月二二日付【写真1】は、「歳晩偶感」と題して、一年を振り返って次のように述べている。

去来相継《あいつ》いで、旋転極《きわま》りなく、今年も又将に暮れんとして居る。首《こうべ》を回らして往事を追懐し、内地海外の局面を観ずれば、感慨津々《しんしん》として胸中に溢《あふ》るゝを覚ゆる。惶《あわただ》しく変って行く世の様、

大正七年十二月廿二日 NO. 492 THE SAIKI SHIMBUN. Dec,22nd 1918 第二百九十四號

歳晩偶感

去來相繼いで、旋轉極りなく、今年も又將に暮れんとして居る。首を回らして往事を追懐し、内地海外の局面を観ずれば、感慨神々として胸中に溢るゝを覺ゆる。惟しく變つて行く世の機、戰爭、政變、米騷動、流行性感冒など、本年に於ける種々の事變は、さながら走馬燈のやうに、吾人の眼界を過ぎ去つた。吾人は内外の時事によつて、本年程多くの影響や多くの刺戟を受けた眞に多感な年はない。開戰以來五ヶ年に亙つて、全世界を慄然たらしめた歐州の大戰亂も、終に獨逸の屈服を以て、完全に聯合國の勝利に歸し、今や漸く大團圓を告げんとし、時の流れは平和の克復に向つて、刻々に進みつゝあるのは實に喜ばしいことである。今次の大戰は、啻に兵力の戰であるのみならず、思想上の戰であつた。平和主義と軍國主義との戰であり、人道主義と帝國主義との戰であつた。横暴なる獨逸の屈服は軍國主義、帝國主義の敗北に歸着したのである。只管武力をのみ崇拜し、之に由て領土を擴げんとした獨逸國民の誤れる理想の發現が聯合國の總攻擊に遇つてたゞ一の空想となり了つた事は、人道上に於ける最大痛快事である實に驚異すべきは、武力よりも寧ろ思想の力である。今次の大戰に徴して之を觀るに、最も明白なる一事は、正義が（必ずしも聯合國が全然正義とは云へぬとしても）終に最後の勝利を得た事であつて吾人は世界の永久の平和の爲に、是を喜ぶの情甚だ切なる者である。此思想は來るべき媾和會議に於て、幾多の波瀾曲折を經るならんも、必ずや列國の政治の運用上に於て、最大限度まで具体化せらるゝことを信じて疑はない。本年は獨逸の屈服的休戰によつて有史以來無比の大戰が收まつたのみならず、人道主義の勝利を明快に啓示せられて、人類が大覺醒をなし平和の世界に進まんとする世界歷史の一大轉機として、不朽に傳へらるべき、寔に重大なる意義を有する年であることを記憶せねばならぬ。吾輩は歳晩に際して最も深刻なる所感の一を披瀝し、殘日幾許ならずして將に別れんとする此年に餞し、平和主義の理想を更に新にして、多望なる新春を迎へたいと思ふ。

運動界時言

（四）レコード

運動競技の進歩はレコードの觀念が競技者、指導者及び一般運動愛好者の間に徹底して來なくては遂げられぬ。競技の際例令一着になつたとするも、其のレコードが貧弱であるならば決して名譽とするに足らぬのである。レコードの觀念が明確に出來て其處に始めてレコードの觀念を基として行る科學的の研究と練習とは起る。扨事になると、走路を出來得る限り立派にすると云ふ事が直ぐ頭に來なくてはならぬが、運動場狹く、走路が小さく、到底其の實力を發

写真１　歳晩偶感。1918年が「世界歴史の一大転機」という（12.22佐伯）

戦争、政変、米騒動、流行性感冒、さながら走馬灯のように、吾人の眼界を過ぎ去った。吾人は内外の時事によって、本年程《ほど》多くの影響や刺戟を受けた真に多感《ママ》な年はない。開戦以来五ヶ年に亘《わた》って、全世界を慄然たらしめた欧州の大戦乱も、終《つい》に独逸《ドイツ》の屈服を以て、完全に聯合国の勝利に帰し、今や漸く大団円を告げんとし、時の流れは平和の克復に向って、刻々に進みつつあるのは実に喜ばしいことである。今次の戦争は、啻《ただ》に兵力の戦いであるのみならず、思想上の戦いであった。平和主義と軍国主義との戦であり、人道主義と帝国主義の戦であった。横暴なる独逸《ドイツ》の屈服は軍国主義、帝国主義の敗北に帰着したのである（中略）。本年は独逸の屈服的休戦によって有史以来無比の大戦が収まったのみならず、人道主義の勝利を明快に啓示せられて、人類が大覚醒をなし平和の世界に進まんとする世界歴史の一大転機として、不朽に伝えらるべき、寔《まこと》に重大なる意義を有する年であることを記憶せねばならぬ（12.22佐伯）。

「戦争、政変、米騒動、流行性感冒」。戦争とは青島攻略を含

む第一次世界大戦とシベリア出兵、政変とはロシア革命と原内閣の成立、日本全国を揺るがせた米騒動、流行性感冒はスペインかぜである。続けて、「吾人は内外の時事によって、本年程多くの影響や刺戟を受けた真に多感な年はない」という(「多感」は文脈からして「多端」と同意)。確かに同時代人には、この年が特別(多端、多難)だったという「自覚」があったのである。そしてさらに、この年は「世界歴史の一大転機」だったと明言している。「一大転機」とは、第一次世界大戦で人道主義が軍国主義に勝利し、世界が国際平和構築に向かう転機という意味である。ここには、筆者がかつて一九一八年についてふと思った「特別感」ともいうべきものが、短い文章で語られているように思えた。ところが、一〇〇年後の今日からみれば、その後の日本は、軍国主義が敗北した「一大転機」を自覚しなかったか、あるいは一度自覚しながら、忘れたような方向へ進んでしまう。

筆者は、「一九一八年」が特別な年、言い換えれば歴史的な一大転機の年であったという考えに立ち、拙著を書きはじめた。もちろん、この年だけで話が完結するわけではない。一九一八年を起点に時間を昇降しつつ、当時の新聞を材料として「一九一八年」を、そして「大正期」の意味を考えてみたいと思う。

序章

大正とはどんな時代だったのか

明治と昭和のはざま

二〇二三年からちょうど一〇〇年前、一九二三年は大正一二年である。この年に、関東大震災が起こる（九月一日）。大正は一五年間続いた。そして、明治と昭和のはざまである。しかも、昭和と明治に比べると短い（明治は四五年、昭和は六四年続いた）。明治と昭和の時代としてのイメージは、比較的容易に像を結びやすい。明治は近代日本の夜明け。明治維新で近代社会を迎える。大日本帝国憲法制定や日清・日露戦争の印象も強い。昭和に入ると間もなく、満州事変から日中戦争、そしてアジア・太平洋戦争で日本は破局を迎えた。占領下で日本国憲法が制定され、新生日本が生まれた。では、大正には何があったか？

大正期にも大事件はあった。大正政変、米騒動、第一次世界大戦。しかしどうも、「大正」には確たるイメージがわかない。当時、「欧州大戦」といわれた第一次世界大戦は、わが国は関与しなかったと思っている人も多い。しかし、第一次世界大戦で世界は変わった。世界が変わったのに、日本が変わらないはずはない。

およそ一〇〇年前の大正期は、われわれが生きる現代との類似点が多い。第一次世界大戦がはじまると、空前の好景気である「大戦景気」がやってきた。軍需品のヨーロッパへの輸出、ヨーロッパ勢の後退により空洞化したアジア市場への繊維品などの輸出で、日本は貿易黒字となる。輸送用の船舶が欠乏したため、日本の船の価値が跳ね上がる。船成金《ふななりきん》はじめ、株成金、鉄成金など、〇〇成金が方々に生まれた。それはちょうど、一九八〇年代末からのバブル景気のようだった。しかし世界戦争が終わると一転、長期間の不況に陥った。これを戦後恐慌という。バブルも崩壊して、その後は平成の「失われた三〇年」という長期不況にみまわれた。

空前の好景気とその後の不況の中で、深刻な事態が進行していた。格差の拡大である。この頃、河上肇《かわかみはじめ》が『貧乏物語』を書いた。『貧乏物語』は、一九一六年（大正五）九月から『大阪朝日』に連載された。河上は、資本主義と貧困の問題を直結させ、貧困をなくす方策（貧乏退治）を提示した。しかも貧困の問題は、日本だけのものではなかった。当時最も豊かと思われたイギリスでも、アメリカでも同様だった。イギリスでは、人口のわずか二パーセントの「最富者」がイギリスの「富」の七一・七パーセントを所有。人口の六五パーセントを占める「最貧者」は、「富」の一・七パーセントの「富」しかない。これも、現代に通じる。

格差や貧困の原因は何か？いうまでもなく、資本主義がもつ富の分配の不均衡にある。しかしそこに暮らす市民の目には、労働者の増加や都市問題がその原因として映るだろう。この頃外国人も増加した。大戦景気で、朝鮮半島から職を求めて多くの人々がやってきた。しかし好景気が去ると、低賃金で働く彼らが失業者増加の原因にみえた。そして、排外的な民族主義も生まれる。これもまた現代に置き換えると、「自国第一主義」や移民排斥、ヘイトスピーチに通ずるものがある。

格差が広がり貧困がはびこると、やがて市民は変革を求める。第一次世界大戦後には、世界的にデモクラシーや協調主義が叫ばれた。日本では「大正デモクラシー」といわれる政治・社会状況が生まれた。そして米騒動がおこり、本格的な政党内閣（原内閣）が成立した。

桂園時代から大正政変

明治期の政治をリードした伊藤博文は、イギリス型の二大政党制を指向した。伊藤は政党の台頭をみて、その力を取り込もうとした。いっぽう、政党を力で押さえ込もうとする第二次山県内閣に反発した憲政党も、伊藤に接近した。こうして、一九〇〇年（明治三三）に伊藤系官僚と憲政党（旧自由党系）との妥協の産物たる、立憲政友会が成立した。しかし、政友会以外の政党の成長は未だみられなかった。そのため、桂太郎の藩閥内閣と政友会を基盤とする西園寺公望の政権交代が続いた（桂園《けいえん》時代）。ただし、桂の「藩閥政権」と西園寺の「政党政権」は、政権交代に限っていえば、厳しい対立関係にはなかった。藩閥と政党の政治構想に大きな違いはなかったし、お互いは補完関係にあった。

一九一二年（明治四五）七月、明治天皇が崩御《ほうぎょ》した。この時期桂は、日露戦争を勝利に導き政治的権威を増していた。それは山県をも上まわる勢いであった。山県と桂の間には、すでに溝があった。明治天皇崩御を機に、山県は桂を政界から葬ろうとした。山県は他の元老にも働きかけて、桂を内大臣《ないだいじん》兼侍従長《じじゅうちょう》に就任させた（同年八月）。内大臣というポストは事実上、政界を引退した後に就くポストであった。桂は事実上、政界から引退したとみなされた。

しかし、桂は政界への復帰をはかる。第二次西園寺内閣で陸軍大臣上原勇作陸軍大将は、朝鮮に配置する二個師団の増設を要求した。上原の背後には桂がいた。日露戦後、日本の財政状況は厳しかったため、西園寺内閣は二個師団増設を拒否する。上原陸相は辞職し、陸軍省は後任を出さなかった。当時の制度では、ひとりでも大臣が揃わない場合、内閣は存立しえない。一九一二年一二月、第二次西園寺内閣は総辞職した。

これをうけて第三次桂内閣が成立したが、世論は桂の政界復帰に猛反発した。しかし、元老山県にも激しい批判が浴びせられた。今回も桂を指名したのは、山県だとみられた。山県個人のみならず、憲法に規定がない元老制度への批判も厳しかった。元老とは、伊藤博文（長州）・山県有朋（長州）・黒田清隆（薩摩）・松方正義（薩摩）・大山巌《いわお》（薩摩）・井上馨《かおる》（長州）・西郷従道《つぐみち》（薩摩）の七人にのち西園寺公望（公家）が加わって八人である（その時々で人数は変化）。元老たちは、時の重要政務や後継首相の指名に、大きな影響力を持っていた。

藩閥政府批判は、第一次護憲運動という政治運動となった。立憲政友会の尾崎行雄と立憲国民党の犬養毅の野党勢力が中心となり、これにジャーナリスト、それに商工業者や都市市民が加わった。運動は「閥族打破・憲政擁護」をスローガンに全国に広がった。「閥族《ばつぞく》」とは、藩閥、元老、官僚、陸海軍など政権を独占してきた集団である。桂は非政友会系の新党を組織して対抗しようとした。しかし一九一三年（大正二）二月には、数万人の群衆が議会を包囲した。内乱に発展することを恐れた桂は、二月一一日に総辞職した。組閣してわずか五三日、これを大正政変という。政党が主導したとはいえ、民衆の運動で藩閥政府が倒れたのはこれが史上初めてだった。市民の政治的要求を背景とした、政党の政治的力が目にみえた瞬間だった。

ヨーロッパの火薬庫

二〇世紀初頭のヨーロッパでは、ドイツはが強大な軍事力を背景に積極的に勢力圏の拡大をはかった。このドイツとイタリア、それにオーストリアを加え三国同盟が結ばれた（一八八二年）。これに対し、ロシア・フランスは露仏同盟を結んで対抗した（一八九四年）。ドイツに脅かされはじめたイギリスは、まずフランスと手を結んだ（英仏協商、一九〇四年）。また日露戦争に敗北したロシアは、バルカン半島への進出に転じた。そしてイギリスに接近し、英露協商を結んで（一九〇七年）ドイツと対抗した。この露仏同盟・英仏協商・英露協商による三国の同盟関係を三国協商といい、事実上、ドイツを軍事的に包囲した。日本は日露戦争前にイギリスと日英同盟（一九〇二年）、日露戦争後にロシアと四次にわたる日露協約（一九〇七～一九一六年）を結んでいたため、必然的に三国協商側に立つことになった。

いっぽう、オスマン帝国が退いたバルカン半島では、領土の分配をめぐる小国間の対立が激化した。ロシアはスラブ人の民族主義を支援して、この地域への影響力を強めていた。一九一三年、セルビアとブルガリアがマケドニア地方の領有をめぐって戦った。敗北したブルガリアはこれ以後、ドイツへの依存を強めていく。ロシア（スラブ）とドイツ（ゲルマン）の対立と大国の二極化の歪みが、バルカン半島に集中した。バルカン半島の紛争は大国間の戦争に波及する可能性があったため、ここを「ヨーロッパの火薬庫」と呼んだ。

第一次世界大戦

一九一四年（大正三）六月二八日、ボスニアの首都サライェヴォで、ドイツと同盟関係にあるオーストリアの帝位継承者がセルビア（親ロシア）の青年に暗殺された。約ひと月後、オーストリアとセルビアの間に戦争がはじまり、火薬庫に火が付いた。八月には、バルカン半島の紛争が、ドイツとロシア・フランスとの戦争に拡大した。当初この戦争は、数ヶ月で終わるものと思われた。近代兵器の破壊力が、戦争を短時間のうちに終わらせるといわれた。ところが戦争は、東アジアにも波及し、四年余りに及ぶ世界戦争に発展した。

はじめ戦局は、ドイツが有利だった。しかし東部戦線では、ドイツはロシアに対し決定的な勝利を得る事ができなかった。西部戦線でもドイツが優勢だったが、フランスがマルヌの戦いに耐え、戦局は膠着状態に入った。一九一五年になるとドイツは、指定海域での無制限潜水艦攻撃をはじめた。同年五月、ドイツの潜水艦がイギリス客船ルシタニア号を撃沈。乗客乗員約一二〇〇人が死亡したが、そのうち一二八人がアメリカ人だった。アメリカの国民世論は激昂《げきこう》し、この出来事が中立を保っていたアメリカの参戦（一九一七年四月）の動機となった。アメリカが参戦すると連合国（協商国）側が有利となった。

いっぽうロシアでは革命が起こり、ロマノフ王朝が倒れた（一九一七年）。一九一八年三月、ロシアはドイツ・オーストリアと単独講和を結び、戦争から離脱した。同年ドイツでも皇帝が退位し、共和国が成立した。共和国政府が連合国に降伏して、四年余り続いた世界戦争がようやく終わった

（一一月）。

第一次世界大戦は、戦争の性格を一変させた。これまでの戦争は、軍隊同士の戦闘が中心だった。しかしこの戦争では、各国ですべての国民が戦争に動員され、また被害を被った。国民の生活の場や生産の場も、攻撃対象となった。このような戦争を、総力戦と呼ぶ。また第一次世界大戦では、多くの新兵器が投入された。航空機、戦車、毒ガス、潜水艦などである。新兵器が投入された塹壕戦《ざんごうせん》では、現場の兵士たちは戦争の目的すら見失っていった。シェルショックと呼ばれる精神障害（戦争ストレス反応）が、多くの兵士にみられた。ヨーロッパの都市や自然は破壊され、国民生活は破綻した。

この戦争で、いったいどれだけの人々が犠牲となったのか。軍関係者の死亡に限れば八五〇〜九〇〇万人という推計がある。これに民間人の犠牲者を加えれば、合計で一六〇〇万人ともいわれる（飯倉）。第一次世界大戦は、人類史上、最初の大量殺戮戦争であった。

日本の参戦と中国進出

第一次世界大戦がはじまったとき、日本は第二次大隈内閣だった。大隈内閣は、この欧州大戦を、「天佑（天の助け）」とみた。日本が中国で得た「利権」を維持、拡大する絶好のチャンスにみえた。日露戦争で獲得した満蒙の利権は、間もなく期限切れするものもあったから、その延長が急務だった。八月七日から八日にかけて、内閣は徹夜の閣議を行い、加藤高明外相の主導で、日英同盟を根拠に対独参戦することを決定した。八月一三日、日本はドイツに宣戦布告した。

中国の山東省東部、膠州湾《こうしゅうわん》の都市青島《チンタオ》はドイツが租借していた。日本はこの山東半島の獲得に乗り出すが、目的はドイツ勢力の一掃やドイツが持つ権益の獲得ではなかった。その最大の狙いは、ドイツから獲得した山東半島の返還を取引材料として、中国からさらに南満洲の権益を獲得することにあった。日本陸軍は、九月二日に山東半島に上陸し、一一月七日に青島は陥落した。いっぽう海軍は、ドイツ領南洋諸島に対しイギリス海軍と共同作戦を展開。九月から一〇月にかけて、赤道以北のドイツ領南洋諸島を占領した。なお太平洋では、オーストラリアとニュージーランドがイギリスの自治領として参戦し、ドイツ領を占領した。

列強がヨーロッパに釘付けになっている隙に、日本は中国での権益の拡大をはかる。日本は一九一五年一月一八日、中国の袁世凱政府に対して、二一カ条の要求を行った。主な要求内容は、①山東省のドイツ権益を日本が継承すること、②南満洲（旅順、大連）および鉄道（南満洲鉄道、安奉《あんぽう》鉄道）の租借期限の九十九ヶ年延長、③日本人の政治・財政顧問および軍事顧問を採用すること、などであった。このうち③は「第五号」要求といわれ、さすがに中国政府も拒否し続けアメリカに助けを求めた。アメリカ政府が、「第五号」を強く非難したため、日本は「第五号」を削除せざるを得なかった。

日本海軍の地中海派遣

一九一七年、ドイツの無制限潜水艦作戦がはじまった。アメリカの参戦も確実になった。二月一〇日、日本政府はイギリスの要請に応じ、海軍の地中海派遣を決定した。ただしこの背景には、山東半島と南洋諸島のドイツ権益を日本が引き継ぐという英仏露との密約があった。

日本海軍は、第一特務艦隊をインド洋に派遣し、イギリスやフランスの輸送船団の護衛を受け持った。二月には、地中海に向けて第二特務艦隊が佐世保から出港した。第二特務艦隊は、巡洋艦一隻と駆逐艦一二隻から成っていた。艦隊の任務は、ドイツの潜水艦から連合国艦船を守ることであった。第二特務艦隊は、地中海のマルタ島（現マルタ共和国）を基地としその任務は一年九ヶ月に及んだが、大半はイギリス軍艦と輸送船の護衛であった。この間、駆逐艦「榊《さかき》」が、ドイツの潜水艦の魚雷攻撃を受け、艦長以下五九名が戦死するという悲劇もおきている（一九一七年六月）。

パリ講和会議

一九一九年一月、パリで講和会議が開かれた。日本は、西園寺公望・牧野伸顕《のぶあき》らを全権として送った。講和会議は、アメリカ・イギリス・フランス・イタリアが主導する、欧米の国際会議であった。

日本にとって最も重要だったのは、いうまでもなく山東省の権益問題だった。日本は、山東半島のドイツ権益の継承を主張した。中国は強く反発し、アメリカのメディアも日本を批判した。アメリカが日中両国に様々な条件を提示したが、両国の歩み寄りは難しかった。四月になってアメリカも折れ、日本の要求がほぼ受け入れられた。ドイツ権益は日本に引き継がれた（赤道以北の南洋諸島も含む）。中国は反発したが、講和会議を主導した国々は、所詮帝国主義国に他ならなかった。

中国では五月四日、天安門広場に学生が集まって抗議行動を行った。中国全土で日本商品に対するボイコット運動が広がった。この反日国民運動を五・四運動という。これを受け中国政府は、ヴェルサイユ条約の調印を拒否した。三月には、朝鮮でも日本からの独立を宣言する三・一独立運動が起きていた。民族自決主義に基づく植民地からの独立を求める動きは、世界中に広がりつつあった。

六月、ヴェルサイユ条約が調印された。条約はドイツに巨額の賠償金を課し、軍備を制限し領土の一部を割譲させた。また民族自決の原則のもと、東ヨーロッパに多くの独立国家（国民国家）が誕生した。また国際紛争を平和的に解決する機関として、国際連盟が設立され、日本も常任理事国のひとつとなった。ヴェルサイユ条約に基づくヨーロッパの新しい国際秩序をヴェルサイユ体制と呼ぶ。

ワシントン体制と協調外交

いっぽう、東アジアの情勢は流動化していた。日本の露骨な中国進出、ソヴィエト政権の動向、中国や朝鮮での民族運動の活発化などが世界の注目を集めた。アジア・太平洋地域においても、新しい国際秩序の構築が求められた。

一九二一年（大正一〇）一一月、アメリカは東アジア問題と軍縮のための国際会議を開催した（ワシントン会議）。第一次世界大戦後の国際社会をリードするのは、連合国を勝利に導き、民族自決という新しい国際社会の方向性を提示したアメリカだった。これまでの日本外交は、イギリスとの関係が基軸だった。しかし大戦中、日本が山東半島に進出するとイギリスとの関係は緊張に転じた。イギリスにとって、もはや日英同盟は必要性が薄れた。日本は、イギリス以上にアメリカとの外交を重視せざるを得なかった。原敬内閣は、欧米との協調外交を選択した。日本は加藤友三郎《ともさぶろう》、幣原喜重郎《しではらきじゅうろう》らを全権として派遣した。会議においてはまず、米・英・日・仏のあいだで、太平洋地域の領土の現状維持（相互尊重）と紛争の話し合いによる解決を決めた四カ国条約を結んだ。これにより、日英同盟協約の終了が同意された。ついで翌年、この四カ国に中国など五カ国を加え、中国問題に関する九カ国条約が結ばれた。この条約では、中国の領土保全と主権の尊重、中国における各国の経済上の門戸開放、機会均等が約束された。日本はこの条約に関連して、山東半島における旧ドイツ権益を中国に返還した。さらに主力艦（戦艦、大型巡洋艦など）の保有量を制限する海軍軍縮条約も結ばれた。こうして、アジア・太平洋地域の新しい国際秩序が構築されたが、これをワシントン体制という。

大戦景気と戦後恐慌

開戦の翌年一九一五年（大正四）から、好景気がはじまった。貿易は大幅な黒字となり、日本は債務国から債権国に転じた。戦場となったヨーロッパからは軍需品ほか、大量の物資の需要が日本に舞い込んだ。ヨーロッパからアジアに流れ込んでいた商品は途絶え、これに日本商品が代わった。貿易が拡大し、船舶が大幅に不足したため、船成金が方々に現れた。船成金のほかにも、金物成金、製糸成金などが現れた。しかし最も多かったのは、株成金だった。投資家たちは「成金の夢」をみて、兜町《かぶとちょう》に群がった。

重工業化も進展した。八幡製鉄所が拡張され、南満洲鉄道株式会社の鞍山《アンシャン》製鉄所が設立された。薬品・染料・肥料などの化学製品が、ドイツから輸入できなくなり、国産化が進んだ。各地で水力発電事業も伸展した。こうして、工業のうち重工業生産額が約三割をしめるようになった。また、工業生産額が農業生産額を上まわった。

大戦景気で物価が高騰して、庶民の生活を直撃した。物価の上昇に賃金の上昇が追いつかなかった。大戦景気は多くの成金を生むいっぽう、都市生活者を圧迫した。このような状況が、米騒動を招く原因ともなる。いっぽう農村でも、寄生地主制のもと小作人たちは、高率の小作料に苦しんだ。

第一次世界大戦は、一九一八年（大正七）一一月に終わる。貿易収支は翌年、輸入超過に転ずる。そして一九二〇年四月、株価が暴落する。戦後恐慌の到来である。この後、日本経済は長期の不況に陥る。戦後恐慌後の一九二三年（大正一二）には震災恐慌、一九二七年（昭和二）には金融恐慌（不良債権による銀行の経営難）、一九二九年には世界恐慌を迎える。

様々な社会運動

総力戦に動員された諸国民は、政治参加を要求するようになる。急速に増加する労働者たちも、賃上げや権利の拡張を主張する。格差の拡大も、もう限界に近かった。こうして大正期は、世界的にも労働運動や社会運動、それに民族運動が盛り上がった。日本でもロシア革命や米騒動の影響で様々な社会運動が勃興した。

労使協調を謳って結成された友愛会（一九一二年八月創立）は、一九一九（大正八）に大日本労働総同盟友愛会と改称した。翌年には、初めてのメーデーが開催された。農村で拡大する寄生地主制に抗する農民たちは、全国組織である日本農民組合を結成した（一九二二年）。日本農民組合は小作人を組織化し、小作料引き下げを求めて小作争議を展開した。

一九一〇年（明治四三）の大逆事件後、「冬の時代」にあった社会主義運動も再開した。一九二〇年（大正九）には、様々な運動を糾合した日本社会主義同盟が結成された。しかし厳しい弾圧と翌年の解散命令により、第二回大会後に解散した。短命ではあったが、様々な団体が社会主義組織に集まったことには大きな意義があった。ロシア革命の影響で、わが国でも共産主義の影響が著しく増大した。一九二二年には日本共産党が結成された。日本共産党は、コミンテルン（共産主義の国際組織）の日本支部として非合法のうちに結成された。

一九一一年には、平塚らいてうらによって、文学者団体の青鞜社が結成された。機関誌『青鞜』を発行し、婦人解放運動（フェミニズム運動）を精力的に展開した。一九二〇年には、女性参政権と女性の地位向上を目指す新婦人協会も結成された。一九二二年には、被差別部落の住民に対する社会的差別撤廃をめざして、全国水平社が結成された。

大正期の文化

大正期は、資本主義経済の発展により、都市化が進行し都市人口が増加した。都市では労働者が増加し、サラリーマンが大量に現れた。大正期の文化は、都市化と切り離せない。

都市では市電やバスなどの交通機関が発達し、東京と大阪では地下鉄も開業した。私鉄では都心と郊外を結ぶターミナル駅が造られ、ターミナルデパートが現れた（第一号は阪急梅田の白木屋《しろきや》）。阪急電鉄の創業者小林一三は、娯楽施設の宝塚少女歌劇団（宝塚歌劇）を創設し阪急梅田と直結した。大正初期までに現在の南海、阪神、京阪、阪急、近鉄の五大私鉄が成立した。

大阪系の新聞が東京へ進出し、全国紙の系列化（『大阪朝日』と『東京朝日』、『大阪毎日』と『東京日日』）が進んだ。ラジオ放送は、一九二五年（大正一四）に東京・名古屋・大阪ではじまった。翌年には三局を統合し、日本放送協会（NHK）が設立された。出版界では、円本や岩波文庫のように書籍が低価格化し大衆の手に渡るようになった。大衆娯楽雑誌『キング』が、一九二四年に創刊され、発行部数も一〇〇万部をこえた。

文学では、明治後期から森鷗外や夏目漱石をはじめ多くの作家が現れた。なかでも、有島武郎・志賀直哉・武者小路実篤らの白樺派、芥川龍之介・菊池寛らの新思潮派、永井荷風・谷崎潤一郎の耽美派などが活躍した。またプロレタリア文学運動も興隆し、小林多喜二・徳永直らは、労働者の生活をリアルに描いた。

洋画では、安井曾太郎・梅原龍三郎・岸田劉生らが活躍した。日本画では、横山大観・竹久夢二・上村松園らが斬新な作品を描いた。横山大観らは、日本美術院を再興し院展を発展させた。彫刻では高村光太郎、平櫛田中らが活躍した。

天皇機関説と民本主義

大日本帝国憲法の解釈は、はじめ天皇主権説が支配的であった。天皇の主権の淵源は「皇祖皇宗」に求められたから、神授的王権論ともいうべきものであった。これに対し、統治権は法人たる国家に属しているという国家法人説に基づいて、天皇機関説が唱えられた。天皇機関説は、天皇も国家機関（議会や内閣、裁判所など）の最高機関ではあるが、国家の大枠に包摂される。従って、天皇の神としての超越性は否定される。この天皇機関説を発展させたのが美濃部達吉であった。美濃部は議会の役割を高める方向で、天皇機関説を発展させた。それは政党が勢力を増し、議会重視の政党政治の実現に近づく過程と軌を一にしていた。そして一九一八年の原内閣で、本格的な政党内閣が成立した。言い換えれば、天皇機関説と政党政治は補完しあう関係にあった。天皇機関説は、大正期を通じて大日本帝国憲法の正当な解釈＝学説であった。

この天皇機関説とともに、政党政治を理論的に支えたのが吉野作造の民本主義であった。民本主義は、天皇主権を否定することになる民主主義と区別された。民本主義の意味するところは、政治の目的を民衆の福利におき、政策決定は民衆の意向によるべきとした。具体的な目標を政党政治と普通選挙法の成立においた。

「大正デモクラシー」

美濃部や吉野の学説や政治論は一世を風靡したが、この時期の「デモクラシー」には大きな落とし穴もあった。日清戦争以来、日本が獲得してきた台湾や朝鮮などの植民地に対しては、「デモクラシー」は冷淡であった。この時期の支配的な考え方は、いわゆる「内には立憲主義、外には帝国主義」というものであった。簡単にいえば、台湾や朝鮮、そして日本の大陸進出を否定する論調は、ほとんどみられなかった。

そのような中、『東洋経済新報』の石橋湛山は、「植民地放棄論」を主張した。『東洋経済新報』は、植民地の人びとのナショナリズムを肯定し、彼らの独立を支持した。すなわち植民地を放棄することによって、わが国の平和と経済発展が実現すると主張した。

また石橋は、国家の最高の支配権は、政体の如何にかかわらず「全人民」にあるとした。要するに、国民主権論である。このような考えは、主権の所在は天皇ではなく法人たる国家にあるとした美濃部の天皇機関説や、主権論を避けた吉野の民本主義さえをも超える考え方であった。さきの「内には立憲主義、外には帝国主義」と対比するなら、石橋は「内に国民主権主義、外に非帝国主義」を主張した。それは関東大震災がおこる少し前であったが、震災はこのようなデモクラシー状況を帝国主義と軍拡の方向へ「揺り戻す」契機ともなった。

第一章

第一次世界大戦と格差・革命

1 大戦景気と格差・社会政策

「経済界は誇大妄想」

明治末期から大正初めにかけて、日本経済は日露戦後からの長期不況が続いた。第一次世界大戦は、その不況と財政危機を一気に吹き飛ばした。第一次世界大戦による好景気を、一般に大戦景気とよぶ。好景気がはじまったのは、一九一五年（大正四）後半からで、それから一九二〇年三月までの約四年半、大戦景気は続いた。一九一七年の経済を振り返った『万朝報』は、「輸出貿易は益々旺盛にして正貨の流入が多く、露国の革命運動も日本銀行の金利引き下げも、比較的大なる打撃を加える事無く、好景気に酔える者尚すくなからず」（1.1万朝）と評した。

『新愛知』は、「経済界は誇大妄想」と題して、異常とも言える大戦景気を批評し、国民生活の見地から警鐘を鳴らした。「戦争中は、国家も個人も、或る程度までは誇大妄想の病的状態に陥り易い」。社会一般では「一部の成金連を呼んで誇大妄想狂」などといっているが、成金でない一般国民も、誇大妄想にとりつかれていて、「問題はただ程度の問題である」という。そして、経済評論家はこぞって大戦景気を祝し「膨張を歓び、欧州戦争が一日でも長く続くことを希望しないものはない」。貿易は今や輸出超過となって、正貨は内外に一二億円に増加した。「しかし、数字がもっと大きく多くなれば、経済は発展するものと思い込んでいるが、これは誇大妄想である」。貿易黒字の大きさは、必ずしも国民生活の向上をもたらさない。「経済界の誇大妄想は、火事場泥棒主義の産物である。わが国では、火事場泥棒的射倖主義が国民化した」。「欧州戦争の永続が、これまでのように偶然の利益をわが国にもたらすか、それは疑問である」(7.13・7.14 新愛)と批判した。

記事の終盤には、欧州戦争が終わるならば、「かねての問題である出兵の必要」が起こるかも知れないと、新たな対外戦争(シベリア出兵をさす)に期待する風潮があることにも触れている。

成金の群

大戦景気を象徴するものに成金がある。成金とは、投機的経営によって、いっきょに巨利を得て富者となるものをいう。もともと日露戦後に使われはじめ、大戦景気のときに盛んに使われた。戦後も、朝鮮戦争の特需景気の際に用いられた。

当時の新聞紙上にも、成金に関する記事は溢れている。二月八日付の『大阪毎日』は、兵庫県の例を取り上げて、富者の「三分の二は船成金」という。「戦争以来大《だい》成金の簇生で、古くから丸持《まるもち》長者と呼ばれて居た百万長者も、今日では最早金持ちとは言われぬ様になった」。特に兵庫県では、神戸市を中心として船成金が続出したので、「多額納税者の顔触れは全く一変し、明年度の多額納税者十五名中、十名までは船成金が占めようという形勢にとなった」(2.8 大毎)と。あくまでも兵庫県の例ではあるが、上位一五人の高額納税者のうち一二名は船成金だという。続けて、戦争前の多額納税者の最高額が四万円であったものが、次年度の最高額は、何と七倍の二八万円だともいう。

一九一七年頃から、諸物価が高騰した。これにより、諸商品の生産者や小売業者の中にも「小成金」が簇生した。例えば、「木炭成金」である。炭焼き業といえば、典型的な零細家内工業のひとつである。ところが、「木炭成金」という「小成金」が各地に現れた。「鰻上りの物価騰貴につれて、底知らずに昂騰した木炭は、平年の約倍以上六七割」ほど高騰した。千葉県下においても「君津郡の三島、松丘、亀山地方、市原郡の白鳥、里見地方の山間部落を始め、到る処に炭の小成金が出来た」。「従来炭焼きは、一日煤《すす》にまみれて炭を焼いても、精々一～二円しか手許に残らなかったが、今や日当が二円五十銭から三円位になり、ひと月八十円から九十円のすばらしい収入がある」。そのため「誰も彼も競って炭焼きをはじめ、僅《わず》かの間に数百円を懐中にして、いつにない目出度い春を迎えた者がすくなくない」（1.10東日）という。

「木炭成金」を取り上げたのには、理由がある。大分県佐伯町を含む、南海部郡《みなみあまべ》も木炭産地として知られている。この地方にも、「木炭成金」は現れたのか。『佐伯自治新聞』一九一七年九月一三日付「需要期に入った木炭の大景気」は、「木炭もようやく需要期に入り、京阪その他の地方より註文輻輳し、製造者、移出業者は繁忙を極め居る模様」といい、京阪に加え「大連青島方面より註文」も二五〇〇俵に及ぶという。しかも木炭価格は、一俵平均で昨年の五五銭六分から一〇二銭四分と、倍近くに値上がりし「一層の活況を呈し」ているという（1917.9.13佐伯自治）。木炭の注文は、国内だけでなく大連や青島からも大量に入った。一一月四日付「木炭の好況と山林政策」は、木炭業界の好況は空前の活況となり、「木炭製造業者は日夜営々として心身を息《やす》むるの暇なく、老人と幼者と家畜を残して一村の男子ことごとく山に入るの有様」であるという。これは南海部郡の「富力を増進し、木炭の販路を拡張し、更に大いに声価（名声）を発揚」するうえで、またとない機会であると、伝えている（1917.11.4 佐伯自治）。南海部郡においても、無数の「木炭成金」が生まれていた。

細民の群

成金が多数生まれたいっぽう、同時にまた夥しい貧者、すなわち「細民の群」が生じていた。第一次世界大戦期は、蔽うべくもない格差社会であって、苛烈な米騒動が発生するのはそのためであった。細民とは、一般に下層階級の人々をさし、貧民とほぼ同義語である。好景気の陰に生まれた、細民集団の存在は、為政者からみれば犯罪予備軍にみえ、社会不安の種であった。また別の観点からすれば、労働者とともに社会政策の対象者でもあった。

東京府では、警視庁が「細民名簿」を作るために、一九一七年一二月から細民調査をはじめた。目的は「社会政策及び犯罪研究の必要上」だという。細民が犯罪予備軍とみられていたことが分かる。この調査でいう細民とは、一世帯①一人で月収九円以下、②二人で同一四円以下、③三人で同一七円以下、④四人で同一九円以下、⑤五人で同二一円以下、⑥六人以上で一人あたり収入四円を超えない、という定義であった（この時期の米価を一升二五～三〇銭として換算すれば、一円は現在の二〇〇〇円弱程か）。この定義をひと言でいえば、「所謂《いわゆる》食うや食わずに日を送っている」人びとである。

警視庁の保安課長は、現在調査中だが、「報告中には、薄暗い四畳の間に少なくて三人、多い場合は親子五人以上の人数が、極寒の今日一枚の煎餅布団に四人もくるまり、亭主は五円、妻は三円を稼ぎ」、そのわずかな収入から部屋代を支払い、「残飯を買ってかゆを拵《こしら》えて空腹を充たしている者もある」。「金銭を湯水のように使っている成金連は、細民の生活を見て」目を覚まし、彼等を救済する社会政策に協力すべきである（1.24東朝）と述べている。

調査の結果（実際の調査では、先の定義の⑥が「七人以上」に訂正されている）、東京市府におよそ一三万人の「細民」が存在することが判明した（一九一八年一月東京府人口二九〇万人余）。そして①に該当する者の多くが独身者で、「一定の職業なきか、或いは屑《くず》拾い及び下駄の歯入れを生業とする者」、②以下の者は、「皆労働者及び職工である。彼等は大抵家賃一円六十銭、二畳あるいは三畳の一間に家族三人位で住み」、現在米が高いので、昨年末あたりから残飯を買い、あるいは「南京米《ナンキン》」という安い外米（輸入米）を食べている。「野菜物は高すぎるので殆《ほとん》ど口に入らず、副食物としては芋切れを塩で煮て食うもあり」。寒い夜でも薪炭も買えない者が多い、という。さらに、「兎に角ドン底に近い生活をなす極下層の民が、日々増加しつつあるは事実である。東京府に於いてはようやく近頃、調査に着手したようであるが、内務省に於いては」、まだ何も行っていない。「社会政策を口にしている政府だけにこの焦眉の問題に対して」、徹底的な救済方法を講じてもらいたい（2.23東日）という。日々細民が再生産されている状況にも拘わらず、一向に調査すら行わない政府を批判している（実際には政府（内務省）も、全国的細民調査を企図して調査に着手してはいる）。

「細民の群」は、大分県の地方小都市である佐伯町でもみられた。『佐伯新聞』とみると、「細民」

という語が特に多くみられるのが、一九一八年である。それは第二章でみるように、佐伯町の米騒動の主体が「細民」であるとみられたため、注目されたからであろう。町の質屋の主人は、「社会は好況だと言っていますが、諸物価騰貴で彼等の生活は、困難となったのでしょう。昨年よりは今年の方が出入りする者が多いようです。お客は勿論其の日稼ぎの細民ですが、芸者やその他の人々も出入りします」(12.8佐伯)といっているように、特に一九一八年になって細民の数が増加したとみられる。

成金と細民——資本主義と格差

『大阪朝日』は、政府の企図する細民調査に関連して、「致富か防貧か」という論説の中で、一九世紀初頭以来の経済体制、すなわち自由放任主義と貧困、さらに社会政策との関係を次のように論じた。

「国家経済政策の要諦は」、「経済上の自由主義」を前提にしていて、従来「学者も実際家もこの前提に疑いを懐くもの」はなかった。しかし一九世紀の初頭以降、このような政策の下で、「一部の社会階級は自由を得、富を得たれども、社会の多数は貧を得、不自由を得」た。一国の富は増加したが、貧困者も増加した。「かくて単純なる自由主義の致富策は、半面に於て増貧策と」なっている。今や世論は、「如何にして富を増すべきかよりも如何にして貧を除くべき」かに傾きつつある。すなわち、社会の問題は豊かさ追求から、貧困防止に転じた。経済政策を説くものは皆、「社会政策の要求を無視する」ことができなくなった。わが国においては、「日露戦争以来資本主義の発達は」、現在の世界戦争に至っていよいよその猛威を振るい、多くの成金を生むいっぽう、幾多の貧民を発生させた。「今や我国に於ても社会の輿論は」、富豪の奢侈を憎むとともに国民の貧困に同情している。これは、昔日の欧米に異ならない。ところが「我当局者の為す所を見るに」、防貧政策が首尾一貫せず、「財政経済政策の前提は、依然として、粗漫なる資本家本位」である（1.4大朝）として、政府の社会政策上の無作為を批判した。これは格差や貧困が発生する理由を資本主義体制そのものに求め、欧米なみの社会政策＝貧困対策の必要を述べたものである。

社会政策の必要性

「細民の群」が、社会問題化するにつれ、各方面で「社会政策」の必要性が論じられるようになる。社会政策とは、資本主義のもつ矛盾から生じる貧困や格差、労働者の社会的、経済的窮乏を防止するために実施される国家政策である。現代では一般に、福祉政策という形で広く実施されている。わが国でも明治後期頃から、その必要が論じられるようになった。

「超然内閣、非立憲内閣」として、その成立時から批判され、社会政策からはほど遠いと思われた寺内内閣も、「善政を施さんことを高唱し、社会政策の実行を標榜」（2.14万朝）して成立した。寺内内閣が社会政策のひとつとして、国会に提案したものは何かといえば、通行税・石油税・所得税・綿織物税などの「廃減税」案であった（1.24万朝）。しかしそれは、政友会の反対もあって、否決に追い込まれた（第四〇議会）。しかもそれに代わって、新たに酒税・煙草税・塩税など、生活一般に直接かかわる税を引き上げた。『万朝報』はこれを、下層社会に一層負担を強いるものとして批判した（1.24万朝）。

いっぽう、「欧米に於ける社会施策」という報告書が注目された小野義一大阪税関長は、「欧米の社会施策を日本に適応しなければならないほど、日本の貧富の懸隔は欧米にくらべて甚だしくない」としながらも、「恐れているのは、現在の物価騰貴は当分続くであろうし、好景気の反動として戦後は就業機会難が生じるであろうから、経世家の憂慮すべき点は切実の程を加えるであろう」（1.9大毎）と述べた。ただし、「社会施策」は「社会主義」ではない、と付言している。

しかし米価をはじめとする物価騰貴は、次章でも述べるように、すでに忍耐の度を超えていた。格差の拡大と物価騰貴による生活難は、米騒動に発展する。米騒動の最も激しかった頃、これに直面した小橋内務次官は地方官に対し、「暴動中には一部の先導者なきにあらざるも、其多数は全く生活上より来るものにして、誠に同情すべきものあるを以て、地方官たる者は社会政策上同情の念を以て、懇切に取扱い萬遺憾なきを期すべし」（8.13東朝）と述べた。「社会政策上同情の念を以て」事態に対処せよ、と訓令せざるを得ない状況があった。しかし米騒動の渦中に、そのような民衆への「同情」的配慮がなされることはなかった。騒動は、軍隊を動員して鎮圧された。

米騒動後は、いっそう社会政策の必要性が語られる。『大阪朝日』は「米騒動の教訓」のひとつに、「社会政策を救貧政策をも合せて、徹底的に行う必要」を述べた。その際重要なのは、なぜこれまで社会政策が充分行われてこなかったか、ということであった。それを「我国に於て、社会政策の幼稚なること、之を発達せしむるの必要なることは、識者の定論たるにも拘らず、其の実行の遅々として進まない」。それは社会政策の利益を受くべき無産者たちが、自ら政治家としてその実行する側になれず、また政治家を動かして政策を実行させる力を有しないからである。「則ち無産者が政治上の除外者《のけもの》となって居るからである。換言せば、選挙権を有しないからである」(8.23大朝)というのである。社会政策の対象たる無産者が選挙権を有しないから、それが政治に反映されなかったというのである。寺内内閣下での廃減税案も、政友会によって否決された。政友会は地主の政党であって、無産者のための政策を実施し得ないことははっきりしていた。

ただ、「官僚政治家までが、動《やや》もすれば社会主義と混同さるる虞《おそれ》のあった『社会政策』なる言葉を口にしかけたのは、彼等の力と雖《いえど》もまた、竟《つい》に時勢を如何ともすることが出来なくなった結果である」(3.30大朝)と、すでに社会政策を実施しなければ、安定的な社会を維持することができないほど、「時勢」(現実社会)は大きく転換していた。

大阪市の公設市場

国の社会政策は、格差社会の現実の中で大きく立ちおくれた。しかし、生活者の要求をくみ上げる形で、いわば地方自治体本位の「現代にまで繋がる」社会政策が実施されつつあった。そのひとつが、公設市場である。全国各地の米穀、青果、鮮魚市場などの起源の多くが、一九一八年にある。大阪市では、第一次世界大戦にともなう物価騰貴に対処するため(物価騰貴については第二章)、一九一七年から公設市場の設置が検討されていた。そして一九一八年二月二七日の大阪市議会において「公設市場設置に関する建議」が提案され、三月三〇日に可決される。そして四月一五日には、市内四ヶ所(東区谷町・西区境川・南区天王寺・北区福島)に「大阪市設日用品供給場」が設立された。

これがのちの大阪市設小売市場で、公設市場の起源とされる。この「日用品供給場」は商業施設というより、社会事業（社会政策）の一環というべきものであった。いい換えれば、物価騰貴に対処するための、小売事業に対する大阪市の公的介入であった。従って、一般の小売業者との軋轢《あつれき》もあったが、その下方への物価牽引機能（物価値下げ効果）は、市民にも高く評価され全国で模倣されていく。

「大阪市日用品販売所」の初日は、予想通り大盛況であった。『大阪毎日』は「公設市場大繁盛」という見出しで、次のように伝えた【写真2】。「市内四箇所に於て一斉に店を開けた日用品販売所の市場開き第一日」は、お天気の良いのもあいまって予想以上の大繁盛となった。「午前八時の会場から山の如く押寄せた女連は品物が並ぶのを待ちかねて、金切声を振絞り我先にと争う状態《さま》、唯々物凄きばかり」。紙幣や銀貨が、滅茶滅茶になって泥と入り交じっている笊《ざる》を前にして、豆を売りに出した商人が、「殆《まる》で無茶だんがな、荷を下ろして正札を付ける暇もありやせん。幾ら釣銭を出したんやら、幾ら銭を貰ったやら、パッ、パッパという内にもう何もありやせんのや。横の方から持って行かれたって知れやせんがな」と大汗をかきながらいう。「野菜類は四箇所共、午前九時頃には菜っ葉一片残って居らず」、「確かに四割安いという評判で」あった。とにかくたかをくっていた市場付近の商人は、第一日の盛況に面食らい、ほかの市場でも二割下げを発表して対応策を講じた。「四箇所を通じて朝の中《うち》の人出は約一万人位」、市の有田助役をはじめ、市会議員の連中などもにこにこ顔であった（4.16大毎）と。

公設市場の販売業者は、市によって慎重に選抜され、選ばれた業者に対しては公設市場の趣旨や

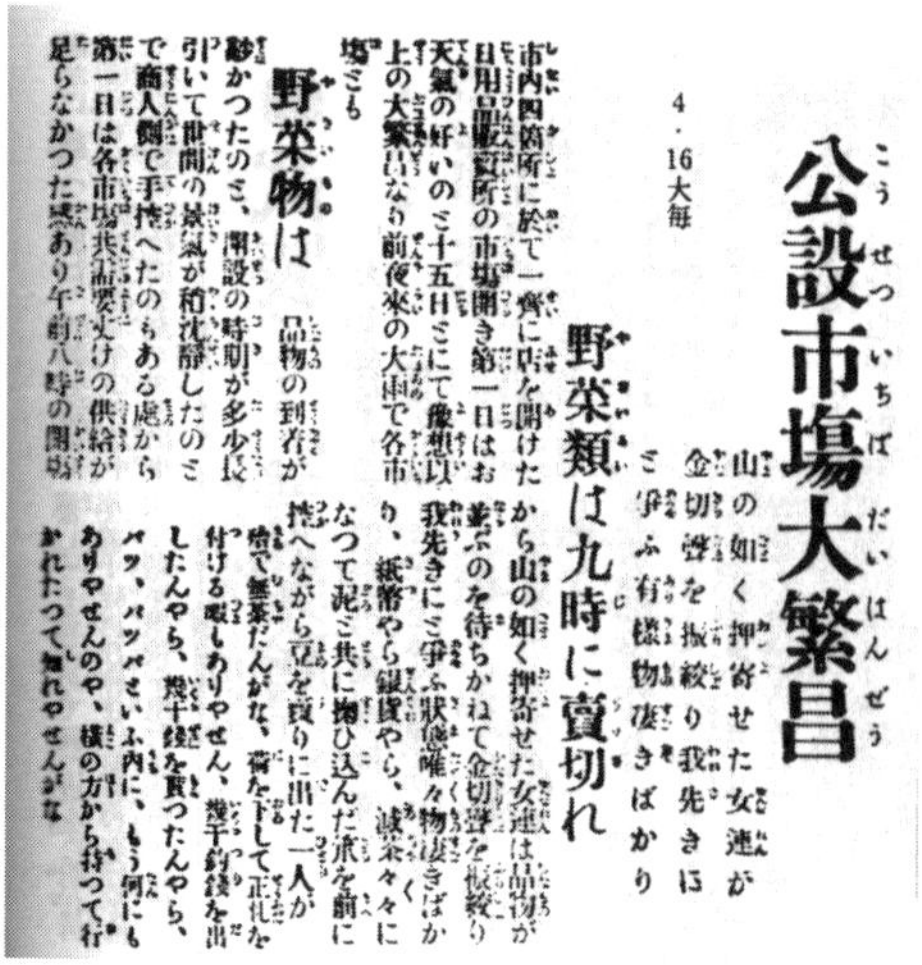

公設《こうせつ》市場《いちば》大繁昌《だいはんぜう》

4・16大毎

野菜類は九時に賣切れ

山の如く押寄せた女連が金切聲を振絞り我先きにと爭ふ有樣物凄きばかり

市内四箇所に於て一齊に店を開けた日用品販賣所の市場開き第一日はお天氣の好いのと十五日とにて豫想以上の大繁昌なり前夜來の大雨で各市場とも

野菜物は

品物の到着が尠かつたのと、開設の時期が多少長引いて世間の景氣が稍沈靜したのとで商人側で手控へたのもある處から第一日は各市場共需要丈けの供給が足らなかつた感あり午前八時の開場から山の如く押寄せた女連は品物が並ぶのを待ちかねて金切聲を振絞り我先きにと爭ふ狀態唯々物凄きばかり、紙幣やら銀貨やら、滅茶々々になつて泥と共に掴ひ込んだ涙を前に拵へながら豆を買りに出た一人が嗆で無茶だんがな、荷た下して正札な付ける暇もありやせん、幾千釣錢を出したんやら、幾千錢を貰つたんやら、パツ、パツパといふ内に、もう何にもありやせんのや、横の方から持つて行かれたつて知れやせんがな

写真2　公設市場大繁盛。公設市場の設置は大阪市が日本初であった（4.16大毎）

役割が周知されていた。また、現金販売、正札販売、正秤販売（厳格な量り売り）の原則が徹底された。商品の販売価格は、市の調査員が卸売価格を調査したうえで、全て大阪市が指定した。当初は六ヶ月限りの「試み」であった公設市場は、その後起こった米騒動の中でも、白米の市中相場が一升五〇銭に達するなか、三五銭で販売し市民の信頼を得る。こうして大阪市の公設市場は、期限付きから常設の小売り施設となった。

「公設市場の社会施策的価値」

大阪市の公設市場について、『読売』は「研究　大阪市の日用品公設市場」という特集記事を組んでいる。その最終回は、「公設市場の社会施策的価値」である。ここでは、公設市場の規模は、民間の小売業者を圧迫するほど大きくないことを述べたうえで、次のようにいう。

「今回の公設市場の価値を評すれば」、「従来の市場取引の弊習」に対する改善的影響は絶大であった。すなわち、「市場商人、八百屋の徒も公設市場に対抗するの必要上」、流通を簡便にして価格の安さを競い、旧習の改良に資するところが大きかった。時あたかも晩春から初夏に入り、青物出荷の最盛期に遭遇して、価格が一気に下落した。これで下層民の生活も、初めて「安易」となった。

初めから「物価調節を主要目的としたる公設市場は既に大半の目的を達成せりと言うべし」(6.14読売)と、高く評価した。次章でも述べるが、一九一七年頃から急速な物価高騰がみられ、一般市民の生活は圧迫される。しかし、政府の物価調整策はほとんど効果がみられなかった。その物価調整策を、大阪市の公設市場は限定的ながらも達成してみせたのである。

このような公設市場の社会施策的効果については、東京府も注目している。府の関係者は、「物価騰貴に際し、中産階級以下の府民を救済することは急務中の急務である」として、三つの方法をあげている。ひとつが公設市場の建設、第二が購買組合の設立、そして第三に慈善協会を作って「細民のための共同食堂」を設立すること、である(8.27読売)。東京府でも、例えば国鉄労働者のための消費組合や、府農会が主催する農産物の廉売などは行われた。しかし東京では、大阪市方式の公設市場の設立はみられなかった。その主な理由は、小売業者の抵抗が大きかったためである。

全国に広がる公設市場

大阪市では、すでに米騒動の前に公設市場が開設された。しかし他の地域の公設市場の設置は、米騒動が一つの転機になった。米騒動後の九月に京都市、一〇月に神戸市、一一月に名古屋市、一二月には横浜市に公設市場がそれぞれ設立された。またこのような大都市ばかりでなく、地方の小都市にも公設市場は設置された。

一九一八年の大分県南海部郡佐伯町の人口は、一万人余。佐伯町を含む南海部郡の人口は八万五〇〇〇人ほどである。そんな小さな町にも、公設市場設置の計画が持ち上がったのは、米騒動後の一〇月であった。大分県が主導し、大分県農会が「施設経営」することになった（10.11佐伯）。府県の農会が、公設市場を直接営む例は、例えば東京府などでもみられた。ただし、末端の業務は佐伯町、具体的には佐伯町役場に「一任」された。町役場では、公設市場の「場所、家屋、販売品目及び方法等」の検討が行われた。農会経営のため、当面は蔬菜類と果物を販売し、要望によっては米、味噌、醤油などの日用品の販売も行うことになった（11.24佐伯）。そして町の中心地である、大手前の南海図書館横の空き地に仮小屋を建設、一二月一八日から開場することになった（12.15佐伯）。

公設市場を運営する郡農会長は、この公設市場は物価高という時局の要求によって生まれた公設機関で、町民の受ける利益は決して少なくない。公設市場のために、一部の商人には多少の打撃を与えるかも知れないが、それはやむを得ない。もっとも、「如何に経営者側が苦心して公設市場を設置しても、一般町民が充分に之を理解して活用して呉《くれ》ねば駄目である」との談話を述べ、町民の利用を促した（12.5佐伯）。町民も公設市場を「渇望」していたようだが（12.15佐伯）、『佐伯新聞』には、「一町民」から次のような投書がよせられた。「町会の結果で佐伯に公設市場が出来るようですが、町長始め議員方は此の際大いに骨を折って下さい。野菜や果物よりも先ず第一に米（以下、一〇字ほど不明）救済され度し（一町民）」（12.8佐伯）と。公設市場に期待しているものの、購入したい物の第一はやはり米であった。しかし、公設市場に米は並ばなかった。佐伯町では八月下旬の米騒動後、米の廉売も公設市場とは別に行われてはきた。しかしそれでもなお、米は高値であったから、町民は公設市場に安価な米が並ぶことを期待したのであろう。また末尾の「救済され度し（一町民）」という語に、当時の町民の思いが凝縮されている。

2　第一次世界大戦と日本

「世界未曾有の大戦争」

第一次世界大戦がはじまった当初、一九一四年（大正三）の夏頃、戦争は「落ち葉の季節には終わるだろう」、「遅くともクリスマスは兵士も自宅に帰って迎えるだろう」といわれた。しかし実際には、四年余りに及ぶ世界戦争に発展した。この未曾有の世界戦争を、当時の人々はそもそも何と呼んだのか。

この戦争を現在通用している First World War と初めて呼んだのは、日本でも知られた進化論生物学者のケッヘルで、一九一四年一〇月二〇日付の『インディアナポリス・スター』（アメリカインディアナ州の地方紙）紙上であった。しかし日本ではこれより早く、八月の段階で「世界戦争」や「世界大戦」という語が使用されていた（軍事研究会撰修『世界大戦争』九月二日発行、松内冷洋『世界大戦史』九月一三日発行など）。なぜ日本人がヨーロッパではじまった戦争を、いち早く「世界戦争」

と認識したのかといえば、例えば松内の場合「日本が参戦したことによってアジアもまた戦場になり、世界を巻きこむ戦争となった」と認識したからである。アジアにあって、「日独戦争」をアジア（厳密には中国本土と南洋諸島）で戦う日本からの視点が、この戦争を「世界戦争」と認識させたのである（ドイツ領南洋諸島は、アメリカ領のフィリピンに接する）。また資本主義の発展による植民地の獲得競争は、否応なしに世界をグローバル化し、世界は緊密な連鎖のうちにあるという認識もあった。ただし、現実に新聞で使用されているこの戦争の呼称は「欧州戦乱」「欧州戦争」が圧倒的に多く、そのほか「欧州大戦」「全欧大戦」などあり、日本が参戦してもなお「ヨーロッパの戦争」という捉え方が一般的であったといえる（神戸大学新記事文庫の見出し検索による）。なお、アメリカが参戦（一九一七年四月）すると、「欧州」の語が後退するように思われる。それでも戦争が終結する一九一八年の新聞でも、「今度の大戦争」「此の戦争」「現戦争」「今次の戦争」「稀有の大戦争」などが一般的用語である。ところが休戦協定調印（一九一八年一一月一一日）後になると、『新愛知』で「世界大戦乱」（11.14 新愛）、『時事新報』で「世界の大戦争」（11.15 時事）、『大阪朝日』で「世界戦争」（11.19 大朝）という語を使っている。この「世界」を冠する戦争の呼称は、戦争終結後に一斉に表れるように思われる。ちなみに、アフリカにおいてもドイツと英仏連合国側との苛烈な戦闘が繰り広げられていた。

そのような中、『佐伯自治新聞』は、一九一四年九月二〇日付から、「世界大戦乱時報」と題して、毎号一二回にわたって戦局を報じた。それは、読者に「以下号を追うて、今後に於ける戦局の発展をお知らせ」するのが目的だった（1914.9.20 佐伯自治）。この特集記事の特徴は、ヨーロッパの戦局と山東および南洋諸島、すなわちアジアでの日独戦争を並記していることである。つまりヨーロッパとアジアで同時に戦闘が行われているという認識から、「世界大戦乱」と題したものと思われる。そして最終回が、一二月二〇日であった。これは前月に青島が陥落し、山東半島（アジア）での日独戦争の終了にともなうものであろう。ただし『佐伯自治新聞』は、ヨーロッパで本格的に戦争がはじまった八月はじめの段階で、「一方英、仏、露の三国に対して、独、墺という取り組みになるが、若《も》し本式になったら、其れこそ世界未曾有の大戦争になるのは火を見るよりも明らかだ」（1914.8.9佐伯自治）と述べている。当事者間の本格的な戦闘になれば、「世界未曾有の大戦争」に発展しかねないという認識である。そして、まさにその通りになった。冒頭に紹介したように、ヨーロッパでの戦争開始当初、おおかたはこの戦争が短期間で終了するとみていた。そのような中で、大分県の小さな町で発行された新聞が、このような認識を持ち得たことは卓見であるといわねばならない。なお「世界大戦乱時報」は、いずれかの大新聞の記事の転載ではないかと思い調べてみた。しかし今のところ、ネタ記事があったことは考えられるが、転載ではなく『佐伯自治新聞』独自のものと判断している。

「大戦四年間の犠牲」

この戦争で、いったいどれだけの人々が犠牲となったのか。実は正確な数字は定かでない。軍関係者の死亡に限れば八五〇〜九〇〇万人という推計がある。これに民間人の犠牲者を加えれば、合計で一六〇〇万人ともいわれる（飯倉）。しかしこれには、ほぼ同時に流行したスペイン風邪の犠牲者がどれくらい加算されているか、いないのかも不明である。数字で示すのは難しいが、第一次世界大戦が人類史上、最初の大量殺戮戦争であったことは間違いない。

もちろん犠牲者数は、戦場となったヨーロッパで大きい。しかし、国によっては第二次世界大戦の犠牲者を上まわる。例えばイギリスは、本国（UK）で七五万人、自治領で一六万人、インドで七万人の軍人の戦死者を出した。さらに二九万人もの民間人が犠牲となっている。その数は第二次世界大戦における戦死者数の五倍を超えるという。フランスにおいても第一次世界大戦では軍人一四〇万人・民間人五〇万人におよぶ戦死者が出たが、これも第二次世界大戦における軍人二一万人・民間人三五万人という数値の三倍に近い。いっぽう、日本の第一次世界大戦の戦死者数はシベリア戦争を含めて五〇〇〇人未満とされており、これは日清戦争の約三分の一、日露戦争のおよそ一八分の一である。この戦争において日本の戦死者は、わが国の近代戦史のうえで比較的犠牲者が少なかった（山室、二〇一四年）。

一九一八年九月、『東京朝日』は戦争開始から満四年を迎えて、「大戦四年間の犠牲」という、五回にわたる特集を組んでいる。それは、一一月の休戦を二カ月後にひかえた時期でもあった。ここでは、様々な数字をあげて論じているが、先に述べたように犠牲者の数すら確定するのは難しい。そのため、敢えて数字の信憑性は問わずに紹介してみたい。まず「交戦国の戦費」については、「交戦国の中堅たる七箇国が四年間に費やした戦費総額は二千六百八十億円と測算されて居る」。この金額が如何に莫大なものであるか、常人の想像しえないほである。これを「古来の戦争に於ける戦費の額に比較する」ことで、少しは金額の「意義」が理解できるかも知れない。「即ち前掲の金額は、有史以来の過去のすべての戦争に要した戦費の総額よりも、遙かに超過するのである」(9.12東朝)という。「財物の破壊」では、「交戦地帯に於ける財産の破壊は、有史以来類例を見ざる程度であって、其の恢復《かいふく》には、戦後幾多の年月を要すべく、又其の中には再び得ることを得ざる歴史的価値を有する幾多の建造物、図書、美術品等も含んでいる」(9.14東朝)という。一般の建物に加え、いわゆる文化財の破壊を指摘している。続いて「人命の喪失」である。「過去四年間の戦争に於て幾《いく》何《ばく》の死者を出したか」といえば、八五〇万九〇〇〇人に達している。負傷者は、七一七万五〇〇〇人である。「故に人類は此の戦争の結果として」、一五六八万四〇〇〇人の「人価を喪失した」(9.16東朝)とする。

なお、休戦協定調印後の『新愛知』は、参謀本部の軍人の談話として、次のように伝えている。「世界大戦乱の四年三ヵ月で」、「参加した国数は三十三で世界の独立国の七割は動いた訳で其国の人口は世界の九割に達している。此戦争で失われた船舶は八千艘二千万噸《トン》で世界の船舶数の三分の一が減耗した」。「戦費に至ってはまた莫大で三千億円と称され」、世界的戦争である「クリミヤ、普仏、露土、南北（米国）、日清、日露の六大戦争戦費を総計」の「十倍を要している」。「人命に至っては敵国側約三百万連合国側五百万と言う計算で、負傷病者は彼我を合して三千万を超えている」（11.14新愛）と。

「人間素質の低下」

「大戦四年間の犠牲」の最終回は「人間素質の低下」である【写真3】。ここでは、戦争による経済的打撃以外の損失について述べ、それは「人類の進歩を妨ぐる原因」だとさえいう。すなわち、「此の戦争が、将来人間の素質に及ぼすべき悪影響も、大なる損害として挙げねばならぬ。戦争の生んだ悲劇に依る精神上の大打撃、戦線に於ける兵士の受けた強弾病（シェルショック）、小児の栄養不足、是等は著しく交戦国民の体質に影響し、殊に中欧同盟国（ドイツやオーストリア）に於ては著るしき死亡率の増加として現れた。殊に工場に於ける婦人及び小児の過労は、将来各種の人間活動に於ける能率を低下し、人類の進歩を妨ぐる原因となるものである」（9.18東朝）と。

戦争の「精神上の大打撃」の具体的な例として、「強弾病」＝シェルショックを上げている点は注目される。第一次世界大戦の地上戦は、いわゆる塹壕戦となった。兵士は塹壕に身を潜めて相手と戦う。ここでは直接見える相手よりも、砲弾や毒ガスの恐怖に苛《さいな》まれる。戦車のキャタピラの音にも注意が必要で、聴覚や嗅覚が過敏になって過剰なストレスが負荷される。これによって、「ガスノイローゼ」や「シェルショック」という戦争神経症が多発した。発症すると身体の麻痺や痙攣がおこり、戦場を離れても同様の後遺症に悩まされる。現在、ＰＴＳＤ（心的外傷後ストレス障害）と呼ばれる戦争神経症である。ＰＴＳＤが問題化したのも、第一次世界大戦からであったが、戦争当時の日本の新聞にも、すでに取り上げられていた。

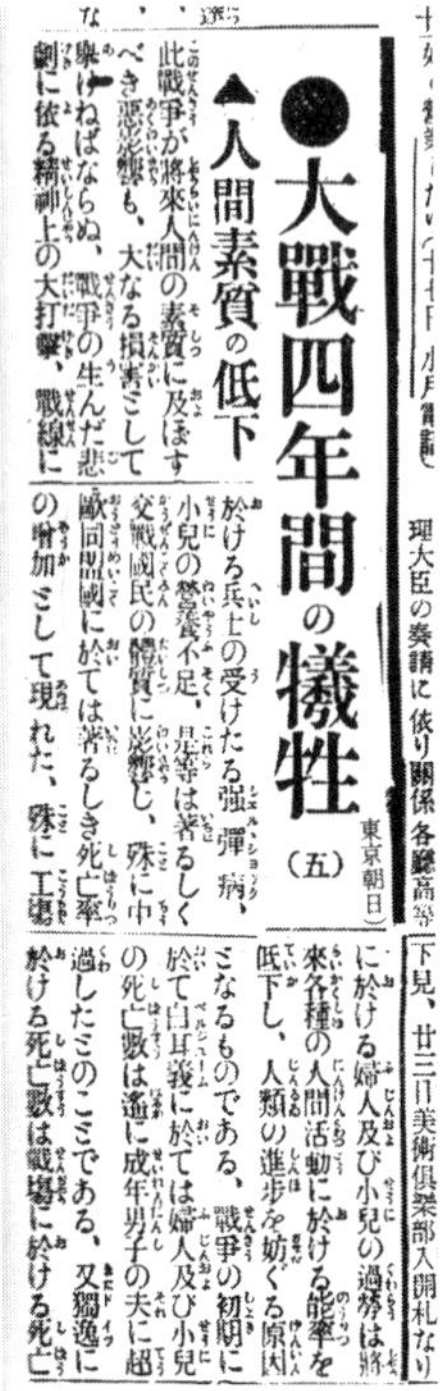

●大戰四年間の犧牲（五）東京朝日

▲人間素質の低下

此戰爭が將來人間の素質に及ぼすべき惡影響も、大なる損害として舉げねばならぬ、戰爭の生んだ悲劇に依る精神上の大打擊、戰線に於ける兵士の受けたる強彈病、小兒の營養不足、是等は著るしく交戰國民の體質に影響し、殊に中歐同盟國に於ては著るしき死亡率の增加として現れた、殊に工場に於ける婦人及び小兒の過勞は將來各種の人間活動に於ける能率を低下し、人類の進歩を妨ぐる原因となるものである、戰爭の初期に於て白耳義に於ては婦人及び小兒の死亡數は遙に成年男子の夫に超過したことである、又獨逸に於ける死亡數は戰場に於ける死亡

写真３　大戦四年間の犠牲。「強弾症」に「シェル・ショック」とルビがある（9.18東朝）

また交戦国での、小児の栄養不足、死亡率の上昇（＝人口増加率の低下）も問題だった。中でも、中欧同盟国の人口減は深刻だという。この記事では、ドイツの一九一九年の人口は、七五〇万人減、オーストリアでは戦前に較べ七パーセント減、ハンガリーは九パーセント減と推計している。

戦争によって、子どもたちの教育の機会が奪われることも問題だった。また学業半ばで出征した若者たちも、その肉体的精神的影響によって、帰還後学問研究に困難を来す恐れがあるとも指摘している。そして最後に、イギリスの経済学者ピグーの『戦争の経済及び財政』から、次の文章を引用して終わる。「現戦争に於て、経済的方面以外に於て払われ、現に払われつつある犠牲、即ち人間の希望の破滅、出征者の病傷の苦痛、故国に残されたる人々の思想的感情に対する打撃、是等無形の犠牲に比すれば、経済的犠牲の如きは物の数とするに足らない」。

総力戦と「次の戦争準備」

「大戦四年間の犠牲」のなかの犠牲のひとつとして、「工場に於ける婦人及び小児の過労」があった。第一次世界大戦の戦争としての特質のひとつが、女性や子どもさえも戦争にかり出す、いわゆる「総力戦」であったことである。それまでの戦争は、戦場における軍隊同士の戦いが基本だった。しかし第一次世界大戦では、交戦国が互いに経済、文化、思想、宣伝などあらゆる分野を戦争目的に再編・動員し、国民生活を統制して国家の総力を戦争に集中させた。女性や子どもも動員され、都市など戦場ではない銃後の生活の場も、敵国を消耗させるために空襲などによる攻撃対象となった。

一九一七年末から翌年にかけて行われた、第四〇帝国議会には、政府から工業動員法案が出され審議された。この工業動員法に関して取り上げた『大阪時事』は、「次の戦争準備に国家総動員を準備せよ」と題して、佐藤鋼次郎陸軍中将の談話という形で、法案の内容を説明した。「軍隊では平時定員を戦時定員に移す場合、人馬を移動させることを動員と」いっていた。ところが、「今回欧州の戦争以来全く其の意味が変ってしまった」。「人員動員の外に工業動員、産業動員、鉄道動員、船舶動員、金融動員など種々の名称が現れて来た。ここにおいて此の国民的戦争に、国家総動員という新しき文字が生まれたわけである」。その上で、国を挙げて戦争をする以上、その戦争は軍隊同士の戦争ではない。一般国民はもちろん、婦人も青年も少年も、すべて戦争に従事する。従って、「工場に在って工業に従事するものも又、工場の所有者や船舶機械製造所の如きものも挙げて戦争の渦中に入るべく組織されるのがこの法令の精神である」（3.6大時）と。非常に明快で、戦争が総力戦になったとことの説明にもなっている。

また『東京朝日』は、「軍需工業動員の由来」にも言及している。それによれば、一九一五年三月一〇日のフランスヌーヴシャペルの戦いで、イギリス政府は動揺した。これがそもそも工業動員のはじまりである。「工業動員の由来を考えると此の法案の精神がよく分かる訳だ。英国で前述のヌーヴシャペルの戦いを終わった一九一五年の五月に兵器弾薬の不足を感じた結果、全国の工場を調査すると、英国の兵器弾薬は半官半民で製造して居るのが、民間の工場が一向に戦時的になって居ない事を発見した」。そこで国家権力をもって、兵器の製造能力を増進しなければならいというので、「工業動員法が施行された」(3.5東朝)。つまり工業動員法とは、民間の工場を国家の統制下に置いて、軍需品の製造をさせるための法律だというのである。

その後、第四〇議会ではこの法案が一部修正して可決された。先の佐藤鋼次郎陸軍中将の談話中の「国家総動員」とは、一九三八年(昭和一三)年の「国家総動員法」のそれと全く同義ではないだろう。しかし、国家のすべてを動員して「次の戦争」の準備をする体制づくりは、すでに第一次世界大戦中からはじまっていたのである。第一次世界大戦の「総力戦」の経験は、国家の有り様にも大きな影響を与えた。

ちなみにシベリア出兵では、尼港事件(一九二〇年五月)を機に北樺太《サハリン》へも派兵した。これは、北樺太の石油を確保する目的があったといわれる。すでに海軍は、艦艇用燃料を石油に転換していたが、戦略物資としての石油の確保は総力戦遂行にとって不可欠であった。ここでも、総力戦をみすえた「次の戦争準備」が進められていた。

軍国主義との戦いか

第一次世界大戦によって、ドイツ帝国、オーストリア・ハンガリー帝国、オスマン帝国が消滅。大戦中に勃発したロシア革命で、ロシア帝国(ロマノフ王朝)も滅亡した。第一次世界大戦とは、このような専制的な帝国とドイツに代表される軍国主義との戦いだったといわれる。

第一次世界大戦が四年目に入っても、ロシアと独墺(ドイツとオーストリア)の単独講和(一九一八年三月)もあって、その帰趨はまだ不明であった。むしろドイツは、ロシアとの講和によって、東部戦線の兵力を西部戦線に集中させ攻勢に出た。ドイツ国内においても、いわゆる主戦派が議会内で勢力を拡大した。そのような状況を、日本からみると次のように見る向きもあった。「連合軍は理想において、声明において、常に優越を失わずと雖《いえど》も」、実戦においてはドイツを制することができず、戦闘の停止まで至らない。「主戦主義は排すべく、平和主義は迎うべく、野蛮主義は膺《う》つべく、文明主義は採るべしとするも」、平和主義、文明主義を暴力で支配しようとするドイツを制することができない。このままでは、「非軍備主義、平和主義、人道主義は」むしろその主張のために自滅を招くのではないか（4.20大毎）と。連合国の掲げる理想主義が、ドイツの野蛮主義に抑えられているという。戦争の長期化に対する苛立ちとも受け取られるが、第一次世界大戦は一貫してこのような構図で語られた。すなわちこの戦争は、連合国《平和主義・文明主義・人道主義》対同盟国《軍国主義・帝国主義・野蛮主義》の戦いであると。

一九一八年の七月になると連合国の反転攻勢がはじまり、ドイツは苦境に立たされる。休戦協定調印（一一月一一日）の直前、浮田和民（早稲田大学、法学博士）は、「私はこの戦乱勃発当初既に独逸の必ず失敗に終るべきを明言したが、今日果たしてその通りである」。なぜそうなると予測できたのかといえば、「独逸の帝国主義、軍国主義なるものは既に過去の思想である。百年前即ちナポレオン時代の思想であるのだ。然るに独逸が百年後の今日、一方に科学的一大進歩を看《み》ているに拘らずこの旧思想を実現せんとしたことは、最も大なる誤謬であった」（11.5大朝）と述べた。

同じ頃、『佐伯新聞』も「独逸思想を排す」という社説を掲載した。ここでは、戦争の最大の原因は「独国の誤りたる思想に起因する」という。その誤った思想とは、科学と産業の発展を過信し、自国民が世界に卓越した民族と思い込み、ドイツが世界を併呑して統一するのは天来の使命である、という思想である。また、世界は「昔時とは異なり、国々の共通的利害が密接になった故に、それらが同盟して同一の敵に当たることができる」し、各国の利害は必ずしも対立するとは限らない。これからは「各国相互に国権を尊重して、世界の平和を図らねばならぬというのが大勢の趨《おもむ》く所である」という。グローバル化の進展は、対立から協調へ向かうという見通しである。この見地から、「二千数百年間皇統連綿たる」日本帝国は、「正義人道を離れてはならぬ」、軍国主義は禁物である(10.20佐伯)と結論する。軍国主義とは、もちろんドイツ帝国である。ドイツの末路をみれば、わが国は軍国主義を排すべきだという。

しかしすでにみたように、第一次世界大戦を通じて、日本は山東半島・南洋諸島・北満洲・シベリア東部、さらには北樺太にも勢力圏を拡大しようとした。もちろん武力を背景にである。これは軍国主義以外の何ものでもない。しかも大戦中には、次の戦争に備え、総力戦体制構築も模索していた。新聞が伝えるほど、この戦争の構図・本質は単純ではなかった。しかし、この戦争が軍国主義との戦いであるとして、日本が正義の側に立っていると認識していた日本人は多い。さきの『佐伯新聞』の社説も良心的にみえるが、この限界を超えるものではなかった。

戦争と資本主義

『国民新聞』の「世界征服の失敗」(早稲田大学教授内ヶ崎作三郎)は、ドイツが統一された一八七一年以来、ドイツの異常なまでの産業の発達は、財閥というものを産み出した。クルップ、シーメンス等がそれである。かくて「彼等は産業的に世界を征服せんとの野望を懐くに至って、一方軍閥を動かし二者合同して」、ここにドイツ至上主義政策が頭を擡《もたげ》げてきた（11.15国民）と、ドイツ独占資本と軍の複合体が戦争を引き起こしたという。また、『大阪朝日』のように、第一次世界大戦が《平和主義・人道主義》対《軍国主義》という単純な構図ではなく、《資本主義》対《資本主義》の戦争であると見抜いていたものもある。アメリカやイギリスの掲げる人道や平和という理念の内実も、実は「経済的帝国主義」に過ぎないということも、同紙は指摘していた。

「大戦景気」を謳歌した、日本と日本の資本家に厳しい批判を浴びせた論説もある。英文学者で夏目漱石の教え子でもあった厨川白村《くりやがわ》は、「平和の勝利」という論説で、「光明が暗黒を、正義が私欲を、秩序が擾乱を、自由が専制を、心地よく払いのけて現れた此『平和』の勝利を見て」、狂喜しない者があろうか。そのような中で「株式相場を人生の最大事と心得、領土拡張、利権獲得を民族生活の至上の幸福と心得ているものがある」。彼らは世界戦乱という文明の破壊、「人間屠殺《とさつ》」の惨劇を「よそごと」にみることはおろか、「この戦争はなんと間の良いことか」と考え、機に乗じて私腹を肥やすのはこの時だと勇み立った。そして、「平和は成るべく遅いが好い、もう二三年も戦争が長びけば配当もうんと殖えよう」、「日本はまだ金が儲かるものを」という。「この平和の吉報に眉を顰《ひそ》めている火事場泥棒が、どこか其辺に居やしないだろうか。血を見て微笑むは悪魔のこころ。彼等は人類共通の敵である」（12.12東朝）と。

戦後、国際秩序をどう構築するか。休戦がみえはじめた頃、のちの国際連盟に関する記事も多くなる。世界戦争後、自国の主権と安全を守る方法には、ふたつの選択肢があった。ひとつはさらなる軍事力の増強によるもの、もうひとつが新たな国際秩序によって、武力によらず平和を維持する方法（いわゆる集団安全保障）である。国際連盟が後者であることはいうまでもない。国際連盟は、第一次世界大戦がはじまって間もなく、イギリスやアメリカで構想された。しかしその議論が国際社会で盛んになるのは、やはりウィルソン大統領の「十四カ条の平和原則」（一九一八年一月）からであろう。その一四番目に「国際平和機構の設立（平和と正義を確保するための国家同盟）」の提唱があった。

『東京日日』は「講和と平和同盟」（ロンドン特派員加藤直士）の冒頭、「戦後の諸問題中最大重要の位置を占むるものは、『平和同盟』の問題である（リーグ・オブ・ネーションズを国民同盟又は国際同盟などと訳するのは、従来の攻守同盟と混同する虞《おそれ》があるから、寧《むし》ろ目的を標榜して平和同盟と訳するを適当と思う）。今では平和同盟の構成と言うことは講和条件の立派な一つ、否主要な一条件」となった。もしこの戦争が、「平和同盟の実現を見ずして終わるようでは、全然無意義である」し、将来の文明の前途に対する最大の罪悪である。戦争がいつ終わるかではなく、どのように終わるかが「最大の問題である」という。（11.11東日、なお記事を書いた日付は九月一三日）。

『大阪朝日』は、「国際聯盟」という三回にわたる特集記事を組んだが、その最終回で次のように述べた。まず、国際連盟設立の要点の「一つは世界平和の維持である。他の一つは世界平和の維持のために一定の強制力を用うるの必要のあるということである」。従って、この国際連盟は、秘密外交、武装的平和、権力均衡の思想の上に立つ、従来の「国家同盟（軍事同盟）」とは、全くその性質を異にするものである。「この武装的平和及び権力均衡の思想」は、今日までの国際関係を支配する考えであったが、「今日の世界大戦はこの思想の破産を意味するもの」である。だから、「リーグ・オブ・ネーションズの思想は、世界の平和、その平和のための一定の権力を内容とするものであるとともに、今日までの国際組織の一変を意味するものである」（11.5大朝）という。第一次世界大戦とは、そのようなインパクトを持つ出来事であったという同時代の認識である。またここには、平和維持のための「国際聯盟」への大いなる期待が感じられる。

その後の歴史をみるならば、国際連盟が平和維持のための「一定の強制力」を備えることはできなかった。またここで破壊されたはずの「秘密外交、武装的平和、権力均衡の思想」は早晩復活し、二〇年後の世界戦争を防ぐことができなかった。そして今日、われわれはロシアによるウクライナ侵略を目の当たりにしている。NATOなどの軍事同盟が肥大化するいっぽう、国際連合は脆弱化しているようにみえる。しかし実際には、国連の様々な働きかけを大国が妨害しているのが実態である。また、あたかも国連が無力であるような報道も目立つ。しかし今こそ、歴史の教訓に学ぶべきである。

休戦と「冷淡な日本人」

一一月一一日、ドイツ政府が連合国と休戦協定に調印、四年余りにおよぶ第一次世界大戦がようやく終った。『大阪朝日』は、「大戦終る（紐育《ニューヨーク》特電十一日発）対独休戦条約調印　【華盛頓《ワシントン》来電】対独休戦条約は巴里《パリ》の時間にて十一日午前五時（日本時午後一時五十一分四十秒）調印され戦闘行為は同午前十一時（日本時午後七時五十一分四十秒）より休止さるべき旨今朝公式に発表せられたり」と伝えた。続いて、「英国に於ては此の報道に接し、倫敦《ロンドン》にては正十一時祝砲発せられ、市民の歓喜措く所を知らず、最も熱誠なる示威運動を現出し、多数都市は祝祭日を宣言せり」とその熱狂ぶりを伝えた。記事の最後は「過去五箇年間多大の人命と財産とを犠牲とせる世界大戦乱も愈《いよいよ》十一月十一日を以て終熄し、国際連盟其の他の成立により将来永遠に亙《わた》る平和の基礎は、漸く確立せらるゝの気運に向うべしと予期せらる（東京電話）」（11.13大朝）と締めくくられた。ヨーロッパ各地、それにアメリカでは盛大な休戦祝賀会が催された。その模様は、日本の新聞でも大々的に報道された。欧米諸国ではこの日が今日でも、第二次世界大戦終結以上に大切な日とされている。

わが国でも、祝賀会が各地で行われた。東京市では休戦から一〇日後の一一月二一日、「東京市終戦条約成立祝賀会」が開催された。『東京朝日』は、「二百万市民の悦びは満街に陸離たる光彩を生み、日比谷の盛大なる祝典となって現れ、戦捷《せんしょう》気分はここに遺憾なく発露された」として、祝賀会の模様を詳しく伝えた。参列者は、は二千五〇〇人の来賓と、「五万人の公民」だったという（11.22東朝）。

ところが同日の同紙には、この記事と裏腹な「休戦の祝意と外人の非難」という記事も掲載された。これによると、「休戦条約の成立に対して、邦人一般に祝賀の意を表彰することの、冷淡なることに関して、過般来我が国在留外人の間に、不平の声不満の感あるが如し」（11.22東朝）という。具そしてこれを『クロニクル』や『アドバタイザー』などの外紙が取り上げて報じているという。具

大正三年十一月十五日　（週刊）　佐伯自治新聞　（第三種郵便物認可）　第八十五號　（五）

火の海、花の波 ▲青島陥落祝賀の賑ひ

青島陥落の快報があつた七日の午後から俄に活氣付いた市中は、勝鬨の太鼓が鳴り渡る、號外配達が駆け廻る、國旗や軒提灯が全市を飾つて、行き通ふ人も熱狂たるが如くに賑々敷くも亦壮快であつた。夜に入つては市中の其處此處に待ち構へて居つた新調の大掛行燈や色提灯が吊され、大旗小旗が町幅一杯鬱陶しい迄に立てられて陥落話に夜の更け行くを知らざるが如くであつた。

翌八日の晝頃迄には全町の装飾見事になりて、そゞろに十年昔の旅順陥落當時を思ひ出された。其夜七時頃より興新聞社主催の提灯行列あり、佐伯新報、佐伯自治新聞、大阪毎日新聞、大阪朝日新聞等の高張り先登に、也も赤き幾百十の提灯は、或は高く或は低く、主なる町筋を練り廻り、萬歳の聲、歌の聲、天地も為めに震撼せん許り、かくて市中を一週して大手前に、國歌を合唱し、万歳を高唱して散會したのが九時半。續ねて九日の晝夜は全町總出の旗行列提灯行列等の催しある筈であつたが、生憎朝より小雨そぼ降り、唯公會堂に於て有志數百人の祝賀宴が開かれたのと、闇中に船頭町消防團の坊主行列の一團が、鉦太鼓を叩いてチントンカンらく萬々歳で練り歩いたので暮れて仕舞つた。

明くれば十日夜あがり乍ら怪雲散じ、一天晴れ渡りて、吹く朝風に日の丸の旗翩々と翻り、心も自ら浮立つて來た。軈て午後の一時頃、今日こそ全町の旗行列ぞと大手前を繰り出したる人の波旗の波、先づ佐伯小學校男子兒童を先登に、佐伯中學校准教員養成所生徒に續いて小學校實科高等女學校の娘子軍、後に町民長蛇の如く連なり、其數合せて數千、樂隊の響凱歌の聲、忽ち起る万歳の轟破れん許りの勢にて、西谷の大通りを上つて西丁に折れ、札場通りから本丁に抜け、新屋敷をぐるりと廣小路、内町横丁、鐵砲町へと進んで中村の廣場に到り、それより仲町を返して大手前に歸着し、五所明神前に廻つて萬歳、それより山際道を小學校運動場に引揚げ、萬々歳を三唱して一先づ解散したのが午後の二時半頃であつた。

見角するうちに日は暮れぬ。早くも大手前を望んで赴る大提灯や小提灯、時の移るにつれて次第々々に其數は增して來た。斯くて六時十分頃になると、各學校生徒は四列縱隊をとり、町の有志は其後に續いて延長約十町に亘る大行列隊は、小學校の校章大行燈を眞っ先きに、本社の大提灯、蝋燭、各團体の高張、今彌吳服店、日の本燒酎、二十三銀行等の行燈提灯等を押立てゝ繰り出したる光景は、火の河の滔々として曠野を横切るが如く、怪蛇の蜿蜒として雨露を分け行くが如しで、其壯觀何に譬へん様もなく、街路に屑々たる國旗の下を潜りつゝ、晝間の旗行列と同じ道路を經て大手前に出で、本社寫眞撮影の夜間撮影あり、それより小學校庭に繰込みて天地も破れよと萬歳を三唱して、思ひ〳〵に解散したのが七時廿分頃であつた。

此夜芳島有志の假裝行列、蛭子樓藝妓連の行列を始め、三々五々思ひ〳〵の行列隊到る處に大歡迎を受けつゝ、夜の更くる迄練り廻つて居つた。

怪我の由來 ▲聞ねませぬ此方の人

當町大西谷通りの角屋敷で、何時もヂ、ツテン〳〵と義太三味の音かする、此の一構こそ加藤數夫

写真4　青島陥落祝賀会。盛大な祝賀会が三日三晩続いた（1914.11.15 佐伯自治）

体的には、東京での「休戦の祝賀会は官吏の支配下にあって、青島陥落の時のような市民の自主的な熱狂ぶりがない」というのである。これに対し記者は、「これは孰《いず》れも事実なるに相違なし」とあっさり認めている。そのあと記者は、東洋の祝意の表現方法が西洋のそれと異なること、また日本人は長らく官僚政治の下にあり自主的な祝賀行事がなかったなどと、「冷淡」の理由について弁明した。しかし「事実」の前に説得力に欠ける。総理大臣に就任したばかりの原敬は日記にそっけなく、「我国は直接戦場に遠く、人民左までの感情なきも夫々《それぞれ》祝意を表する事となせり」（一一月一三日）と記している。原敬がいうように、国民は休戦に「左までの感情」はなかったのである。

この青島陥落と休戦の祝賀の違いは、ほかでもみられたのか。【写真4】は「青島陥落祝賀の賑い」を伝える、一九一四（大正三）一一月一五日付の『佐伯自治新聞』である。二段にわたって、祝賀会の様子を詳しく伝えた。祝賀ムードは、一一月七日午後から「俄《にわか》に活気づいた」。市中では「勝鬨《かちどき》の太鼓が鳴り渡る。号外配達が駆け廻る、国旗や軒提灯が全市を飾って、行き通う人も熱狂たるが如くに賑々しくも亦壮快であった」。祝賀

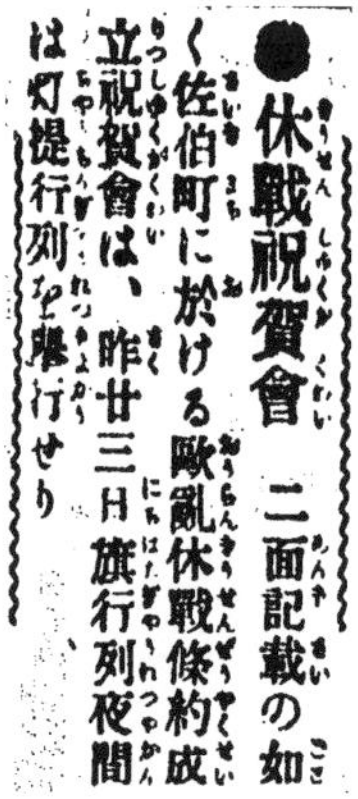
●休戰祝賀會　二面記載の如く佐伯町に於ける歐亂休戰條約成立祝賀會は、昨廿三日旗行列夜間は灯提行列を擧行せり

写真5　休戦祝賀会。休戦祝賀会についてはわずか4行（11.24佐伯）

会は八日の夜から、一〇日の夜まで三日三晩間続いた。その盛り上がり様は、「十年昔の旅順陥落当時を思い出された」（1914.11.15佐伯自治）。いっぽう、「欧乱休戦条約成立祝賀会」の記事はといえば、【写真5】である。わずか四行で、一一月二三日に祝賀会と旗行列、それに提《ちょう》灯《ちん》行列が行われたという事実のみを伝えた（11.24佐伯）。青島陥落と休戦成立の祝賀会の盛り上がり、新聞記事の扱い、ともに全く違って前者がはるかに大きかった。

日本人は青島陥落には歓喜したが、休戦協定成立には関心が薄かった。そのことを、さきにあげた在留外国人たちは、敏感に感じとっていたのである。青島陥落も、休戦協定調印も、どちらも第一次世界大戦の出来事であった。対独戦争としての青島陥落は、日本人にとって目の前の中国本土での出来事であり、日本の兵士が直接戦火を交えた結果である。しかもそれは勝利して、中国における日本の権益拡大という戦果をもたらした。いっぽう、「欧州大戦」の結末としての休戦は、多くの日本人にとって遠くの縁遠い出来事であった。それどころか日本人は、休戦によって大戦景気がしぼむことに対する不安さえ覚えていた。

講和とアメリカ脅威論

講和問題を新聞紙上で扱うとき、往々にしてみられるのが、日本のアメリカ脅威論ともいうべきものである。『大阪朝日』は、「講和問題と日本　支那及び沿海州」（法学博士寺尾亨）を掲載した。

ここでは、講和に向けてアメリカに期待しながらも、「亜米利加は独逸を根本的に仆《たお》すことを望んでいるのである。何となれば英国とは既に戦争をしないことになっているので、只《ただ》自己の発展のために邪魔になるのは欧州では独逸で、東洋では我日本なのである」。アメリカのシベリア共同出兵も、日本に対する警戒策である。アメリカは、「常に東洋に於て日本の武力に恐れているので、この際人道の為めという美名のもとに軍備の大拡張を行う」であろうし、日本に対し平和的であった米国民の気風を一変しようとした。アメリカは、中国に進出したいと考えているが、「日本というやつが非常に邪魔になっているのである」。アメリカ主導の講和が実現しても、日本は「得るところは極僅少である」（10.20大朝）という。寺尾はアジア主義者で、日露戦争開戦を唱えた「七博士」のひとりである。反米意識も強い。しかし、シベリア出兵や中国問題をめぐる、日米の対立状況の説明としては決して間違ってはいない。

休戦条約成立直前の同紙「講和問題と日本　米国に対する主張」（法学博士福田徳三）では、ドイツの革命について述べたあと講和問題に移る。「講和談判」では、列国が皆「無併合無賠償主義を執る時は、日本も之れに随って」、青島は中国へ南洋はドイツへ返還すべきである。しかしそうでなければ、日本は南洋の占領地を、是非とも獲得すべきである。なぜ南洋かといえば、アメリカと外交的軍事的に対抗するためである（南洋諸島の隣はアメリカ領フィリピン）。そして、「民族自決主義を主張し無併合無賠償主義を高唱したるウィルソンに向かって、人種的偏見を去らしめ、信仰の自由を確立せしむることを要求」すべきである。「ウィルソンらの言葉は誠に美麗であるが、其行うところは其れに伴わぬ事が少なくない」。「米国の勢力は戦後に於ける重大問題である」（11.10大朝）という。強烈なアメリカ脅威論である。しかし、「言葉は美麗」だが実がともなわないというのは、あながち的外れではない。もともと「民族自決」や「無併合無賠償」などのウィルソン大統領の「十四カ条の平和原則」は、前年のロシアの「十月革命」でレーニンが唱えた「平和についての布告」に対抗して出され、色あせた連合国側の戦争目的を再建したものであった。また「民族自決」もヨーロッパの「帝国から解放された民族」の話であって、ヨーロッパ諸国の植民地が多いアジアやアフリカに適用されるはずもなかったからである。

単なるアメリカ不信から一歩踏み込んで、「経済的帝国主義」をも排すべきだという主張もある。「財的帝国主義を排す」（法学博士戸田海市）は、「近く来たるべき平和会議は、今次の戦争によって打破せられたる軍国的の帝国主義の復活を防ぐと同時に」、「経済的の帝国主義の跋扈《ばっこ》を制する大原則を確立することが任務」である。「富強国」が武力ではなく、経済力によって他の国民の生存権を蹂躙し、その自由の発展を妨げる「経済的帝国主義」も、「軍国的帝国主義」とともに否認されなければならない（11.26大朝）、という。ここでいう「富強国」が、第一次世界大戦に参戦して勝利し、イギリスに代わって覇権を握ろうとするアメリカを念頭にしているのは間違いない。ただ同時に、中国やシベリアなどの東アジア、さらに広く南洋や南米方面にまで経済的勢力圏を拡大しようとしている我国への警鐘でもあった。

山室信一は、日本にとっての第一次世界大戦を、対独戦争（山東半島）、シベリア戦争というふたつの戦争と、日英間、日中間、日米間の三つの外交戦からなる「複合戦争」として捉え直すべきだと提唱しているが（山室、二〇一一年）、日米間のシベリアと中国をめぐる外交戦は熾烈を極めていた。日米の対立は、お互いの国民感情の対立にまで激化しつつ、「次の戦争」へ向かうことになるのである。

3　ロシア革命と日本

二月革命と十月革命

一九一七年になると、ロシアの首都ペトログラードでは、大規模なストライキが頻発する。二月二三日（ロシア暦）の国際婦人デーで、工場地区の婦人繊維労働者がストライキに入り、周辺の工場にも同調を求めた。折しも食糧不足が深刻になっており、パンを求める長蛇の列ができた。その日のうちに、労働者街はゼネストの様相を呈した。翌日、ストライキはさらに拡大し、「パンをよこせ」に加え「戦争反対」「専制打倒」のスローガンも加わった。二五日にはストライキが全市に広がり、デモ隊は軍や警察と衝突した。二七日の朝には、軍隊の一部に出動を拒否する動きがみられ、二八日迄に軍はほぼ解散した。三月一日までに帝政ロシアの政府閣僚が逮捕され、三月二日には臨時政府が成立し、ニコライ二世は退位した。ここに約三〇〇年間続いたロマノフ王朝は崩壊した（二月革命）。

いっぽう、労働者と兵士からなる労兵評議会（ソヴィエト＝労働者・農民・兵士で構成）は、自ら政府を立てる意思を示さず、臨時政府が革命の成果を擁護する限り支持することにした。しかしその後、戦争を継続しようとするケレンスキー政権（臨時政府）と、戦争から離脱、即時講和を主張するレーニン率いるボリシェヴィキの対立は次第に深まった。臨時政府はソヴィエトを弾圧したため、十月革命が勃発し、臨時政府に代わってソヴィエト政権が成立した。

この二つの革命に対する、日本政府の評価と態度は大きく異なった。二月革命について、当時駐露大使であった内田康哉は、革命を積極的に評価し早期に臨時政府を承認するよう動いた。その際、革命の原因はパンの不足にあって、人民の救済に全く誠意を示さないロシア政府を強く批判した。そして厳寒に一片のパンを求めて並ぶ民衆をみて、「如何に辛抱強いロシア人でもとても容認できないだろう」、革命には兵士も応じ「露都において革命は見事に成功した」と評価した。しかしその内田の革命評価の背後には、臨時政府が連合国側に立って、これまで通りドイツとの戦争を継続するとの見通しあっての評価であった。事実臨時政府は、戦争継続を表明していた。日本政府は、欧米に少し遅れて、臨時政府を承認した（三月二七日）。

しかし臨時政府の権力基盤は、労兵ソヴィエトの意向によって左右されるほど脆弱であった。労兵ソヴィエト内には、徐々に平和を希求（戦争からの離脱）する気運が高まっていた。それは、労兵ソヴィエトを支える民衆の意向でもあった。すると、日本を含めた連合国の臨時政府への信頼は、次第に揺らいでいく。それどころか、軍隊の規律や士気の弛緩、ロシア社会の無政府状態ばかりが目に着くようになる。実際、ロシア社会は混乱状態にあった。駐露大使館付武官坂善次郎陸軍少将は、国内の無秩序は兵士の志気を挫き、戦争への倦怠を生ずるとみた。そして十月革命が静穏裡に成功すると、ロシアは戦争の継続が不可能になったと結論づけ、単独講和に向かうと予測した。このロシアの単独講和と戦争からの離脱こそが、シベリア出兵という革命に対する干渉戦争への動機となる。

新聞のロシア革命観

二月革命当時、首都のペトログラードには、約一〇〇人の日本人が居住していた。その半数が、大使館関係者、駐在武官、留学生であった。残りが民間会社の駐在員で、そのほか『大阪毎日』や『時事新報』の記者らもいた。記者たちは現地で革命の推移をみながら、帝政による民衆の圧迫から起きた出来事だとは分かっても、革命という事態を正確に理解してはいなかった。彼等はあくまで傍観者であり、日本人として日本政府の革命観と大差はなかった。『東京朝日』は、十月革命が起こると、「今や国家危急存亡の秋《とき》に際し、内乱を招致するが如き挙動は、愚人でなければウイルヘルム皇帝（ドイツ皇帝）の意向を受け入れた国賊的行為であることを記憶せよ」（1917. 11. 4 東朝）とボリシェヴィキに対する敵意をあらわにした。

二月革命からちょうど一年後の一九一八年三月、『大阪毎日』は「露国革命夢の一年」で、一連のロシア革命を振り返った。「連合の与国を裏切り、国土国民を中欧の敵国（ドイツとオーストリア）に割与し、殺傷、姦淫、掠奪、擾乱、飢饉、その他種々の凶事を以て国人を苦しめ、流離、潰崩、混沌、その帰結もどうなるか不明で、何事もなかったようなものである」。革命は混乱を引き起こしただけであると、革命を全否定した。そしてその責任はといえば、「露国を独逸の奴隷的境遇に立たせるに至ったのは、必ずしもレーニン等の過激派（ボリシェヴィキ）のみでなく、彼等の主張と声明を深く信じ込み讃えて欺かれ、それを悟らないロシア国民の罪ではないか」と、ボリシェヴィキはもとより、それに欺かれた「愚かなロシア国民」に混乱の責任を帰する。何より許せないのは、革命の結果としてロシアがドイツと単独講和を結び、連合国を裏切って危機に陥れたことである。そして、「吾輩は露人の一年間の長夜の夢から醒めず、煩悶《はんもん》の間に、怯《おび》えつつ死屍のように横たわって、夢魔の翻弄に委せるような状況をみて」、あわれむとともに怒りを覚える（3.15 大毎）、と述べた。過激なボリシェヴィキと無知なロシア国民に激しい非難を浴びせ、革命を否定したが、大方の日本の新聞の論調は同様であった。また日露戦争以来、日本人が抱いてきたロシア人への侮蔑観が、ここで増幅された。

全く別の観点からロシア革命とその影響を論じたものもある。『大阪朝日』「第四十議会を回顧して」（大山郁夫）は、「露国過激派（ボリシェヴィキ）の思想が、英仏米等の連合側諸国と、独墺側に及ぼした反響を対比することは、極めて興味の多いことである」。各国の責任ある政治家が、国民の間に浸透してきた「過激派思想の悪感化」に魘《うな》されている度合いは、英仏米等が少なく、独墺の側に多いように思われる。この数ヶ月頻繁に伝えられるオーストリア国内での下層民の不満や、先頃のドイツ国内での数万の労働者のストライキが、全くロシア革命と関係ないといえるだろうか。「国民一般の思想、感情、及び道徳的情操」が、「憲政の常道」を通じて容易に国家政治の上に反映されている国々おいては、国民全般が過激派思想の感化を蒙ることがない。これに反して、「官僚式警察政治及び軍閥の権勢が甚だしく」て、民意が政治に反映されない国々おいて、却って政治家が過激派思想の影響の悪夢に悩まされている。「この一大事実より、我国民はそもそも如何なる教訓を得ようとしているだろうか」（3.26大朝）という。日本も独墺同様、ロシア革命の影響を受けやすい側にあるのではないかと、警鐘を鳴らしている。

レーニンの人物像

ロシア革命に対する見方が、右のようなものであるから、レーニンの人物像が良くないことは容易に想像できよう。ただ、レーニンという政治家・経済学者について、当時日本ではほとんど知られていなかった。だから、レーニンを一方的に非難するというより、人となりを紹介する記事が比較的多い。

『時事新報』の「露都特派員」である播磨楢吉は、「レーニンの理想（上）　戦場には平和＝国内には内乱」のなかで、「レーニンはその主義上、絶対に戦争を否定する。敵の侵入に対して、自国を防御することすら否定するのである」。レーニン曰く、「祖国を防御することは、社会主義者として決して誇ることではない」と。この世界大戦のような、弱肉強食の帝国主義戦争は、彼が断乎として排斥するものである。「しかし国と国との戦争には、絶対に反対するけれども、自国内に於ける内乱は、これを推奨し謳歌しないまでも、敢えて否定しない」。なぜならロシアにおける内乱は、労働者と資本家の階級闘争であって、「貧民社会が富裕な階級に対して、自己の利益を防御し主張する為に行う唯一の武器であるからである」（3.6時事）という。帝国主義戦争は否定するが、国内では階級闘争を促しているという。

駐露大使であった内田康哉は、革命の影響で大使館を引き揚げて帰国する際、釜山で『東京朝日』に次のように語った。「レーニンは、可なり著名な経済学者にして、多数の著書等あり」。かつて、初めて彼と会見したとき、談話を交わした事があるが、彼は「冷静なる人格」で発言内容も「理路整然たるもの」であった。従って、個人としては何ら非難すべきことはないが、「その主張主義に至りては、極端なるマルクス主義の宣伝者」でありその「実行家」である（3.25東朝）と。内田は、レーニンの人となりを「冷静な人」と評価しながらも、その主義主張は容れられないという。

新聞紙上には何度か、「レーニン狙撃さる」という記事がある（例えば2.16時事、10.19東朝）。これらの記事には、「できることなら」という期待が背景にあるように思われる。要するにレーニンとボリシェヴィキは、日露関係上、好ましからぬ存在であった。

戦争と革命と「改造」

二月革命は、帝政の根本的な転換を求める声のなか、戦争による食糧不足がきかっけとなってはじまった。首都ペトログラードの女性労働者がはじめた、「パンをよこせ」というデモが発端だった。市民はパンを求め、兵士は平和を望んだが、その根本原因は第一次世界大戦であった。日本人にとって、第一次世界大戦は欧州の戦争で、当事者意識が希薄だった。またロシア革命も、その衝撃は支配層にとって大きく、一般市民には縁遠い出来事だった。社会主義者ですら革命当初は、ボリシェヴィキとその政権の評価に迷っていた。しかしこの戦争とロシア革命は、世界を根本的に変えようとしていた。

『大阪朝日』の「第四十議会を回顧して」（大山郁夫）は、帝国議会を評価するいっぽうで、戦争と革命が世界に及ぼした影響について次のように論じた（要約）。「戦争という異常事態は、各国において階級的対立を一掃させた。国家主義の資本家階級と、国際主義の労働者階級は、開戦とともに反目を忘れ、一斉に巨額の戦費支出を承諾し、祖国のために万歳を共唱した。また民衆の多数は、砲弾の餌食になることを前提に、戦線に勇み進んだ。ところがこの過重な負担は、民衆と労働者を参政権の要求に向かわせた。そして、官僚式警察政治（専制政治）が行われているロシアでは、ロマノフ王朝の滅亡に至った。過激派（ボリシェヴィキ）の思想は、世界各国に影響を及ぼしている。そしてわが国の駐露大使や武官、その一行にも、過激派的思想を土産に携えて帰国した者もいる。過激派思想に一種の魅力と伝染力があることは事実である。しかし過激派思想は、国家存立上、不健全なものである。しかし、開戦当時あれほどまでに高揚していた国民意識に亀裂を生じさせたのはなぜか。国民一般の思想が、憲政の常道を通じて国政に反映している国では、市民が過激派思想に感化されることが少ない。いっぽう、専制政府のもとで民意が政治に反映されない国では過激派思想の影響が大きい」（3.26 大朝）と。

要するに大山はここで、世界的転換が進行するなか、どのような方向に進むのかと問うているのである。「第四十議会を回顧して」の第一回では、「伝来の旧き文明が行詰って、世界は今や新局面の展開を招来せんがために、空前の大規模の乱闘混戦の形式に於て、改造の苦悶を痛切に体験して居る」。交通機関の発達が、この地球を狭くしている現代において、「独り我日本の社会のみが、世界的動乱の影響を受くることなくして、晏如《あんじょ》として旧態を守株すること」が許されるはずがない（3.24大朝）とも述べている。世界戦争、革命、グローバル化という世界史的な変化に対応して、「非立憲国家日本」は、どのような方向へ「改造」するかが問われた時代だったのである。

第二章

米騒動

1　米騒動とは何か

広義の「米騒動」

一般に米騒動とは米価の暴騰が原因で、一九一八年七月に富山県漁村での「女一揆」をきっかけにはじまったとされる。しかし米価の高騰はすでに前年からはじまっており、米価高騰に苦しむ人々による「消費者運動」（購買組合の結成・公設市場設置運動・外米輸入促進運動など）もまた、すでに行われていた。井本三夫は、米価高騰に端を発する民衆運動を「米騒動」と捉えるなら、この「消費者運動」も米騒動の一つの形態であるという。そして民衆が街頭において、集団で行う示威行動や暴力をともなう行為を「街頭騒擾」と呼ぶ。また一九一八年には、街頭騒擾型の米騒動と並行して、米価高騰を理由としたストライキも頻発した。井本はこれもまた、広義の「米騒動」に含める。こうして「米騒動」とは、いわゆる街頭騒擾に消費者運動、さらには米価騰貴を理由とする労働者のストライキなどからなる大正デモクラシー期の「市民戦線」と捉える（『米騒動という大正デモクラシーの市民戦線』）。米価高騰による生活難が、人々を襲ったわけであるが、その生活難に対抗する動きは様々であったと考えるべきである。そういう意味で、筆者は井本の主張を支持したい。ただし本書では、主に街頭騒擾としての「米騒動」に焦点を当てて論ずることにしたい。

ヨーロッパの穀物価格上昇と食糧騒擾

第一次世界大戦中には、ヨーロッパをはじめアジア各地でも穀物や米をめぐる街頭騒擾が起きている。「米騒動」とは、決して日本特有のものではなかった。しかも東アジアの「米騒動」は、日本の米騒動が波及したものであった。

第一次大戦中、世界各地で穀物や食糧品の価格が上昇した。開戦二年後の一九一六年夏までの食糧品の価格は、アメリカで二〇%、イギリスで五五%高騰している。また、ドイツではなんと一〇〇%騰がっている。つまり、ドイツでは二年間で、食糧価格が二倍になっているのである。どの国も一様に高騰しているのだが、ドイツが特に騰がり幅が大きいが、それは日本も事情が似通っている。日本とドイツでは英米と異なり、「上からの近代化」が行われた。このような国々では、産業資本が充分に育たず、政府が上から資本主義を導入した。すると往々にして、地主など旧支配層が産業資本家に横滑りするため、農業生産物から得られる利得を一掃できない。そのため英米の産業革命後のように、産業資本家が農業ブルジョアジー（地主、農園主）を抑えて、食糧価格を平準化する事態が起きにくい。要するに、支配層における地主の影響力が大きく、その利益を擁護するために穀物の価格が下がらない。

ドイツやオーストリアなどでの食糧要求デモは、すでに一九一五年秋ごろから現れはじめ、多くの都市で女性が加わる食糧騒擾となった。またロシアでは、一九一七年三月の国際婦人デーに、首都ペトログラードでの女性たちのパンと平和を要求するデモが革命への導火線となった。女性が中心となった食糧要求運動が騒擾化するというのは、日本の米騒動にも通ずるものがある。

中国長沙の「米騒動」

一九一八年三月、日本で米価が急騰しはじめた頃、中国の長沙では米をめぐる騒動が起きていた。『大阪毎日』には、「多数の貧民米商を襲う　米価の高騰と長沙の騒乱」という記事がみられる。「近頃米価がはなはだしく騰貴し、かつ米穀商の売り惜しみにより、下等社会の困難は甚だしく、ついに昨日午後に至って多数の貧民、婦人子供を合わせ米穀商に押し寄せ、廉売を強要した。警察及び軍隊の制止も効なく、城内外に波及し、米穀商の大部分はやむを得ずこの要求に応じた。また無頼の徒がいて、この騒乱に乗じ掠奪をはたらく者もある。警察署長と知事は、速やかに救助米の売出しを開始する、またみだりに騒乱する者は軍律に照らして処罰すると布告したため、ひとまず沈静化した。ただし、米価その他の諸物価の騰貴は、主として紙幣の低落に基づくもの、インフレを抑制しなければ、騒乱を防ぐことは困難であろう」（3.3大毎）と。

長沙市は、中国南部長江流域、湖南省の省都である。現在、人口約一〇〇〇万人（二〇二〇年）を超える大都市である。記事は、米価のみならず諸物価がのきなみ高騰したこと、それにより「下等社会」の生活が困難に陥ったこと、民衆が米穀商に押し寄せ米の廉売要求をしたこと、この要求に米穀商が応じたこと、警察や軍隊が出動して騒動は沈静化したこと、混乱に乗じ掠奪も発生したこと、米価や物価騰貴の原因が主として「通貨の低落」と米穀商の売り惜しみであったこと、などを伝えている。「通貨の低落」とは、世界大戦にともなうインフレである。米価ばかりでなく、諸物価も高騰している。これはもはや、日本の米騒動そのものではないか。

「米騒動」は、アジア各地で発生している。ただ多くは、日本の米騒動による外米の緊急輸入で、その米を提供した朝鮮半島や東南アジアで発生した。従って、一般に日本の米騒動発生後である。しかし長沙市では、日本の米騒動の約半年前に、原因も騒動の状況もよく似た騒動が発生していたのである。

朝鮮の「米騒動」

長沙の「米騒動」より半年ほどあとになるが、八月に朝鮮でも騒動が発生している。朝鮮の「米騒動」は、長沙のそれとは理由が違い、日本の商社の米の買占めによる。日本の米価は一九一七年秋頃から上がりはじめ、一九一八年になって拍車がかかる。政府は米価対策として四月下旬に「外米管理令」を法令化、五月はじめから外米の輸入をはじめる。外米の輸入は、三井物産（東京）・鈴木商店（神戸）・湯浅商店（神戸）、岩井商店（大阪）の四社に限定されたが、このうち鈴木商店は朝鮮米を買いあさった。

七月になって、鈴木商店による買い占めは、朝鮮の人々の激しい反発を買った。『万朝報』は、「鈴木商店は、政府より一石五円の補給を受けて、京城を中心として鮮米大買い占めをなし、すでに十余万石を釜山より積出したとの説が伝わった。そのため市民は政府及び鈴木の処置の不当を鳴らし、その買い占め行為を阻止すべく、総督府に迫りつつあり」（7.20万朝）と伝えた。朝鮮では、買占めにより米価が一気に高騰した。この事態に朝鮮総督府も狼狽し、日本政府に買占め中止を申し入れた。そこで政府も一旦は中止命令を発した。ところが鈴木商店は、中止命令を直接受けていないとして、その後も朝鮮米を買い続けた（7.24大朝）。外米買付と輸入はもともと政府が促した政策であったから、商社に対する当局の管理も甘かった。

朝鮮米の買占めは、日本政府の補助金もあり、鈴木商店に莫大な利益をもたらした。また日本国内では、朝鮮米への需要は大きくなる一方であった。国内米の急騰で、日本の消費者も安い朝鮮米を求めた。外米促進運動は、日本の市民の生活防衛策でもあった。鈴木商店は日本の消費者の足もとをみて、「外米原価販売、朝鮮米で儲けなどはせぬ」（8.11大毎）などとうそぶいていた。

八月九日から翌日にかけて、仁川や釜山の米価はピークに達した。一〇日には、「一升五十銭という大暴騰」となった。この米価は、米騒動が起きた日本国内の米価とほぼ同じ水準である。当然、朝鮮でも市民が騒ぎはじめる。釜山近郊の市民は米価暴騰に憤慨し、警察署に向かった。米騒動の発生である。しかし、釜山警察署が巡査を派遣して説諭し、市民を解散させた。朝鮮の米価騰貴は、現地の日本人の間でも問題になっていた。現地では、鈴木商店の社員三人を拘留して、取り調べが行われた（8.12大朝）。八月一三日には、京城府庁衛生係の職員らが、米価暴騰を理由に賃上げを要求して、ストライキに入った（8.16大朝）。その後朝鮮でも日本国内同様、米の廉売が実施された。しかし八月二八日には、京城の米廉売所で「鮮人一千余名」が騒擾を起こし、付近の学校その他の建築物を破壊した。憲兵隊が駆けつけて漸く鎮圧したが、その後も「不穏の状態」が続いた

（8.29読売）。朝鮮の米騒動は、日本のそれと同時進行した。

なお、外米のうち現ミャンマーの「蘭貢米《ラングーン》」の日本への輸出も、すでに七月中に禁止されている（7.30読売）。朝鮮と同様、日本商社の買占めによる価格高騰が原因であったと思われる。

2　米価高騰と「米騒動」

第一次世界大戦中の米価上昇

第一次世界大戦中の米価の動きについては、二月一四日の『東京日日』に「米価の今昔」という恰好の記事がある。これによれば、第一次世界大戦がはじまった、一九一四年後半は、米価は次第に低落した。同時に繭価も暴落したため、農村経済は日露戦争後の不況を脱することが出来なかった。同年の第三五議会、翌年の三六議会では、米価を引き上げるための建議案が多数提出された。一九一六年になって、大隈内閣は米価調節調査会を設置。同年九月に米価調節案が決定された。調節案の内容は、①低利資金を融通すること、②関税制度に改正を加えること、③米の輸出を奨励すること、④農業倉庫の設置を奨励すること、⑤正米市場を整理すること、⑥田租納期を繰り下げること、などであった。その結果、「正米標準相場（九月末）は十三円四十銭となり」、米価はやや上昇した（東京市場、正米一石＝一〇斗＝一〇〇升＝現一五〇キログラムあたりの価格。なお正米とは、現物取引の米）。そして米価調節のためとして、政府はなおも正米を買い上げた。しかし、しばらくは一三円台で低迷した。

それが同年一一月頃になると、一石が一六円台に値上がりし、およそこの価格で翌一九一七年前半期まで推移した。ところが、同年九月頃になると二〇円台に値上がりし、年末には二三円八〇銭へと急騰した。一九一八年二月には、何と二五円一〇銭にまで値上がりした。つまり米価は、一九一七年の後半期から急騰しはじめて、翌年に至ったのである。ちなみに大阪市場では、二月半ばに一時三〇円台まで高騰している（2.14 山陽）。

この間の卸売物価指数（明治元年を一とする指数）の総平均をみると、一九一五年：三・四五、一六年：五・三八、一七年：六・七八、一八年：九・八二、一九年：一一・一四、二〇年：八・八八となっている。こうしてみてくると、米価だけでなく物価全体が、一九一六年ころから騰がりはじめ、一九一九年にピークを迎えていることがわかる（『数字でみる日本の一〇〇年』）。米価と物価全体には、若干のずれがあるが、一九一六年になって物価全体が上昇しはじめ、米価はやや遅れて一九一七年の後半期あたりから高騰しはじめたとみてよい。新聞紙上には、米価だけでなく物価高騰に関する記事も多く、それが中間層以下の生活を直撃する模様が記されている。

政府の「米価調節」策と限界

米価が徐々に騰がりはじめるのは、一九一七年秋頃からである。この米価上昇に対し、政府（寺内内閣）はどのように対処したのか。政府はまず、一九一七年八月三〇日に農商務省令で「物価調整令」を公布した。これは、米・鉄・石炭・綿糸布・紙・染料・薬品の七種の買占めまたは売り惜しみを取り締まる法令である。ついで九月一日に「暴利取締令」を追加公布した。これが仲買など、米の取引業者を対象としたことはいうまでもない。「物価調整令」と「暴利取締令」は、一連の法令である。翌年早々、大阪米穀取引所の仲買人伊勢（現津市）の岡半右衛門ほか一〇名が、米を買い占めたとして取り調べを受けた（1.25国民）。その結果、「岡半」は暴利取締令によって戒告を受け、九〇日間の売買停止処分となった（1.27東日）。

これとは別に、同年四月下旬に「外米管理令」を法令化した。そして五月七日から、外米の輸入を実施する。一口に外米といっても、当時は朝鮮米・台北米（現台湾）など植民地のほか、ラングーン米（現ミャンマー）、サイゴン米（現ベトナム）、支那米などがあった。これらの外米を、特定業者を指定して安定的に輸入し米価を下げようとしたのである。この時、第一次指定された業者は、先にもあげた三井・鈴木・湯浅・岩井のわずか四社のみであった（七月に小口買入業者四社を追加指定）。外米の買入価格は政府が管理し、買入の諸費用は政府が補填したから、指定業者は儲かるばかりであった。

通貨量の膨張と米価

米価高騰の原因は、どこにあったのか。当時の新聞で、米価高騰の原因としてしばしば取りあげられたのが通貨の膨張、すなわちインフレである。第二次大隈内閣の大蔵大臣で、当時憲政会にあった若槻礼次郎は、『東京朝日』の取材に応じて、「物価騰貴原因」について次のように述べている(要約)。

「物価高騰の一般的原因は、世界戦乱のため輸入が減退し、輸出が増加して巨額の輸出超過を示し、正貨の流入が増加したことにより国内の通貨が膨張したためである。よって通貨の縮小を図る事が、物価引き下げの最も重要なるものである。通貨縮小策としては、欧米の公債を購入することで国内の通貨量を減らすという方法が最も適当である。しかし政府は私見と異なり、物価の騰貴は暴利を目的とし買占めする奸商がいるためと見做し、かくて物価調節令を発した」。しかし、効果はなく物価は下がらなかった(4.15東朝)、と批判した。

実際に通貨はどれくらい膨張していたのか?『東京日日』は第一次世界大戦がはじまった一九一四年末と「今日」(一九一八年)を比較している。それによれば、一九一四年末三億八〇〇〇万円だった兌換券は、「今日」八億六〇〇〇万円とおよそ四億二〇〇〇万円増加したという。兌換券に硬貨流通高と少額貨幣の量を加えれば、さらに貨幣流通量は増加する(4.20東日)。『大阪朝日』によれば、一九一四年末に五億四六〇〇万円余だったものが、一九一七年末には一〇億二四〇〇万円余と、ほぼ倍増している(8.6大朝)。『数字でみる日本の一〇〇年』では、一九一九年の「政府紙幣」「銀行券」「補助貨」を合わせた「貨幣流通高」の「計」は、一九一四年の約三倍に膨らんでいる。

米価調整に有効な手段として、通貨量の調節とともにあげられているのが、外米の輸入関税撤廃であった。『時事新報』は、一九一八年一月から三月までの外米輸入高が前年に比し、五倍に増加していると指摘している。しかし政府が輸入関税を下げないため、価格がそれほど下がらず売れない。そのため、輸入業者はかなりの在庫を抱えている。輸入税の廃止による米価下落が「生産者に与ふる悪影響」と、輸入税存置による米価騰貴が「消費者に及ぼす打撃」を比較したとき、どちらが社会的影響が大きいのかは議論の余地はない。「米価の暴騰が著しく国民生活を圧迫する事実を認めて」、これを緩和すべきである（4.13時事）と、政府を批判した。また『東京朝日』は、米の関税を下げないまま、外国米輸入管理制度（指定業者に補助金を与えて輸入させる制度）は、「道の近きを取らずして、わざわざ遠き」本末転倒の政策である（4.27東朝）と、厳しく指摘する。結局政府は、米価暴騰の主因である通貨の膨張を抑えることも、最も即効性のある外米の関税撤廃も行わなかった。

政府はなぜ、頑なに外米の関税撤廃を断行しなかったのか？『大阪朝日』は、「政府者は与党に対する懸念よりして、少数大地主の利益擁護に努め」た結果、外米輸入管理制度などを行い、食糧供給力の即効性を失わせた（5.18大朝）という。与党に対する配慮から、その支持基盤たる大地主の利益を擁護し、外米の輸入関税を撤廃できないという。外米の価格が下がれば、米価全体の低落を招く可能性がある。では「与党」とは誰か？一般に寺内内閣は、「超然内閣」として、政党に基盤がないといわれた。しかし実際には、政友会の「是々非々主義」に支えられて議会運営をしてきた。政友会は事実上、寺内内閣の与党であった。寺内内閣が米騒動を招いたとすれば、このような権力構造がそれをもたらしたといえる。

ちなみに大正期には、徐々に都市選出議員（商工業者など）が増加していく。しかしまだ直接国税一〇円以上という納税資格により選挙権が縛られている段階では（直接国税の多くは「地租」で地主が負担した。一九二〇年に三円以上に引き下げ）、帝国議会は「地主議会」であった。

米価調節（値下げ）反対

新聞紙上には米価の騰貴を歓迎する意見、また米価調節に反対する運動の記事も見うけられる。横井時敬《ときよし》（農学博士、東京帝国大学教授）の「農民生活の危機」という論考がある。横井は政府が設定しようとした、買収米の公定価格設定に反対する。政府の公定価格の設定は、いうまでもなく米価の上昇を抑えるためである。しかし横井はいう。「今日米価のみが騰貴したのではない。他の諸物価と同様の騰貴をみたものである。若し政府が意図するように、米価のみ低落させようとすれば、これ実に農民に取っては生活上大問題である」。「農民の生活の逼迫は近年に始まったものではない。日露戦後の不況では、農民を救済する必要があったが、政府はほとんどこれに関与しなかった。現在、肥料、農具等が昂騰しているのであるから、今日米価のみ他物価と釣り合いの取れぬ程度に低く公定せられては、農民は全く生活禁止の布達を受けたと同様である」（要約、7.1山陽）と。

横井は、熊本生まれの農本主義者であった（父横井時教は、横井小楠の高弟）。日清・日露の戦争で、いかに農村が収奪され疲弊したかを横井は知っていた。第二次大隈内閣では政府が米価の上昇策を実施しなければならないほど、農民生活は惨憺たる状態だった。いまやっと諸物価に遅れて米価が上昇した。それを抑えられては、農民に生活禁止の命令をだすようなものである、というのである。

また福岡市では、「米価調節に大反対」の大集会が開かれた。これは大日本農会の第五回全国集会であったが、四月二三日に福岡市で開催された。集会では糟屋《かすや》郡の代表が演説を行ったが、「米価が安くなれば、農事者が減じて、来たる陸海軍の下士卒も三分の二は農民がしめている。農事が衰退すれば米穀の産額も減り、陸海軍に出る者も減る道理から、国家大事と思うなら、米価を安くせず、農事の隆盛を期せねばならぬ。同じ代議士を選挙するにも、農事政策に尽力する候補者を選ばねばならぬと気焔を上げ」、拍手喝采だった（4.24 福日）。大日本農会は一八八一年（明治一四）、豪農・地主を中心に設立された最初の全国的な農業団体である。従ってこの集会は、地主層の立場から米価調節（値下げ）に反対だということになる。

物価騰貴と「中流階級」の没落

「中流階級」や「細民」の生活破綻に関する記事は、一九一八年の前半に比較的多い。『報知新聞』は「中流以下の生活難　其恐るべき悪影響」という社説でこれを論じた（ただし「中流」の明確な定義はない）。それによれば「最近我国の物価は著しく昂騰し、弥々《いよいよ》以て中流以下の生活難を激甚ならしめつつある」。日本銀行の調査によれば、一九一四年七月と一九一七年一二月を比較すれば、物価は平均で六割以上騰貴している。特に米穀、野菜、調味料、木炭などの高騰が甚だしい。ところが中流以下の所得は「大多数は殆《ほとん》ど増収なく、仮令《たとえ》之あるも其の率や甚だ低く」、物価上昇率に全く及ばない。慈善団体救世軍は「物価は遠慮なく騰貴し、其上食わずば餓死するの他なき米が三等米にして二十七銭五厘、のみならず野菜物にしても沢庵一本十銭という相場なり。単に食うだけにても一家を満足に支え得べき道理なし」。現在彼らの生活状態は実に「貧極度にあり」という。また東京市浅草職業紹介所の職員は、「東京に群がり居る労働者の間には景気も何もあったものにあらず」。諸物価騰貴の今日、仕事もなく路頭に迷う者のために、「何等かの職業を与うるの途なきか」と語る。さらにこの状況が、犯罪の増加や嬰児死亡率の向上という、社会的悪影響を招いているともいう（2.11 報知）。

「中流階級」と目された、公務員の生活もままならない状況であった。東京市職員のうち「六十円の月給取が家族が多い為め一箇月六十円以上を米代に取られるので困り果てている」。「同じ役所内に家族を離散せしむるに至った悲惨な話」（2.16 東朝）もあった。家族離散というのは、例えば夫婦どちらかの実家が米に困らない農村にあれば、そこに引っ越すというような事態である。「小学教員の平均の月俸は三十円以下で、労働者以下の収入」のため、教員志願者が激減した（2.24 東朝）。大阪府では警察官の辞職と転職が相次いだ。九条署では「生活難救済のため連名嘆願書」を提出して、署長に「直訴」を目論む事態も起こった。動きは幹部署員によって事前に察知され、「直訴」は阻止されたが、ある署員は窮状を次のように語った。「世の中に何が薄給だといっても巡査ほど惨めなものはありません。初任のものは月給僅かに十五円。ソレに六円五十銭の手当金があるばかりです。此中から月末に貯金やら同僚の弔慰金やらを引かれると手取りがマア十九円位。日割六十三銭あまりで、一升五合の米を買うのに不足する。若し靴一足でも新調するなれば十円乃至十五円を要し、約一箇月分の給料が一挙に飛んで了《しま》います。夫婦二人の二階住居《すまい》でも家賃が五円内外はかかる。いくら節約したとて一箇月三十円無くては生活《くら》せません。此上子供の三四人も抱えたものは養いよう筈が無い」。「そんな状態ですから誰も好んで転職するのではなく、食えぬが悲しさの已《や》むを得ないのです」（8.7大毎）と。

陸戦隊上陸と米価

四月初めに、日本海軍の戦艦石見《いわみ》の陸戦隊（石見は一月一二日にウラジオストクに入港して以後同港に停泊中）がウラジオストクに上陸した（陸戦隊上陸については第三章）。いよいよシベリア出兵かと、新聞で大々的に報道された。この事件の直後、政府は農商務省訓令を出して、米価をはじめ諸物価の調節に乗り出している（四月六日農商務省訓令第三号）。訓令は全国地方長官に向けて出されたもので、「物価暴騰に伴う国民の覚悟並に供給者の所持品の売惜みを為し社会の平静害すること無からしむる為」に出された。「売り惜しみをしてはならない」は分かるが、「国民の覚悟」とは何か。わかりやすくいえば、「政府は物価調整に努めているので、国民も心を一つにして仕事に励み、物価高騰を招くような投機的行為は慎みなさい」というものである（4.7読売）。

さらにこの省令に関して農商務省の官僚は、出兵問題と米価高騰の関係について次のように述べた（要約）。「出兵問題が米価騰貴に関係があるという者がある。しかし、出兵してもしなくても、需要米の数量に変化はない。また出兵になれば、多量の米を一時に買い入れるから、米価の騰貴を促すべしと憂うる者もある。しかしこれまでも、軍事当局は東京、大阪等の集散地や大消費地からだけ買い入れたことはなく、それぞれ原産地において買い入れを行う。日清戦争、義和団事件、日露戦争でも、出兵のために米価の暴騰を来した例はない。出兵問題と米価と結び付けることには、何らの根拠もない」と（4.7読売）、出兵問題と米価高騰の関係を否定した。しかし政府が、それを否定しなければならないということは、その関係性について巷間に流布していたものと思われる。結果論ではあるが、このような省令で物価高騰が収まると考えていたとするなら、政府の認識は極めて甘かったといわざるを得ない。

シベリア出兵と米価

シベリア出兵が正式に宣言されるのは、八月二日である。しかし新聞紙上では、それ以前、七月中旬頃から「出兵決定」に関する記事が掲載される。七月一六日の外交調査会で、それまで反対を続けていた原敬も折れ、事実上出兵が決まる。その翌日の新聞には、「出兵問題経過　出兵断行に決す」として、その経過が伝えられた（7.17大朝）。この「出兵決定」が掲載された前日一六日に、次のような記事があった。

「出兵と食糧問題」と題した記事は、農商務省食糧課長副島千八の談話をもとにしている。シベリア出兵が近いと言われるが、「出兵と食糧問題、就中米価問題に就て、世上出兵を気構え、盛んに米価の昂騰すべきを説くものあり」。これは根拠なき浮説にして人衆を惑わすものである。日清、日露、青島戦役時のいずれの米価をみても、「戦前に比し戦時は必ずしも著しき高価にはあらず」。従って「出兵は即ち米価の昂騰」もたらすとの説は、「何等の根拠なきもの」なり（7.16読売）と。副島は、対外戦争による米価高騰は過去にはなかったこと、そしてシベリア出兵による米価高騰もないと明言した。

しかし、シベリア出兵決定の知らせが、米市場に刺激を与えたことは間違いない。実際、七月中旬以降、米価はさらにじりじりと高騰し続ける。七月一七日、東京深川の正米市場では、一石平均三〇円五〇銭（一升では三〇銭五厘。平均というのは上米、中米、下米の平均）と、ついに東京では三〇円を突破した（7.18読売）。この米価はまた、「殺人的相場」とも表現された（7.18万朝）。この頃政府は、全国で米の在庫調査をはじめるが、それは「一体米の無いことは真実らしい」（7.19読売）と、国民の不安を煽る結果となる。

二〇日になると、「大暴騰の正米　恐ろしい程突飛の高値　社会問題が起こりそうだ」という記事も現れる。これは東京深川市場を取りあげたものだが、まず「出兵問題が起こるともう直ぐ米価の暴騰となり」と、出兵と米価高騰を明確に関連付けている。そして「破天荒な暴騰に市場は大混乱となり、何時になく集まった群衆の混雑一方ならぬ形勢に西平野署でも万一を慮《おもんぱか》って警官を出して警戒させる騒ぎ」（7.20北海）と、警察官が出動し、いつ米騒動が起きてもおかしくない状況を伝えている。富山県ではすでに七月上旬から、米を求めて群衆が集まる事態が生じていた。

「出兵宣言」と米価

仲小路農相は、八月に入っての米価上昇の原因を「今日の昂騰を見るに至ったのは、出兵気構え、関西を荒らした低気圧（台風被害—筆者）」など、「諸種のものが因をなして居る」（8.11東朝）と述べている。「気構え」、即ち「米相場上昇への期待」としながらも、シベリア出兵が一層の米価高騰の原因になっていることを認めている。

八月に入ってどの程度米は急騰したのだろうか。『大阪毎日』に「恐ろしい正米相場の足取をみよ」という見出しの記事がある（8.11大毎）。八月に入ってからの、大阪の正米相場（現物相場）のデータがある（一石の価格、（　）内は前日との比較）。

一日　三六円一〇銭（七〇銭高）
二日　三七円二〇銭（一円一〇銭高）
三日　三八円二〇銭（一円高）
四日（日曜）
五日　四〇円五〇銭（二円三〇銭）
六日　四二円五〇銭（二円高）
七日　四七円　（四円五〇銭高）
八日　四九円　（二円高）
九日　五三円　（四円高）

まさに、異常なまでの上昇である。わずか一〇日間で、一・五倍ほどに値上がりしている。『大阪毎日』はこれを、「発狂相場」と表現している。ただ同紙は、期米（先物相場）は、各地の平均が三〇円前後であるから、「三〇円以上の米はないはずだ」という。結局、肥料価格や労賃などの物価高騰に加え「中間で暴利を絞る何者か」に原因を求めるが、後者は要するに投機である。日本では、米は投機の対象となった「特別な商品」であるが、この時の投機熱を煽る一因がシベリア出兵であった。ちなみに神戸市では、一升あたりの米価が、八月一日の四〇銭七厘から八日には六〇銭八厘になったという。次でみるように、富山県での「女一揆」を経て、八月九日に関西、中国、四国地方に米騒動が一挙に飛火するが、「九日」である理由は、この大阪や神戸でみられた米の「発狂相場」が原因であったと思われる。

3　米騒動の諸相

街頭騒擾型「米騒動」のはじまり

一九一八年の夏頃には、全国で「米価奔騰」といわれる状況が生ずる。富山県では、「米の積み出し反対」という形で、いよいよ街頭騒擾型の「米騒動」が発生する。七月初旬から中新川郡東水橋町で、七月一八日に下新川郡魚津町、八月三日には西水橋町などで、ついに騒動がはじまった。

富山県ではじまった米騒動は、その後、各地に波及する。面白いことに、八月九日に多くの場所で「同時多発的」に街頭騒擾が起きている。『新聞集成大正編年史』で拾っただけでも、大阪市今宮町（8.11東朝）、京都市下京区（8.10東日）、神戸市（8.10大毎）、姫路市大塩町（8.11東朝）、和歌山県湯浅町（8.11大朝）、名古屋市（8.117大朝）、岡山市（8.10大朝）、岡山県津山町（8.10東日）、広島県三次町（8.11大毎）、高松市（8. 東朝）、愛媛県今治町（8.11東朝）などで、いずれも九日に騒動が起きている【写真6】。

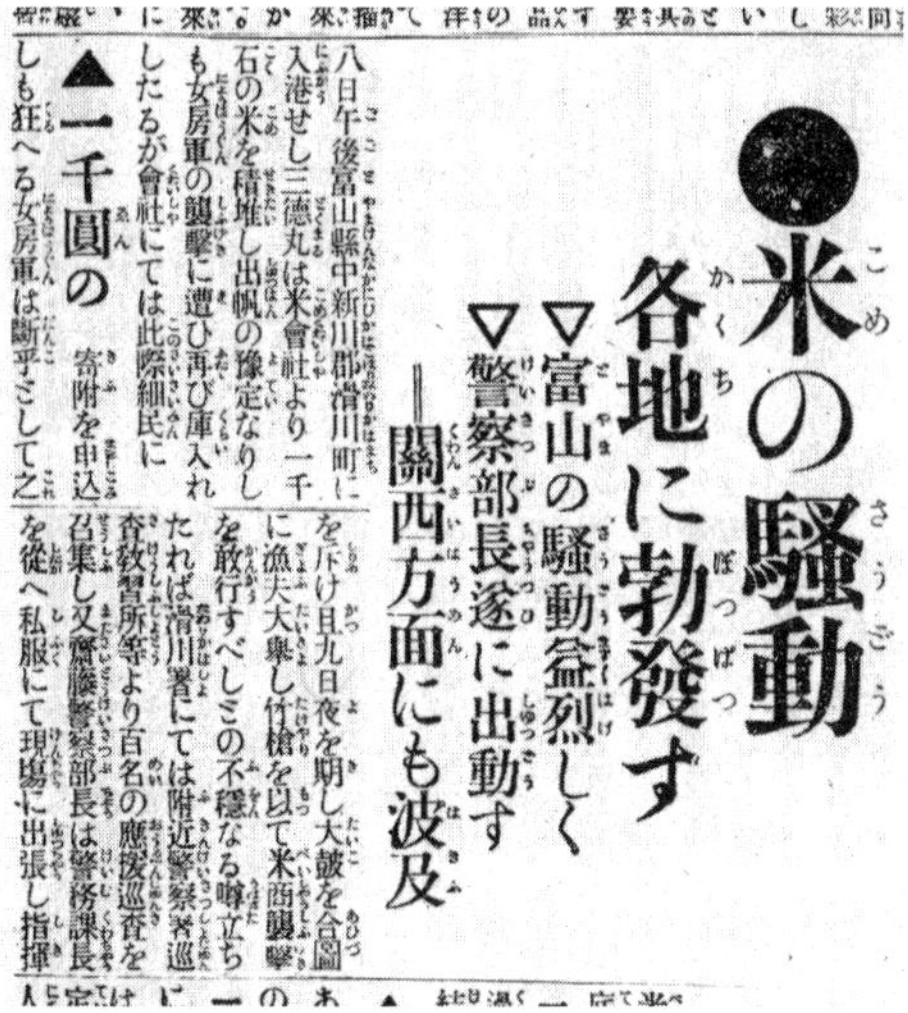
●米《こめ》の騒動《さうどう》
各地《かくち》に勃發《ぼつぱつ》す
▽富山の騒動益烈しく
▽警察部長遂に出動す
—關西方面にも波及

八日午後富山縣中新川郡滑川町に入港せし三徳丸は米會社より一千石の米を積載し出帆の豫定なりしも女房軍の襲撃に遭ひ再び庫入れしたるが會社にては此際細民に

▲一千圓の寄附を申込しも狂へる女房軍は断乎として之を斥け且九日夜を期し大鼓を合圖に漁夫大擧し竹槍を以て米商襲撃を敢行すべしとの不穏なる噂立ちたれば滑川署にては附近警察署巡査教習所等より百名の應援巡査を召集し又齋藤警察部長は警務課長を從へ私服にて現場に出張し指揮

写真6　米の騒動。8月9日、米騒動は関西方面その他に波及した（8.10東朝）

このうち神戸市では、九日から市内東部生田川、中部橋、西部永澤の三つの小学校で外米を一升一九銭で売り出した。内米に較べれば半額以下であったため、群衆が殺到した。「アハヤ富山県の二の舞」の混乱を演じたが、初日は何とか無事に終了した（8.10大毎）。翌日一〇日も、同じ三校で廉売がはじまった。生田川小学校では、販売前から群衆が詰めかけ、「鉄柵は蔓の如く折れ歪み、一時雑踏を防ぐため締切りたるに檜の校門を押揺がす騒ぎ」となった。校門の閂《かんぬき》を外すやいなや、群衆は校内になだれ込んだ。いわゆる群衆雪崩《なだれ》が発生し、現場は「阿鼻叫喚」の修羅場と化した。「我先に米を買わんの一念より押合い犇《へし》合い、其形相迚《そのぎょうそうとて》も此世の人とも思われ」ない。米の計量場にたどり着いて係に差し出す「米券」は、どれも血だらけという惨憺たる有様だった。幸い死者は出なかったが、「負傷者数十名」という「大惨劇」となった（8.11東朝）。

広島県三次《みよし》町では九日午後九時頃、「突然町内に祭太鼓の音《ね》起り、次で照林坊常林寺等の梵鐘殷々《いんいん》として夜陰に轟き渡」った。すると労働者や下層民たちが、「スワ大事出来《しゅったい》せり」と、雨にも拘わらず同寺の境内に集合した。その数、二千数百名。口々に「売惜《うりおしみ》をする米屋を叩き壊せ」と叫びつつ、警察の制止も振り切って町内の米穀商を次々に襲った。そして在米二五〇〇俵を手に収め、玄白米一升三〇銭で売却するよう、米穀商に迫った。米穀商も、群衆のこの権幕に怖じ気づき、いうがままに応諾した。その後、群衆はさらに芸備線三次駅に向かった。そして駅長と面会し、三次駅から広島その他へ搬出される玄白米すべてを差し押さえた。午後一一時過ぎ、群衆は「万歳を呼称しつつ」ひとまず解散した。翌日、前日の約束通り一升三〇銭で米を買おうと、再び群衆が米穀商の店先に詰めかけたが、その「殺到するさまは、物凄きばかりなりき」だったという（8.11大毎）。太鼓や梵鐘は、誰が鳴らせたのか？　しかし、その音で人々が集まる様は、伝統的な百姓一揆を想起させる。しかし集まったのは、農民ではなく労働者や下層民であった。

愛媛県越智郡今治町では九日午後、町内の米問屋が「米一千俵」を某師団（広島の第五師団か）へ向け積み出そうとした。すると「同町漁師町漁民の女房連百余名は一団となり、積み出しの妨害を為さんとした」た。そこで警察が出動、「女房連を鎮圧し漸く事無きを得た」（8.11東朝）。今治でも、漁民の女房連が最初に騒ぎを起こしている。また、女房連は軍に運ばれる米の積み出しを阻止しようとしているから、シベリア出兵など眼中にない。いやむしろ、シベリア出兵によって米価が上がったから、シベリア出兵反対の意思を示したともいえる。

名古屋市では、「九日夕刻」笹島町付近で、「米価問題に対する大演説会を鶴舞公園で開催す」との風説が流れた。すると「八時頃より鶴舞公園は次第に野次馬を以て充たされ約四百名に達した」。しかし飽くまで風説で、主催者もなく演説もないため、激昂した野次馬たちは米価高騰を「痛慨」し、通りがかりの自動車数台に「悪罵を浴びせ瓦礫《がれき》を投げ」騒ぎはじめた。警官隊が出動しこれを抑え、午後一一時頃に群衆は退散した（8.11東朝）。翌一〇日日没頃から、鶴舞公園に続々と市民が集まり、その数一万人を超えた。学生や労働者が「暴利を貪る奸商を膺懲《ようちょう》せよ、施政方針を誤れる寺内内閣を倒せ」と叫び、群衆もこれに応じた。しかし「的なきに矢を放つ如きもの」であったため、市民は午前零時頃までに退散した。しかし一隊は知事官舎に向かい、門灯を破壊するなどした（8.12大朝）。

九日に起きた騒擾を四例紹介したが、地域によっていろいろなバリエーションがあったことが分かる。一口に米騒動といっても、人々の行動パターンは様々だった。

政府の認識と対応

富山の「女一揆」は、八月九日に一〇府県ほどに飛び火したが、これは全国規模の騒動の序曲に過ぎなかった。政府は同じ九日に、「米に対する閣議」を開いている。『大阪毎日』によれば、「米価昂騰の結果、各地に於て続々不穏行動あり。殊に東京に於ける暴騰は最も甚だ」しい。このまま放置すれば「由々しき大事を惹起《じゃっき》する虞《おそれ》れ」があるので、閣議の結果、とりあえず「東京に於て応急的貧民救助策を講ずるに決し、水野内相は十日午前、東京府知事を官邸に招致して至急救助策を実施する事を命令した」（8.11大毎）。

これに関して仲小路農相は、「京阪地方には河合書記官を派遣し地方官と共に善後策を協議させ、東京市も今朝から井上府知事とも相談し、下層民には慈善団、中流階級には購買組合や消費組合の手を以て安価なる米を供給せしむる事」にした。この「問題は全く厳粛な社会問題であるから、私は一部の非難などは顧みず断乎として国民生活の救済の為に奮闘するつもりで居る」と、その決意を述べた。しかし農相は、同じ談話の中で「米そのものが不足している訳ではない。米がまわってくるのも遠くはない。米価低落の兆は所在に見えており、現に米産地たる越後や兵庫方面にでは大暴落を呈している。今少しの辛抱である」と、楽観的な見通しを述べている（8.11東朝）。しかし農相がいうように、各地で米価が大暴落した事実はない。

また小橋内務次官は、「かかる騒ぎは妙なもので、何事か生ずる」と、怖がり者がちょっとした音に怯《おび》えるように、人々が不安の念に駆られる。「米は決して不足は無いし、外米も廻るし其中《そのうち》にやがて新米が出る」。「今日も広島や岡山からと騒ぎの報告にも接したが、大した程でない様である」と語った（8.12東朝）。当初、政府全体が楽観論に覆われていたのは間違いない。

ところで、全国規模の米騒動が起こりはじめたとき、政府が行った対策はといえば、およそ外米の廉売のみであった。いや速効性のある対策としては、外米の廉売しかなかったといってよい。これまで有効な米価対策は、何ら行われてこなかった。そのことが、シベリア出兵という対外戦争中に、軍隊を国内の騒動鎮圧に出動させなければならない事態を招いたのである。

「騒擾の報道禁止」とマスメディア

政府の対応については、「騒擾の報道禁止」命令も忘れてはならない。政府は八月一四日、突如米騒動に関する報道を禁止した。『東京朝日』は、「各地騒擾の状況に就ては、我社は敏速な報道をなし来ったが、今回突然内務大臣の禁止命令に依って報道不能の已《や》むなきに至った」と伝えた（8.15東朝）。

政府は新聞各社を内務省に招き、水野内相が禁止の理由を説明した。内相は、「今回のことは誠に聖代希有の不祥事で、私の深く遺憾に思い、また甚だ恐縮に存するところでありますが、事件は初め富山の一漁村に起りまして、それが京都、大阪、神戸、名古屋と次第に拡大して、遂に東京に及び」ました。「今回の事件に関して、その記事はお控えを願いたい、その記事は一切掲載していただきたくない、イヤもし掲載すれば差押えるという方針を執ることになりました」。「新聞記事の影響ということを深く考慮した上のことで」、「今回のような事件は、甲の地から乙の地へ、乙の地から丙の地へと、実に急転直下に伝わってゆきますが、この原因の最も大きな一つは新聞記事であることを否めません」（8.15読売）と述べた。

いうまでもなく、新聞各社は一斉に反発した。各社共通の批判は、米騒動を招いたのは政府の無策にあり、その責任を新聞に転嫁するのは容認できないというものである。そして寺内内閣の非立憲体質に、改めて批判が及ぶ。『東京日日』は、「憲政蹂躙権力乱用、同業者に檄し内外の識者に訴ふ」という社説で、この禁止令は「暗黒を主とする専制政治の復活にあらずや」。「寺内内閣は成立の当初よりして民心の容れざるところ」、「今後の暴政恐るべきなり」。「寺内内閣は自己の失政に反省せずして、敢て権力を濫用し、以て言論報道の自由を奪いて全国を暗黒裡に葬り、以てその専横を擅《ほしいまま》にせんとするなり」（8.16東日）と、激しく批判した。政府寄りの『読売』さえも、「現内閣が極めて旧式の官僚的思想に囚われ、時代民心の趨向を察せず」、ややもすれば民心に背き、「政府国民の間に何らの共鳴の点なく成立の当初より不人望なりしこと」が、今回の第一の原因であるとして、寺内内閣は「総辞職の外なし」（8.16読売）とした。

一五日正午から、在京のジャーナリスト団体である春秋会が、緊急の会合を開いた。そして『万朝報』の黒岩涙香《るいこう》ほか三名を委員に選び、内相に報道禁止の撤回を求めた。その時に採択された決議は、「十四日夜内務大臣より発せられたる米価暴動に因る各騒擾に関する掲載禁止命令は、言論の自由を圧迫するものにして、未だ曾《かつ》て見ざる不穏当の所為なりと認む。依って春秋会評議会は内務大臣に対し、十六日午後三時までに該令を取消さん事を要求す」（8.16読売）というものであった。在京の新聞社だけでなく、全国各地の新聞社の協議会が、共同戦線をはって政府に対抗した。

一六日午後、内相は春秋会に回答した。それは、「右禁止令を取消し、今後は内務省発表の公報及之を基礎としたる事実は之を掲載し得る事とせり」というものだった。政府の公報を掲載するならば、すべての新聞社は政府の広報機関となる。新聞社と春秋会はもちろん承服せず、再交渉を行うことに決した（8.17東朝）。そのような中、『大阪朝日』が中心となって、「内閣弾劾の企画」をはじめる。その理由として、「米騒動の原因は内閣にある、その責任を新聞に転嫁し、さらに言論抑圧をする。このような内閣の存続する限りは、言論界の危惧も一般社会の不安も、ともに到底これを除去することが出来ない」（8.17大朝）という。この記事では、米騒動を「食料運動」と表現している。

一七日午後、春秋会の再度の申し入れに、再び内相からの回答があった。これは、「公報以外の記事でも事実に即し、誇大でなく扇動的でなければ掲載して良い」というものであった。新聞社側では、これを「事実上の解禁」（8.18東朝）とうけとる者もあったが、全面解禁をもとめる運動は続いた。

米価高騰と同盟罷業（ストライキ）

米価が急騰する中、輸出急増にともなうインフレはなお進行した。賃金はいくらか上昇するも実質賃金は低下したから、工場労働者の生活も苦しくなった。実は富山県で米騒動が始まる前から、「同盟罷業」すなわちストライキが全国で頻発した。そして街頭型の米騒動と並行して、ストライキが全国で展開する。労働者たちは米騒動に直接参加するほか、自らの工場内で同盟罷業や打ち壊しを行う形で、街頭騒擾に呼応した。八月中のストライキは激増し、それまでの月間最高記録の一〇八件に達した。米騒動が「市民戦線」といわれる所以である。

米価高騰を理由としたストライキをみてみよう。橘樹《たちばな》郡川崎町（現川崎市）の富士瓦斯《ガス》紡績川崎工場では八月五日、職工らが「米価騰貴生計困難を理由として」会社に対して賃上げを要求した。会社は、増額はできないとしながらも、皆勤者には月に日給五日分、一日欠勤者には四日分、三日までの欠勤者には三日分の特別給与を支給すると回答。しかし職工側はこれを不服として、騒ぎはじめた。そして九日、夜勤部の職工五〇余名がストライキに入り、翌日朝には昼間部職工もこれに加わり、「罷業者」は約二〇〇名にのぼった。また同郡の日本鋼管でも、「米価騰貴を理由として」賃上げの要求書を提出した。技師長がこれを握りつぶしたため、憤慨した職工らは付近の工場の職工と会合をはじめた。「多少不穏な模様」があるので、川崎署では秘密裡に警戒した（8.11東日）。

このように、「米価騰貴生計困難」を理由としたストライキが起き、それが他の会社にも広がり連鎖する状況が生じていたのである。米騒動を「米価高騰を直接の契機として発生する騒動」と定義するなら、このようなストライキも、紛れもなく「米騒動」のひとつの形態である。

すでに述べたように神戸市では、八月九日から米騒動が起きていた。市内では数日来、「各地の騒擾が一般民心の危険性を誘致したる事」少なからず、「市内各所の貧民窟及大工場等にては、寄ると触ると米高と米騒動の話にて持切」という状況があった。そして一二日になって、ついに三菱造船所に火が付いた。はじめ「職工四百余名大挙して事務所を襲撃破壊し、警察隊の鎮撫に応ぜず所内形勢刻々不穏なり」という状況だった。しかし騒擾は瞬く間に拡大し、参加者は「総数九千名に及」び、「全工場に波及して暴状言語に絶す」という事態になった。待機していた警察隊が工場内に入り、六名を検挙して漸く騒ぎは収まった。原因はやはり「米価問題」だった。これまで工場では、米、薪炭、醤油等を安価に購入し、これを一般市場より安く従業員に販売していた。ところが工場内と一般市場の価格差を利用して「不当の利」をあげる者が現れ、九日には工場内の米価が一升四五銭にまで値上がりした。これが大騒擾の直接の原因だという。それに加え、賃金に対する不満も背景にあった（8.13又新）。米価高騰、米騒動、低賃金、ストライキがリンクしていた。

このような事態は、三菱造船のような近代的な都市型の工場ばかりの話ではなかった。香川県木田郡潟元村（現高松市）の塩田では、「釜子」（塩田労働者）が米価を含む物価高騰を理由に、塩田の「持主」に賃上げを要求。期限までに回答が無かったとして、「釜子」一万四五〇〇人全員が、七月二九日からストライキに突入した（7.30時事）。また西茨城郡西山内村（現笠間市）では八月二日、石材業者に雇われている石工たち二〇〇余名が、「諸物価暴騰にて生計困難」として賃金の二割増しを雇い主に要求した。石工たちは、要求に応じなければ、全員転職して以後石材業には従事しないことも合わせて通告した（8.4東日）。ストライキを通じた米騒動の「市民戦線」は、伝統的な産業にも及んでいた。

政党は何をしていたのか

ところで、政治の一翼を担うべき政党は、米騒動の時に何をしていたのか。彼らは、生活難の民衆の側に立っていたのか。有り体にいえば、「否」である。米騒動には距離をおいて、基本的に交わることはなかった。特に米騒動を目の当たりにして、内閣の倒壊後に政権を手中にする可能性が大きくなった政友会の原敬は、実兄恭《ゆたか》が危篤のため、盛岡に帰っていた（七月四日死去）。しかし原は、兄の死去後も、政友会幹部の再三の帰京要請に応えなかった。下手に民衆側に立って動けば、場合によっては責任を負わされることも予測したからだという。

八月一〇日、政友会は党本部において幹部会を開催した（原はまだいない）。そして埼玉県の補欠選挙問題を議論した後、米価問題の協議に移った。そして「政府の物価調節に対する方針は、単に農商務省一省の事務として取扱い来り。各省にて関連して根本的統一せる調節方法を講ぜざるが故に其目的を達する能わず」として、政府に対し「警告」を行うことになった。そして幹部ふたりが寺内首相に面会し、「物価殊に食糧品の日々暴騰して底止する處なきは、国家社会の大問題なれば、政府は宜しく統一的に誠意を披瀝して救済の途に出んことを望む」という内容の「警告」を行った（8.11 読売）。

しかしこの「警告」について『大阪朝日』は、「政友会の警告は驚くべく間緩《まぬる》いもの」として、次のように批判した。政友会は「目下の応急策にも触れていなければ、永遠に渉る根本的救済策にも触れて居ないで、唯政府に対して統一的に誠意を披瀝して救済の途に出でんとすることを形式的に希望して居るに過ぎない」と。さらに「政友会も憲政会も」、ともに米価と関税の関係に議論が及ぶことをひたすら恐怖し、「両党が如何に此期《このご》に於ても地方農民の意向」に媚びているかを語るものである（8.12 大朝）と、地主の利益を擁護するだけの既成政党を強く批判した。

『中外商業新報』は、「騒擾の根本原因」と題して、さらに踏み込んで次のように述べている（要約）。米騒動の最大の原因が米価の高騰ならば、「それは、政府が米穀の供給を図るために、外米輸入増加の最善の方法である関税撤廃を断行しなかったからである。政府が関税撤廃を断行しなかったのはもちろん政府の失態である。しかし、政府がこれをできなかった原因は、政党が政府を牽制したからである。政党が政府を牽制して関税撤廃を断行させなかった。これはわが国の政党が地主階級の代表者だからである。結局、米価暴騰の原因は、わが国の議会組織にあるといわざるを得ない」と、地主によって構成される政党と議会に根本原因を求めた。そして今後同じような事態を招かないようにするためには、選挙権の拡大しかないと結論づけた（8.21中外）。

与謝野晶子の「米騒動」

近年、評論家またジャーナリストとしての与謝野晶子が注目されている。当時の新聞には大新聞だけでなく地方紙にも、与謝野晶子の評論がしばしば掲載されている。与謝野晶子もまた当時、米騒動の渦中にあり、米価高騰の「被害者」でもあった。与謝野晶子は自らを「中流の無産階級」と位置づけて、米価高騰による「恐怖と苦痛の現状」について次のように訴えている。

「生きて行くのに欠くことの出来ない第一の必需品の食糧の値が、今日のように法外に暴騰すると、社会はそれに堪え得るの経済力の有る者と無い者、即ち有産階級と無産階級との二つにはっきりと大別されて仕舞います。吾々無産階級の者は、職業に由って多少の相違はあっても、傷ましい飢餓の事実と目前に接して居るのですから、現に誰も同じような恐怖と苦痛とに心を尖らせて居ます。米の廉売が東京で行われるのは結構ですが、日給を取る労働者ではない私達貧民は、却てその廉価な米を買うだけの現金を持って居ない為めに、余儀なく米屋から掛け買いをして高価な支払いを月末にしなければなりません。そうして、その月末毎に増大して行く支払いと云うものも私達の労働の収入ではどうして払えるか、確としたあてがないのです。こう云う危い生活をして居る人間はどうして此急場を切抜けたらよいのでしょうか。こう云う現状にある者が、いわゆる中流の名を以て呼ばれる貧民階級に多いと思います」。「私の宅では、出来る限りの遣り繰りをして外米でも何でも買って、凌げるだけ凌ぐ積りで居りますが、その遣り繰りには限りがあり、多勢の家族の食べるのは無限です。夫れ以上に私達の命を支えて行には、私達自身の力では不可能です。私達は国家に向って臨機の保護を要求すべき権利があると信じます」(8.16東朝)と。

著名な歌人であった与謝野晶子だが、決まった収入があるわけではなかった(夫鉄幹もまた然り)。大戦景気は、成金と貧者がなす格差社会を招いた。「有産階級と無産階級との二つにはっきりと大別」された。与謝野晶子は自らを「中流の名を以て呼ばれる貧民階級」といい、米価をはじめとする物価高騰の被害をいちばん被るのが、これらの人々だという。また「多勢の家族の食べるのは無限」というように、大勢の子どもを抱えた母親(当時晶子は一〇人の子の母親。最大で六男六女の子があった)としての苦労が忍ばれる。そして、人民の権利として、国の「臨機の保護を要求」する。

米騒動がはじまって八月中旬以降、全国で米の廉売が実施される。東京市でも「窮民」「細民」を優先して廉売をはじめた。米を買うにはあらかじめ「白米廉売券」の請求を各区役所に申請しなければならなかった。与謝野晶子は、「家内が十人以上で、しかも一定の収入がない」という理由で、廉売券を麴町区役所に申請した。しかし、区役所は与謝野家に廉売券を交付しなかった。その理由として区役所は、「それほど貧しい家とは認められない」と回答した。与謝野晶子は、「まったく必要に迫られていますから、お願いを致した訳ですけれども、認められないのでは致方がありません」と語った(8.28読売)。与謝野晶子は「無産の中流」として、米価高騰による生活難を耐えなければならなかった。

米騒動のその後

八月九日以降、騒動は一挙に全国化し、八月一三日には首都東京を含む一八市四〇町三〇村で騒動が発生した。この日を頂点に一一日から一六日までが最盛期であり、八月三日から九月一〇日にかけての群衆行動発生回数六二三の六五パーセントが、この六日間に集中している。その大半は静岡、愛知、三重、和歌山、大阪、兵庫、岡山、広島、山口といった太平洋・瀬戸内沿岸の九府県が占める。八月一七日以降は地方小都市・農村にも波及し、とくに山口県や北九州の炭鉱地帯では暴動が続発した。そして一般的には、九月一一日の福岡県の三池炭鉱暴動の終結で、一連の米騒動は終わったとされる。七月二三日の富山湾沿岸一帯の騒動から九月一一日まで、示威・暴動の発生地点は、三八市一五三町一七七村に達した（発生をみなかったのは青森、岩手、秋田、沖縄の四県）。ただし、その後も北陸や東海、近畿地方で騒動が散発的に続いた。

都市部の参加者の多くは、土方・仲仕といった自由労働者、職人、町工場の労働者であった。被差別部落民の参加は、関西地方を中心に二二府県一一六市町村に達する。民衆は米穀商に対しおよそ半値の安売りを要求し、富豪に対しては救済寄付金を要求した。その要求が入れられない場合、家を打ち壊し焼いたりした。しかし、このような暴力が、常態化していた訳ではない。要求がいれられれば、運動の目的は達せられるのである。そのため、示威運動で終わるケースも多かった。

政府はまず警察によって鎮圧を図ったが、大規模な騒動が展開した大都市ではほとんど抑えられず、軍隊を動員した。軍隊の投入は京都市を皮切りに、東京、大阪、神戸ほか和歌山、広島、呉、宇部、下関、門司など、二六府県三五市六〇町二七村計一二二カ所に及び、延べ一〇万人以上の兵士が動員された。とくに大阪、神戸、呉、宇部、北九州では、激しい衝突が起こり、民衆側に三〇名以上の死者が出た。民衆暴動に軍隊が投入された事件は、秩父事件をはじめとして九回あるが、その規模は米騒動が最大であった。

4　佐伯町の米騒動

『大分新聞』の報道

大分県でも三月頃から、米価の高騰が大きく報道されはじめる。三月五日には、「期米又復《またまた》大爆発」として、大阪堂島の米価が一石二六円二〇銭、大分の白米も値上げされ、一升が特等二八銭五厘（三月四日）という「開闢《かいびゃく》以来の高値に進んだ」と伝えた（3.5大分）。七月一八日の「出兵と米価」では、年頭からの米価高騰に加え、台風被害やシベリア出兵による投機熱が追い打ちをかけ、いっそう米が値上がりしている（7.18大分）という。同じ頃、「白米は臼杵が一番高い」として、臼杵米穀組合は米の高騰にともない、七月二五日から「白米一升に付き一銭方の値上を断行し、特等米三十五銭、一等三十四銭五厘、二等三十四銭となれり。之れ大分県下に於ける白米の最高価格なり」（7.25大分）という。その後臼杵町では、別府町に続いて米騒動が発生する。

八月一〇日頃になると、米価もピークを迎える。大分県の米価も、「百年に百倍した米価。生活難の渦巻が大分県下にも襲うて来た。昔の一石は今の一升」として、「米一升五十銭という恐怖時代が大分にもやってきそうになった。生きんが為には食わねばならぬ以上、何の種の物価騰貴よりも、最も苦痛を与えるものは米価の狂騰だと言うは今更言うまでもない」（8.11大分）という。この記事の直後の八月一三日、別府町で大分県下最初の打ち壊しを伴った米騒動が発生する。

佐伯町の米価

『佐伯新聞』紙上で、米価問題が大きく取りあげられたのは、一九一八年三月下旬である。「米と麦と甘藷」と題する記事（要約）には、「大正三年の大隈内閣当時は、米価を上げるための調節を企てたが、現在は騰貴を緩和するための調節が行われていて、隔世の感がある。東京の期米は一石あたり二六円二八銭、大阪でも二六円三〇銭となり、投機的売買をする米穀商はさらに二九円から三〇円を期待している。この佐伯においても、米の投機的な入荷がある」。米価は、多くが取引所の相場によって決まる。しかし「取引所制度は、不完全である。蛎殻町《かきがら》（東京の取引所）や堂島（大阪の取引所）を一見すれば、そこに集まって米相場に熱中しているのは、身分の卑しい無頼漢などである。これまさに、株よりさらに米相場が投機的であることを示している。政府は外米を輸入して米価を下げようとするが、まず取引所の改善こそ緊急必要」（3.23佐伯）と主張する。米価高騰の原因を、投機的取引に求めた。

五月になると、「米価調定策に失敗した政府は、飽くまで初志を貫くため蘭貢米《ラングーン》、紫棍米《サイゴン》を輸入し、四名の指定商人に命じて販売せしめ居るが、当地和泉米穀店には下関鈴木支店より差当り二十石を購入し。ここ両三日に着荷発売の筈なるが、一升二十一円二銭ならんと」（5.26佐伯）とある。東南アジア産の米が、鈴木商店の下関支店を経由して、佐伯にも届いている。内地米はすでに一升三〇銭近くになっていたから、二〇銭余の外米はやはり安かった。

六月になると、佐伯の米価も一升三〇銭を超える。値上がりの理由は、「昨今本郡米の貯蔵漸く乏しく、且つ農繁期に入りてより米の出回り少なくなれりと、大分地方よりの移入米の価格騰貴せる為め」（6.23佐伯）という。諸物価上昇に吊られて米価も上昇、内地米の端境《はざかい》期前で米の在庫も減少し、米価上昇に拍車がかかっている。そして八月上旬、佐伯の米価も遂に一升四〇銭を超える。「白米一升四十二銭　騰貴又騰貴、白米は底知らずの勢いにて、ハネ上る一方なり。九日現在に於ける当地白米一升の小売値段は特白四十二銭」という「空前の高値」（8.11佐伯）となった。

「米価と諸物価」

『佐伯新聞』八月一八日付の一面には、「米価と諸物価」という「社説」が掲載された（要約）。「今は当地においても白米一升四六銭という記録をつくった。諸物価の騰貴は直ちに生活状態に圧迫は来さないが、日用の主食物たる米が暴騰しては一日も耐えることができない。全国で暴動が相次いで起こるのは、あたかも往事における百姓一揆にも等しい。この極端な米価の暴騰の原因は、米穀商人中に不正を働くものがあって、自己の利益のみを追求し、買い占めや売り惜しみを行ったことである。それに加え、政府の方針も誤っていた」。「米価の調整をするなら、最高価格を三〇銭と公定すべきだった。そうすれば、暴動も起きなかったであろう。米価を調節して国民生活の安全を保つならば、米価のみを調節しても駄目である。生産費の高騰を放置しておいて、米価のみを不自然に抑制しようとするのは得策ではない」。政府は「諸物価全体の調節をはかり、国民を安心させることが目下の急務である」（8.18佐伯）と。

米価高騰の原因は、米穀商人の投機のほか、諸物価の高騰で生産費も上昇していることにある。さらに政府の物価政策が有効でなかったという。佐伯町でも白米一升四六銭という異常事態となり、町内に不穏な動きがみられた。なお、米騒動に関する報道は、『佐伯新聞』ではこの時がはじめてである。

「救済団」の結成とその目的

不穏な状況に対処するため、佐伯町の有力者による困窮者救済を目的とする「救済団」が結成された。「各地においては細民蜂起して米穀商を襲うなど、あらゆる惨劇を演出し事態は穏やかならず。当地の白米小売価格一升四十六銭に騰貴し、南海部郡民間には生活難の声がいよいよ高まり、事によれば他地方のように、細民が大挙して暴挙に出ようとする気勢を示し、形成はいよいよ切迫し人心は不穏の徴候あり」という。佐伯町ばかりでなく南海部郡全域で、「不当な利益を漁る米穀商人を征伐すべし」という流言が飛び交い、「平和なる佐伯町は将に修羅場と化す気配」すらあった。そこで町の有志である木許弥太郎ほか数人がこれを憂慮して、危機を救うべく「救済団」結成に動きはじめた。彼等は炎暑の中を奔走し、細民救助のための寄付金（基金）を募りはじめた。八月一五日には「救済団」を組織化、趣意書と規定を決定した。

「欧州大乱の局面は漸次東方に展開し、わが帝国は兵を浦塩《ウラジオ》に出し、なお満洲の守備軍をロシア国境に移した。このような時に、米穀は未曾有の暴騰を極め、生活に苦しむ同胞の叫びは、都鄙《とい》を通じて到る所に起こり、遂に一揆となり暴動となり、勢い猛烈にして今なお熾盛を極めつつある。もしこのまま数日が経過すれば、わが地方の淳朴な民といえども、ことわざに言う背に腹はかえられぬとなって何が起こるかわからない。そこで我等は不詳といえども、ここに細民救済の一団体を組織し、佐伯町有志の賛同を得て、禍を未然に防ごうと計画した。国家が多事な時に一身の私欲から暴利を貪ることを知らない不義不正の米商等は、これを戒め反省しなければ、制裁を受けることもあろう。この活動は一日怠れば、数多の細民に一日の苦しみを与えてしまう。請い望むのは、義気、仁慈のある有志が本団の設立に賛同し、応分の義捐《ぎえん》を寄せていただくことである。大正八年八月十五日」（要約、8．18佐伯）

規　定

一、本会を救済団と称す。
一、本会は困窮者救助の目的を以て義援金を募集する。
一、募集金額は随意とする。
一、申込書は佐伯新聞社並に大分新聞佐伯支社とす。

一、〆切期日は八月末日迄とす。

一、目的実行の方法は南海部郡長穂坂重吉、佐伯町長小田部隣、佐伯警察署長金田源太郎及び発起人に於て協議の上処置するものとす。

一、応募者の氏名及び決算報告書は、両新聞紙上に発表す。

発起者　木許弥太郎
同　藤本藤太郎
同　染矢　実
後援　佐伯新聞社
同　大分新聞佐伯支社

注目すべき第一は、「欧州大乱」とシベリア出兵のさなか米価の暴騰し、郡内各地に不穏な状況が生じている。地域の有力者たちは、シベリア出兵という対外戦争に直面し、何としても内なる危機を未然に防ぎたいという、強い目的意識が感じられる。第二に、すでに各地で暴動が発生し、郡内でも「淳朴な民」が蜂起するかも知れないという、有力者たちの危機感が伝わる点である。第三に、「救済団」は任意団体ではあるが、郡長や町長、警察署長といった行政とも連携している点である。第四に、地元新聞社が後援者となって、義援金の申込みの窓口となるなど、救済活動に重要な役割を果たしていることである。発起者のひとりである染矢実は、当時佐伯新聞社の社主である。第五に、趣意書では米価暴騰の原因を「不義不正の米商等」の私欲にあるとし、米穀商が値下げに応じなければ「制裁無きにあらず（制裁を受けることもあろう）」と、米穀商を半ば脅迫している点である。発起人たちは、細民（生活困窮者）側に立っていることを明示し、それによって暴発を未然に防ごうとしたように思われる。なお「救済団」に賛同する者も多く、一六日までに賛同者二二名と寄付金一〇七〇円が集まった。

白米廉売「町民勝利」

一三日、町役場で町長と農会長が協議を行った。ここでは、外米を廉売して生活困難者を救済することになった。同日午後、佐伯警察署長が、市内の米穀商を署に召集した。そして、「白米販売につき、不当の利益を貪らざる事、取引円滑を期し、売惜み買占等を種々注意」した。いっぽう町長は、町内の外米販売業者と面談し、廉売に対し「相当の援助」を行うことを明言した。同日夕刻、町長は区長を役場に召集し、「貧民の生活状態調査につき相談会」を開いた。区長たちは口々に、「細民が廉価の米を渇望している。至急何らかの方法を講じて欲しい」と述べた。

一四日、郡長は状況の報告と外米調達の件につき、書記官を大分県庁へ派遣した。同日午前一一時、警察署長は再び米穀商を警察署に召集し、白米の廉売を要請した。商人側もこれに応じ、貧困者救護の目的で、役場から交付された購買券を持参する町民に限り、翌一五日から一升三八銭の廉売を行うことになった。同日夕方、米穀商たちは、この決定を町内に触れ、店頭には「購買券御持参の方に限り白米一升三十八銭」という貼り紙をした。いっぽう、町長は佐伯町各区の有力者を役場に招致し、低額納税者から購買券を公布することに決め、まず五〇〇人余に公布することにした

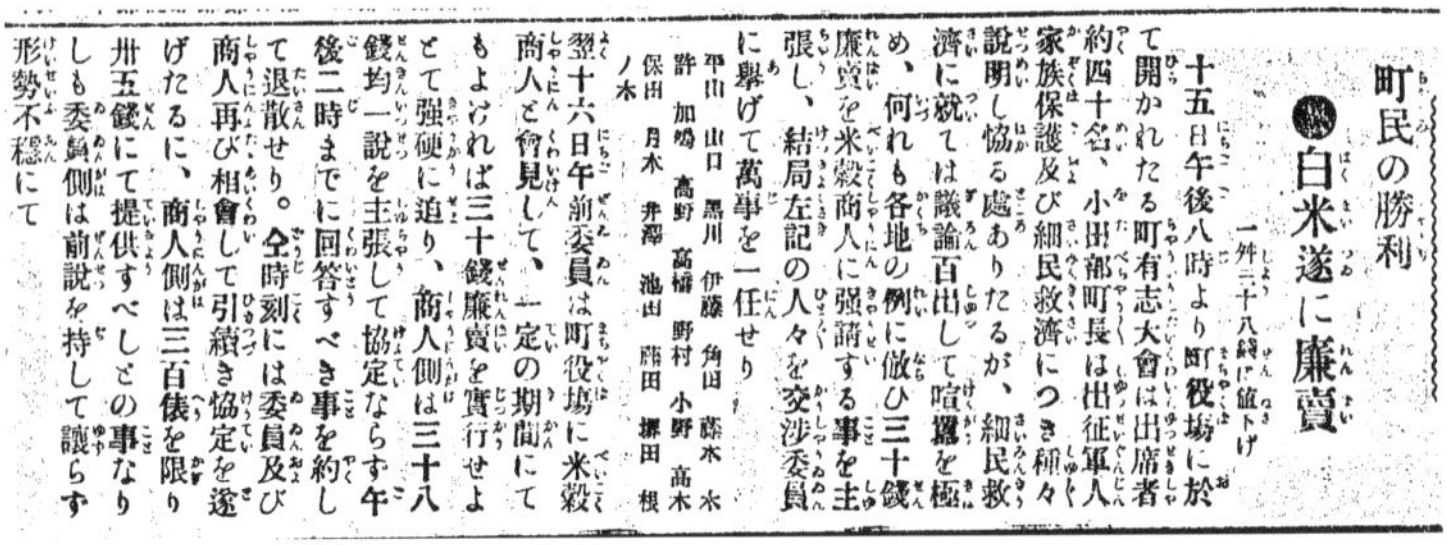

町民の勝利

白米遂に廉賣

一升二十八錢に値下げ

十五日午後八時より町役場に於て開かれたる町有志大會は出席者約四十名、小田部町長は出征軍人家族保護及び細民救濟につき種々説明し協る處ありたるが、細民救濟に就ては議論百出して喧囂を極め、何れも各地の例に倣ひ三十錢廉賣を米穀商人に強請する事を主張し、結局左記の人々を交渉委員に擧げて萬事を一任せり

平山 山口 黒川 伊藤 角田 藤木 水許 加嶋 高野 高橋 野村 小野 高木 保田 月木 井澤 池山 蒔田 櫻田 根ノ木

翌十六日午前委員は町役場に米穀商人と會見して、一定の期間にてもよければ三十錢廉賣を實行せよとて強硬に迫り、商人側は三十八錢均一説を主張して協定ならず午後二時までに回答すべき事を約して退散せり。仝時刻には委員及び商人再び相會して引續き協定を遂げたるに、商人側は三百俵を限り升五錢にて提供すべしとの事なりしも委員側は前説を持して讓らず形勢不穏にて

写真7　町民の勝利。町民は米の廉売を勝ち取ったが…（8.18佐伯）

（佐伯町の人口は約一万人）。町内の米穀商から廉売分として提供される白米は、約八〇石であった。役場で購買券を作製し、一四日夕刻、各区長たちが購買券を適宜該当者に分配した。

これで不穏な状況は収まるかと思われた。ところが、この措置が却って町民の不満に火を付けることになった。町民からは、「一部の貧困者に一升三八銭で提供できるものが、一般町民にはなぜ同価格で提供できないのか。いたずらに暴利を貪る米屋は膺懲《ようちょう》すべし。有力者たちが廉売対象を『極貧者』としたが、これでは町の困窮者全体の救済にはならない」という意見が噴出した。愚策だと罵倒する者もいて、巷間には憤懣の声が満ちあふれた。

一五日、「該当者」に対して、米の廉売が実施された。ところが購買券を持参した町民に対し、米穀商が「おれたちが、貧民を助けてやってるんだぞ」と侮辱した。ただでさえ興奮している町民は、これを聞いていよいよ激昂し、様々な流言飛語が飛び交った。これに対し米穀商たちは、夕刻に集まり対応を協議した。前日、大分に出張した郡書記が帰還し、外米五三石が間もなく届くことを報告した。同日午後八時、役場で有志大会が開かれた。細民救済策について議論が百出して喧囂《けんごう》を極めた。最終的に各地の例に倣い、「一升三〇銭廉売」を米穀商に要請することになった。そして委員二〇名を選び、交渉を一任することにした。

一六日午前、交渉委員と米穀商が役場で会見した。委員側は、三〇銭での廉売を米穀商に要請したが、米穀商側は三八銭均一販売を主張し物別れとなった。同日午後二時、ふたたび委員と米穀商が会見し、米穀商側は三〇〇俵に限り、三五銭で提供すると回答。しかし委員側は三〇銭を主張して譲らず、協議は不調のまま終わるかに思われた。しかし遂に米穀商が折れ、翌一七日から二一日の五日間に限り、一戸一日五升以下を三〇銭で廉売することに決定した。ついに「一升三〇銭廉売」が実現。『佐伯新聞』はこれを「町民の勝利　白米遂に廉売」と伝えた【写真7】。なお、大分から送られた外米は、この日の午後三時から各区長を通じて、一戸一日五升以下と制限したうえ、一升一八銭で廉売された（8.18佐伯）。

ところが同日深夜、町民一四〇～一五〇名が、旧藩時代の佐伯城三の丸に集合した。ただこの時はリーダーもおらず、「烏合の衆同然で、有耶無耶のうちに」解散した。しかし町内には流言飛語が飛び交い、不穏な気配が消えなかった（9.1佐伯）。

渦巻く不満、新聞の投書欄から

町民の不満とは、どのようなものか。『佐伯新聞』の「読者倶楽部」、すなわち読者欄には、次のような投書がみられる。

①町民を泣かせて私利を擅《ほしいまま》にする者、若《も》し有りとせば、そは実に憎むべき人道の敵にして、国家

の大賊なり【憤慨生】

②類を以て集ると云うが此の米の高いのに、毎日同じような連中が寄って何《ど》んな話をしとるのやら

【長耳郎】（以上、8.18佐伯）

③白米の廉売を誤解して、恰《あたか》も自分等が町民を救済し施米をするが如くに思う米商ありて、往々町民に対し侮辱的言を吐く者あり。斯《か》かる不心得者は宜《よろし》く紙上に発表して、充分なる筆誅を加へられん事を希望す【町有志】

④〇〇〇〇長さん、米価問題に就いて御役目柄の努力は感謝して居るが、未《ま》だ未《ま》だ手ぬるし手ぬるし。貴君の智恵の有り丈を絞り出して町民を救済し給え。信不信の分かるる秋《とき》ですぞ【叱政掛】

⑤広小路の某米屋の妻よ、お前は浦前の人が、我々にも町と同じ様に安い米を売って呉れと云った時、何と云ったか記憶《おぼえ》て居るだろう。「安い米を食わして貰うのは町の乞食共じゃ、お前も乞食の仲間入りが仕度《して》えのか」などと物を云うのに税金は要らぬと思って町民を馬鹿にした様な言《こと》を吐《ぬか》すと後が恐ろしいぞ【憤慨生】（以上、9.1佐伯）

①⑤は同一人物と思われるが、米穀商に対する根深い憤りが感じられる。①では、「国家の大賊」といっている。⑤の「浦前」というのは、佐伯町民ではなく海辺の漁民をさす。浦前の人は、佐伯町の細民のような廉売の恩恵を受けていない。米穀商の妻の発言の信憑性はさておき、このようにして人々の怒りは増幅していく。後半は、明らかな脅迫である。③も同じく、米穀商たちへの怒りをあらわにしている。②の「同じような連中」というのは、町の有志をさすのか、米穀商たちをさ

すのか不明だが、いずれにしても町民のあずかり知らないところで米価のやりとりが行われていることに対する苛立ちが感じられる。④の「〇〇〇〇長さん」とは「小田部町長さん」であろう。町長を叱咤激励しているのであろうが、「信不信の分かるる秋」とは、行政に対する強いプレッシャーといえる。ペンネームの「叱政掛」も、まさにそれを表現している。

これらの投書は、総じて米穀商への怒りの大きさと、行政への不満を示している。現在では考えられないが、当時は新聞が読者欄を通じて、住民の怒りを拡散する役目を担っていた。これは、ローカルな新聞だからこそ可能であった。だが住民が顔見知りである小さな町だから、却って新聞の投書は強烈な効果を放ったかも知れない。また米騒動における参加者、すなわち当事者たちの生の声（本音）の記録は少ないから、これらの投書は貴重である。さらに新聞に投書する人びとは、おそらく新聞の購読者であったから、底辺の「細民」ではなかった可能性が大きい。

二四日の米騒動

八月一七日から行われた、米の廉売は大盛況だった。一升三〇銭というのは、相場より一〇数銭も安い破格値だったから、米を求めて客が殺到した。係員は余りの客の多さに面食らい、てんてこ舞いだった。最終日の二一日の午前中には、早くも米穀商が提供した三〇〇俵を売り尽くした。そこでさらに一〇俵を追加して販売した。五日間の購買人員は二四三〇余名、売上高は三六六〇余円に達した。

廉売は、「意外の成功」を収めたが、これはあくまで「一時的の救済」に過ぎなかった。そこで佐伯町は、廉売終了翌日の二二日、町の有志を再び役場に招致し善後策を検討した。ある有志は、米穀商に廉売を続けるよう勧告すべきだと主張し、ある有志は外米の補給策が急務だという（8.25佐伯）。結局、当面は外米をこれまで同様、一升一八銭で売り続けることが決まった。外米の廉売は、二四日から実施された。

ところが、この二四日の午後一〇時頃、「同志の人々」が再び三の丸に集合しはじめた。三の丸は佐伯城があった城山の麓で、明治以来、町民が集う場所であった。また旧藩時代に天守があった城山は、佐伯町民の「聖地」である。集まった人々は時折、鬨《とき》の声をあげ、それに誘われさらに同志が集まり約三〇〇人になった。人々は米価が高すぎると口々に唱え、米穀商の横暴な態度に憤慨し、また町当局の緩慢な救済策を痛罵した。三の丸は喧々囂々《けんけんごうごう》たる状況で殺気に充ち、事態は切迫した。警察官ふたりが三の丸に急行し、群衆を説諭し解散を促した。しかし熱狂した群衆は、警察官の説諭を「嘲笑を以て迎えた」。警察官は二時間後、空しくその場から引き揚げていった。

群衆は米穀商に直接交渉して、白米の廉売を迫る事にした。群衆は、町の中心部の広小路へ向かい、二軒の米穀店前に殺到した。折から夜警中だった消防団員が現場に急行、群衆を解散させようとした。消防団は群衆と話し合い、消防が加わって米穀商と廉売交渉を即刻行うと群衆に提案。消防団側が米穀商側に会談を申し込むと、米穀商側もこれを承諾した。消防団はこれを群衆に伝え、「暴挙を制した」。熱狂した群衆も、消防団の好意に感謝し鎮静化した。群衆はそのまま、その場で交渉の結果を待った。その結果、月末まで一日一戸二升を限度として、一升三五銭で白米を提供することが決定した。時に午前二時半。消防団は具体的な回答は明日（二五日）公表すると告げ、群衆を解散させた。そして二五日、「東西屋」（ひろめ屋、ちんどん屋）に依頼し、「前夜」の白米廉売の決定を町民に触れさせた（9.1佐伯）。

こうして二四日の騒動は、消防団の斡旋・仲裁によって、何とか群衆による米屋の打ちこわしが回避された。しかしその後も、米価高騰と困窮者救済をめぐって、しばらく佐伯町は動揺した。

佐伯町の米騒動

大分県ではこれまで、別府町の米騒動が「唯一のもの」という評価が一般的であった。別府の米騒動は、八月一三日夜から一四日未明にかけて発生し、町内の米穀商が悉く打ちこわしにあっている。別府町に続き一五日夜には、北海部郡臼杵町で町民の集合と集団示威行為が起こっている。『大分県警察史』は、別府・大分・中津・国東・臼杵・竹田・日田・佐賀関・日出・鶴崎・高田・杵築の各警察署管内での米騒動に類する住民の動向を記録している。そして「森・久住・犬飼・四日市・長洲等の各署も夫々《それぞれ》一般の状勢に鑑《かんが》み万一の場合を予想し流言の取締や挙動不審者の検索等に努めたものであるが具体的記録のないことを遺憾とす」とある。佐伯署管内については、全く触れられていない。ただ各郡の郡長らの報告によれば、大分・竹田・日田・佐賀関・日出・杵築・佐伯・森・九重・三重・犬飼・四日市・長州・中津・国東地方と、ほぼ全県下で不穏な情勢があったとされる。

佐伯町の場合も、これまでは「不穏な情勢」のひとつで、米騒動として扱われては来なかった。いい換えれば、佐伯町を含む南海部郡は「米騒動の空白地帯」とされた地域であった。しかし近年の研究では、米騒動ではむしろ破壊や掠奪の事例は極めて少ないとされる。集団の示威行動により米穀商に米価を下げさせる、または米の廉売を実施させるのが米騒動の目的であり一般的形態である。例えば米騒動において、しばしば米や麦をまき散らす行為がみられる。これはあくまで、まき散らすのであって、掠奪が目的ではないことを示すためだといわれる。そのようにみれば、佐伯町の示威行動も、米騒動であることは明らかである。

佐伯町の米騒動では、注目される点がいくつかある。第一に、騒動が起こる前から、それを未然に防ごうという動きがみられたことである。町の有力者が中心となり新聞社が後援して、「救済団」なる困窮者救済の任意団体が作られた。救済団結成の動きは、八月一四日からはじまるが、これは偶然ではない。別府町の打ちこわしは、一三日夜から一四日未明にかけて起きている。恐らく別府町の打ちこわしの情報を得て、動きはじめたと思われる。別府町に続き一五日夜には、北海部郡の中心である臼杵町で、群衆が集まり集団示威行為が起こった。同じ頃、「細民」が動きはじめる徴候が、佐伯町にもみえはじめていた。第二は、二四日に三の丸に集まったおよそ三〇〇人の群衆は、警察の説諭を嘲笑したが、消防団の説得には応じたことである。群衆は、警察という権力には断乎従わない態度をみせた。消防の夜警は警察署長の依頼で行われていたが、群衆と消防団員はおなじ町の住民であった。消防団も群衆の米価引き下げ要求に応じ、米穀商と交渉して米価を引き下げた。米穀商側もまた、おそらく消防団を敵にしたくはなかった。そして結果的に、打ちこわしは回避され、米価は引き下げられた。これで、群衆の目的は達成された。第三に、役場も間に入って米価の引き下げに積極的に動いた。その際に町長は、町の有力者の協力を得ている。有力者たちの意見は様々だったが、米穀商の暴利を抑えて、細民を救済しなければならないという点では概ね一致していた。

米騒動の基本は、集団の圧力による米の廉売強制であって、破壊や掠奪が目的ではない。全国的にも、一升五〇銭前後の米価を交渉によって四〇銭、三〇銭、二五銭と米穀商に下げさせていく。佐伯町でも、四五銭を三〇〜三五銭に引き下げさせたのである。値下げ交渉には消防団が介在したが、民衆の示威行動と廉売実現という結果は、「米騒動」の典型といってよい。

5　米騒動——同時代の評価

政府の「暴動監察報告」

八月半ばに、主要都市での騒擾が沈静化した頃から、米騒動に関する「同時代の評価」が新聞に取りあげられはじめる。まず、政府自身は米騒動をどのように評価したのか？　内務省は主要都市へ米騒動が波及した直後から、「特派監察官」を愛知、京都、大阪、兵庫、岡山、広島などの府県に派遣した。そして八月一八日、監察報告をまとめて政府見解を発表した。それによれば、各地の米騒動の原因は、①米価暴騰という直接的な死活問題のほか、②成金の豪奢跋扈《ごうしゃばっこ》に対する世人の反感、③米価騰貴を歓迎する米穀商への怨恨などで、そのいっぽう④政治的色彩は極めて薄く、⑤危険思想を持った者が扇動した形跡もほとんどない、というものであった（8.21大毎）。

これに対し、新聞各社は猛反発した。『大阪毎日』は、米騒動に「政治的色彩がない」という点について、次のように批判した。「独り頑迷、非立憲、専制と秘密を主として民と共にするを欲せず、シカも事毎《ことごと》に適切なる政策を誤りて失政を重ね」、「殊に国民の死活に関する米価調節の策を誤るに至る」結果が米騒動を引き起こしたのであり、政治的色彩が極めて薄いといい去ることは、あたかも「責任を他に帰嫁《きか》して内閣の失政を掩蔽《えんぺい》」しようとするものである（8.21大毎）と。

『大阪朝日』は「国民生活を離れて政治はない」、生活問題は政治そのものである。「今次の騒擾を以て政治的色彩を帯びずとは、如何なる量見《ママ》か」。今次の騒擾は単に米価暴騰だけが原因ではない。「一般物価の騰貴、乃至外政、軍事、総てが国民の生活を不安に」した。物価調節も無効に帰し、法律命令すべて効力薄く、政府としての威信は地を払う有様である。政府の官僚も、無能な「閥族か朝鮮系」である。こうして、民心は離反し、ついに食糧問題から一大不祥事を惹起した。「政府者も責任を知るが好い」（8.21大朝）と内閣を罵倒した。「外政」とは西原借款をはじめとする対中外交、「軍事」とはシベリア出兵をさす。「朝鮮系」とは、かつて朝鮮総督であった寺内首相配下の官僚たちである。

政府の報告書は、米騒動を政治的色彩のない単なる「愚民たちによる騒動」に矮小化している印象を受ける。米騒動を引き起こした政府の責任は免れようもなかったが、政府報告は責任逃れだといわれても仕方がない。

外国紙の評価

『大阪朝日』が紹介した香港のイギリス系外字新聞は、米騒動を次のように論評した。今回の食糧暴動は日本歴史上、最も重大な出来事であって、その動機は「莫大なる戦時利益の収得者に対する一般の反感と、物資の買占に対する公憤の爆発」したものである。成金の豪奢ぶりに、これまでは微笑をもって看過してきた民衆も、空腹を訴えるに至って遂に爆発した。「暴動の動機と其の光景を目撃」した日本国民は、「暴動者に同情を表」し共感した。食糧問題に関し、日本政府は米英仏などと同じように、厳格な食糧の管理と価格の公定を行うべきだった（8.26大朝）と。米騒動を歴史的な出来事だととらえ、さらに戦時における政府の義務的対応である食糧管理を怠ったと指摘した。

また、アメリカの『トリビューン』は、今回の米騒動に「階級闘争の萌芽」をみたと論じた。これに対して『大阪朝日』は、「表面上の事象にとらわれることなく、出来事の核心を透視するには、却って外国という好位置の観察者の評価として傾聴に値する」、と論評した。さらにそれを敷衍して、日本は経済発展によって労働者数が急増し、階級意識が生まれてもおかしくない。現段階で米騒動は一過性のものだが、階級意識が定着していけば、運動は継続的なものに発展する可能性もある。米騒動は、社会的不公正に対する窮民の強烈な批判であり公正の要求であった（8.26大朝）とつづけた。

「米騒動の教訓」

佐々木惣一（京都帝国大学教授）は、美濃部達吉とともに、公法学界の中心的存在で、大正デモクラシー期の論客として自由主義的立憲主義を主張した（のち滝川事件で京大を辞職）。佐々木は「米騒動の教訓」を、四回にわたり『大阪朝日』によせた。「立憲制度実施以後我々の経験した騒動の中で、今回の米騒動ほど、心を傷《いた》ましむるものはない」という一文ではじまる佐々木の論考は、「破壊の行動」のパターンを三つに分ける。すなわち①食糧店襲撃、②一般富家の襲撃、③単純な破壊である。そして、①は「眼前の困難に対する不満の、直接に勃発したるもの」、②は「一般に生活の困難に対する平生《へいぜい》の不満の勃発したもの」、③は「これを機会として行われた普通の暴行や窃盗」などで「騒動の範囲の外に在るもの」という。このうち、①と②の不満が米騒動を引き起こしたが、①は導火線で、②の不満が騒動をこれほどの規模に拡大させた理由であるとした。

さらに佐々木は、「今回の騒動に参加せざる者の態度」に注目した。参加しなかった者の中には、「今回の騒動に同情を」寄せる者がかなりいたと推測する。同情者が多かったからこそ騒動が拡大したというのである。であれば、「今回の騒動に就ては、騒動の参加者の社会的不満を察する」だけでなく、「騒動の周囲の者の社会的不満をも察せねばならぬ」（8.20大朝）という。

こうした認識に立って、「不満を平穏に訴え」る制度がわが国にはないと、改めて制度の不備を指摘する（8.21大朝）。そのうえで、「騒動に参加した者の多数は、選挙権を有しないものであろう。之れは、選挙権有せざる者が平生から、平穏に不満を訴ふるの途を有しないが為に、自然に、不穏の行動に陥り易い境遇に在ることを証明するものである」と、普通選挙制度の必要を主張した。さらに、「今回の騒動に際し、各地の代議士諸氏が、如何程、不満者の為めに奔走せられたであろうか」。「諸氏が平素各地に於ける鉄道敷設や廃減税など云う問題の為めに奔走せらるに比して、其の熱心の度は、果たして如何であろうか」（8.22大朝）と、政友会など政党の米騒動に対する無関心と不作為を批判した。

貧弱なる教育

当時、東京女子高等師範学校の校長だった湯原元一《ゆはらもといち》は、米騒動によって、それまでの教育が根底から覆されたと悔恨する（湯原は第五高等学校の教官時代、夏目漱石や小泉八雲とも親交があった）。「今回の米騒動は、まさしく教育者の頭上に加えられた一大鉄槌である。築き上げられたる根底なき楼閣は、台風に遭遇したように、根こそぎ倒された。国民は無節制極まりなく、それはまた教育者の力は何物よりも貧しかった事を、遺憾なく暴露した。過去五十年にわたり、教育者が秩序を重んぜよと、子どもが七つの年から教えてきた。それは果たして、何になったのか？日本の教育者の『秩序を重んぜよ』との教えには、盲従せよとの響きがある。民衆の自治などは、官憲の力に及ばないという風潮があった。そう考える教育者自らが、すなわち弱い人間であったからこうなった。物価騰貴のようなことは、国民自らの力で切抜けるべきことである。例えばドイツは、消費組合を設けて民衆が生産者や販売者に対処している。アメリカでも、消費者自身が団体を作って物価に対応している。その代表者たる「調節委員」が、奸商の悪事を指摘する映画を作製して民衆を啓蒙する。聴衆はこれに賛意を表し、騒動がおこることはない。民衆に自治の底力をつける訓練がある。

今日の日本の教育のように、古い鋳型に強いて新しい物を容れさせようとする間は、反抗心を生じさせることはあっても、所詮効果はない。真の克己、真の自治独立は、日本の古い鋳型にはないのである。教育者はすべからくこの機会に立ち上がって、国民の腹の底に組織的自治の精神を植えつけなければ、わが国の前途は憂うべきである（要約）」。

この記事の見だしは「暴動の台風に覆されたる貧弱な教育」であるが、それに続けて「秩序を重んぜよとは盲従の謂《いい》なりき、真の克己・真の自治を養成せよ」（8.20東日）とある。日本の教育は、盲従を強いるものであって、自治的精神を育むものでなかった、という。米騒動によって、教育者としての価値観が根底から覆された衝撃がよく伝わってくる。

「民衆運動」としての米騒動

「民衆運動としての米騒擾の意義」を『読売』に寄せたのは、英文学者（慶應義塾大学教授）、評論家、翻訳家で、数々の作家や政治家と親交のあった馬場孤蝶《こちょう》である。馬場は「食糧問題に関する今回の民衆的の運動」が、「百年前の天明米騒動」に類似しているという。曲亭馬琴の『曲亭雑記』を引用して、「米がないから米を与えよと民衆は叫んだ。町奉行は米の代りに豆を粉にして食って辛抱してくれと言った。しかし承知しなかった。民衆は米屋油屋を襲って、売惜みをした商人を真先に制裁した。富豪の家財道具を路上に持出し、箪笥等が路上に放置された。しかし、決して掠奪しなかったのである。もし密に盗んで行くものを見付けると、民衆はこれを捕えて半殺しにした。

町奉行はこの暴行に対して、手出しできなかった。役人に捕らえられる者があると、これを取返しに来た。官憲は全く権威ないものであったと記してある」という。さらに「金持に対して不穏な行為を示して居るが、これは金持に対してはいつの時代でも同様に民衆は一種の憎しみを持って居る。世界すべて同様である。決して日本人のみではない」。「食糧問題解決の為めに今回の騒ぎは無法ではあるが、兎に角民衆自らが解決した事は面白い事である。為政者の参考となるものである」(8.19読売)という。

小松裕は米騒動を、つぎのように評価した。「米騒動の行動パターンとして、集合の合図に張り紙や寺の鐘などが利用された。消防の半鐘や太鼓、まれに烽火の場合もあった。そして寺や神社の境内に集合する。そして、米騒動の基本は、集団の圧力による廉売強制にあった。米の略奪の例はきわめて少ない。米や麦を付近にまき散らす行為も、略奪目的でないことの証明である。騒動は祭の延長でもあった。「不正」な利益を獲得しようとして米を高く売ったり、買い占めたりしている米商たちの経済活動に、「徳義」(モラル)を要求したのである。近世以来の一揆や打ちこわしの作法にきわめて類似していることに注目する必要がある。米騒動は、近世以来、民衆の中に脈々と受け継がれてきたモラル・エコノミーの最後の発動だったのである。米騒動に参加した多くの民衆は、それを憲法に依拠したり、合法的な請願という手段をとって訴える「近代的」な方法よりも、自らの肉体に内面化していた一揆や打ちこわしの記憶を呼び覚まして、直接行動で表現する方法を選んだ」と(小松)。

小松は米騒動を「モラル・エコノミーの最後の発動」という。馬場のいう「民衆運動としての米騒擾」とはまさにこの事と重なる。そもそも馬場が、「民衆運動」という語を同時代に使っていることに斬新さを覚えるが、米騒動を「食糧問題を民衆自らが解決した」という評価は、実に示唆に富む。

「同時代の評価」は、様々である。しかし、そこに共通するものを見出すとすれば、米騒動が「時代の転換」を象徴する出来事だったということである。このあと頻りに「改造」が唱えられ、米騒動がいわゆる「改造の時代」へと向かうが、米騒動はまさに「改造」の必要を痛感させる歴史的な出来事であった。

米騒動とシベリア出兵

シベリア出兵に至る過程で、この戦争が米価を引き上げたことについてはすでに述べた。そして八月二日の「出兵宣言」は、民衆の不満から発するエネルギーに火を付けた。富山県で発生した街頭騒擾型米騒動は、八月九日になって関西、中国、四国地方に飛び火して全国的な騒擾に発展する。それに加え民衆は、シベリア出兵に対して、抗議の意思を表明した。

寺内内閣は暴利取締令などを発して物価の安定を図ったが、投機の対象となっていた米価は下がらなかった。民衆の寺内内閣への不信は深まる。生活苦にさらされた国民は、各地でストライキを敢行し、賃上げを要求した。そして暴動の引き金となったのは、やはりシベリア出兵宣言だった。第一次世界大戦はすでに長期化し、厭戦気分が広がっていた。また第一次世界大戦以来の物価高騰による生活苦、格差の拡大に民衆は苦しんだ。そこに目的のはっきりしない軍事計画が火を付けた。

この米騒動に参加した人々は、直接には米価引き下げを求めていたが、戦争を拡大し続ける政府への不信の表明でもあった。

『大阪朝日』の「米価問題と政府及政党」は、「浦塩出兵が着々進捗《しんちょく》して居る際に、一方富山県の女房一揆で口火を切った食糧暴動が、時を移さず遠近の各地方に伝播して、今や全国民が生活苦より来れる異常の不安の悪夢に魘《うな》されて居るのは、甚だ皮肉な現象である。食糧暴動が独逸《ドイツ》や墺多利《オーストリー》の国内での出来事とのみ思われたのは、最早過去の事となって仕舞った」(8.12大朝)という。米騒動とシベリア出兵と第一次世界大戦は、分かち難くリンクしていた。

終わらない米騒動

さきに、「九月一一日の福岡県の三池炭坑暴動の終結で一連の米騒動は終わりを告げた」と述べた。一般的にはそういわれる。しかし新聞を丹念にみていくと、実は米騒動はその後も散発的に発生している。その後も、米価が下がらなかったからである。

米価は一〇月初めに、大阪で一石四一円四〇銭をつけた。これを新聞は「米は狂《きち》がい相場」と表現した(「狂」のルビはそのまま)。この値は、米騒動が全国に広がった八月初めの価格に相当する。同じ頃東京でも、三四円六銭であった。これは政府が有効な対策を講じないうえに、「米作予想の減収も暴騰の一因」という(10.4東日)。さらに一〇月半ばになると、東京市場では五〇円前後に高騰した。にも拘わらず、農商務省副島内米課長は「漸次に米価は下落する」などと、楽観的な見通しを述べた(10.19東朝)。

このような情況の中、米騒動の震源地だった富山県で再び「女一揆」が起きた。「滑川《なめりかわ》に又女一揆、米屋を襲撃。富山県中新川郡上市町に（九月）二十五日夜女群の一隊が米屋を襲い騒擾を極め、数名の負傷者をさえ出したるに、二十六日の夜に至り、更に過日全国に米騒動の魁を為したる同郡水橋町滑川に伝播し、再び同地夷子《えびす》町の細民坪川藤次郎の女房外五名の婦人は、役場に押掛け米の廉売を歎願したるが人数増加しつつあり」（9.28東朝）と伝えた。この騒擾はすぐに隣の福井市に伝播し、二六日夜「女房連」が米屋に押し掛け、翌日は米の廉売を要求した。新聞は、「富山県にも又また女一揆ありたること伝わり、物情恟々《きょうきょう》たり」（9.28時事）という。一〇月二日には、富山県新川郡泊町で、「婦女団」が米穀商に押し寄せた（10.5東朝）。一〇月五日には、「岐阜に米騒擾起る　警鐘を乱打して集団し、有力家と米商を強要す」（10.12河北）と、今度は岐阜県養老郡多芸《たき》村でも米価騰貴による生活難から騒擾が起こった。さらに一二月に入っても、名古屋で米騒動が起きている。これは一〇月五日、名古屋市南公設市場で台湾米の廉売が行われたが、午後に「台湾米売切れ」の掲示をおこなったところ、「女房連」が騒ぎだした。はじめは五〇人ばかりだったが、そのうち五〇〇人にふくれあがり、警察が出動してようやく鎮撫した（12.6東日）。ここにあげた米騒動の主体は、「女群」「婦女団」「女房連」などである。ここでも、女性たちが爆発した。

原内閣は、外米を輸入し供給量を増やそうとした。しかし、国内米の価格下落を懸念する政友会の農業系議員が反対した。農商務大臣山本達雄も外米輸入に消極的だった。その後、原首相の働きかけもあって、ようやく緊急勅令で関税を撤廃して外米を輸入することを決定。年末になって、外米一〇〇万石（一五万トン）の輸入が閣議決定された。ただ、米価が徐々に、そして確実に下がりはじめるのは、戦後恐慌にはいる一九二〇年（大正九）を待たねばならない。米価高騰による市民の苦難は、なおしばらく続いた（一九二〇年三月の株価暴落とともに米価も急落。四年余り続いた米価高騰が漸く終わる）。

第三章
シベリア出兵

1　シベリア出兵論の浮上と変遷

シベリア出兵の「真の目的」

シベリア出兵の目的、論拠は、時期によってめまぐるしく変遷する。しかし、出兵計画を立案した田中義一参謀次長の出兵目的は、極めて明確である（出兵計画は一九一七年（大正六）のロシア十月革命後、具体化した）。田中の意見書は、出兵の目的を次のようにいう（意訳）。

「今日の如き情況においては、自重は即ち国を危くする。むしろロシア人の敵愾心《てきがいしん》を利用して独墺（ドイツとオーストリア）の東漸を防止すべきである。またこの機会にわが国の存立にかかわる中国の権益を包容する方法を講ずべきである。さらに連合国に対する信義を示して、悲惨な境遇にある極東のロシア人をして自治国を作らせ、将来これを指導して富源豊かなるシベリア開発の地歩を築こうとするなら、この時を逃してはならない。もし何もせず空しく手を拱《こまね》いて傍観するなら、列国の信頼を失い、わが国防上、沿海州とアムール州を独墺勢力下に委ねることになる。これでは日本海の制海権を喪失するのみならず、独墺人と露人の軽侮を招き、ひいては中国人の侮慢《ぶまん》を買い、遂に自ら何事もできない状況を招く」（『田中義一関係文書』）と。

ドイツとオーストリアが、ロシアと講和すれば（十月革命でその可能性が生じた）、独墺がシベリアまで進出（「東漸」）する可能性がある。この独墺軍のシベリア進出を阻止することを口実に出兵してしまえば、当時ロシアの勢力下にあった北部満洲にも勢力圏を拡大できる。シベリア出兵は英仏などの要請もあるのだから、連合国の信義を果たすことにもなり正当化できる。またこれで、シベリア進出に対する欧米列強の批判も回避できる、というのである。この陸軍参謀本部が示すシベリア出兵の「真の目的」をまず確認したうえで、以下、さまざまな出兵論をみていくことにしたい。

シベリア出兵論の発生と論拠の変遷

一九一七年（大正六）夏頃から、英仏による日本軍のヨーロッパ出兵要請が強くなる。しかし日本政府も参謀本部も、戦争が泥沼化したヨーロッパ戦線に日本軍を投入しても得るものはないとして、これを拒否し続けた。例えば、極東からヨーロッパへの兵員や弾薬などの輸送上の困難をその理由とした。いっぽう、直接参戦しなくても日本はこれまで、連合国側に多大な貢献をしていることも強調した。連合国側、特にロシアへの武器弾薬の提供は、日本が最大であった。

しかしロシアの十月革命後には、参謀本部内で極東在留邦人の保護を名目にした派兵計画がたてられる。そして一九一八年には沿海州だけではなく、ザバイカル州も含めた広範な極東シベリア（一般に、沿海州、アムール州、ザバイカル州の三州を極東シベリアという）への派兵計画が具体化していく。いっぽう国内世論にも、在留邦人の安全確保目的の出兵論が浮上する。ただそれでも、一

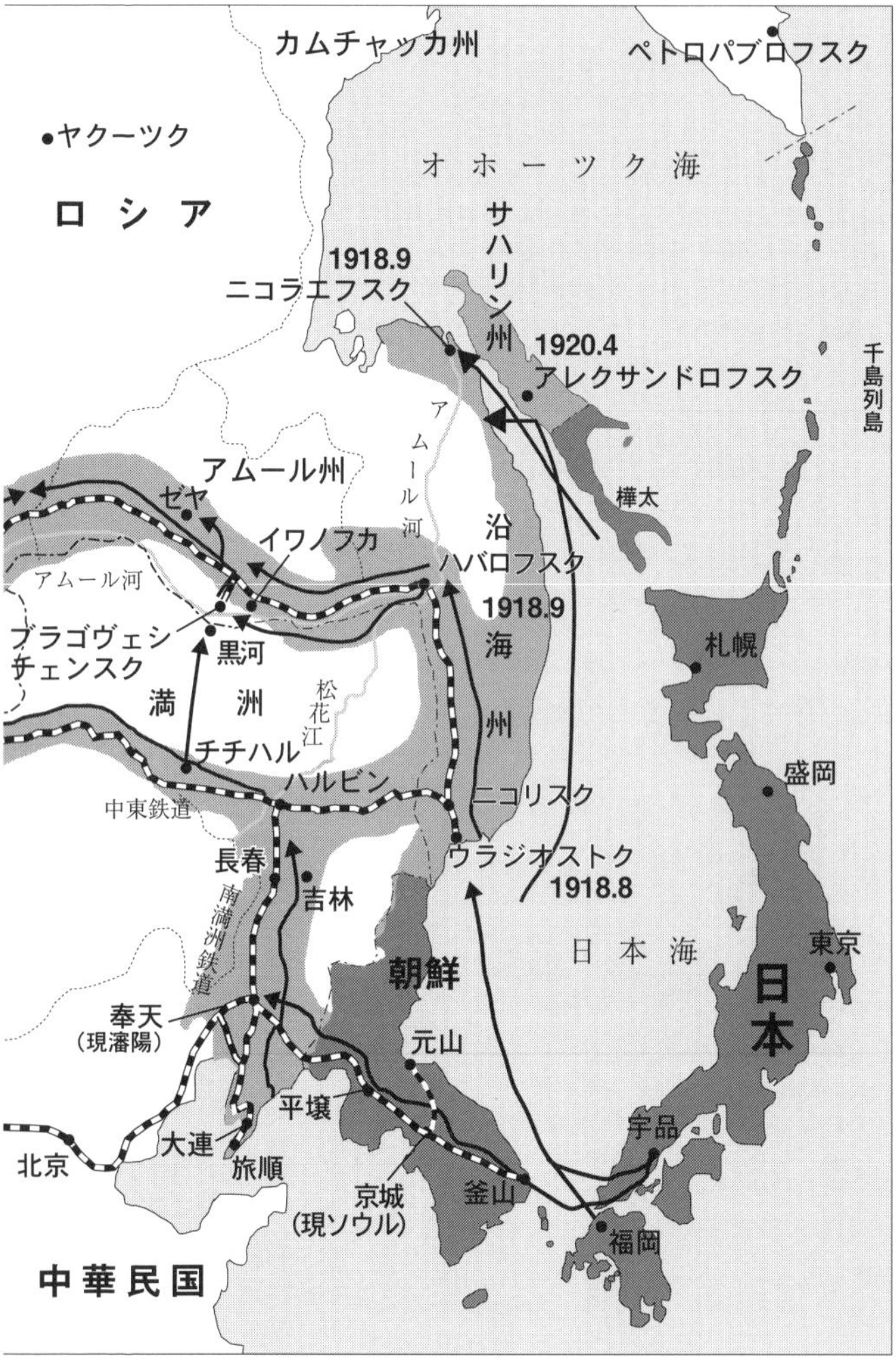

カムチャッカ州
ペトロパブロフスク
ヤクーツク
オホーツク海
ロシア
サハリン州
1918.9
ニコラエフスク
1920.4
アレクサンドロフスク
千島列島
アムール河
アムール州
ゼヤ
イワノフカ
樺太
沿海州
ハバロフスク
1918.9
アムール河
ブラゴヴェシチェンスク
黒河
札幌
満洲
松花江
チチハル
ハルビン
ニコリスク
盛岡
中東鉄道
長春
ウラジオストク
1918.8
吉林
南満洲鉄道
日本海
東京
朝鮮
日本
奉天
（現瀋陽）
元山
平壌
宇品
大連
北京
旅順
京城
（現ソウル）
釜山
福岡
中華民国

シベリア出兵関連地図
（麻田雅文『シベリア出兵』から引用、一部改変）

九一七年までは、出兵不可の論調が多かった。シベリア出兵は、ロシアに宣戦布告するような行為であり、極東の平和維持という第一次大戦の参戦目的からも容認できない、という主張が多かった（11.28東朝）。

しかしロシアとドイツの停戦交渉が始まり、単独講和の可能性が出てくると新聞の論調も変化してくる。それは、ロシアの革命政権の本質、即ち資本主義と対峙する社会主義政権としての実態も次第にみえてきたからであった。シベリア出兵は、はじめ英仏が唱え日米に強く迫る。英仏の狙いは、ロシアとドイツの講和によって、東部戦線が消滅しドイツが西部戦線に戦力を集中することを防ぐためであった。つまり、東部戦線の維持または再構築のために、シベリア出兵が唱えられた。さらに世界で初めての社会主義政権の成立で、その影響が連合国をはじめとする資本主義国へ波及することも恐れた。シベリア出兵は、ロシア革命への干渉戦争でもあった。

一九一八年になると、日本国内でも出兵論が盛んになる。そして三月三日にロシアとドイツ、オーストリアの講和（ブレスト・リトフスク条約）が成立すると、独墺脅威論（「独禍東漸」論）が噴出する。新聞は、独墺とロシアが結んで極東に進出する可能性を煽るようになる。

シベリア出兵を促す論拠は、ほかにもあった。それは、ウラジオストクに山積みされた軍需物資の確保である。日本は第一次大戦において、連合国に対する重要な武器、軍需物資供給国であった。中でもロシアに関していえば、日本が最大の武器供与国であった。ところがこのロシアに供与した武器の存在が、十月革命で問題になる。当然のことだが、革命政権への武器供与は停止された。しかしすでに供与済みであった連合国の軍需物資が、ウラジオストクに大量に保管されていた。具体的には鉄道資材など六三万五〇〇〇トン相当の物資があって、これをシベリアのボリシェヴィキが奪取し、ドイツからの借款の見返りに提供するのではないかという憶測が流れた。それでも、日本政府は出兵には慎重であった。日本政府は、アメリカの動きを注視していた。

連合国の中で、いち早くウラジオストクへ軍艦を派遣したのはアメリカ海軍だった。ウラジオストク領事の要請により、巡洋艦ブルックリンを、一九一七年一一月二三日にウラジオストクに入港させている。これはボリシェヴィキの動向をみるためだったが、不干渉を唱えるウィルソン大統領の意向もあり、間もなく退去した。ついでイギリスが、ウラジオストクの連合国領事団の派遣要請に応じ、一二月三一日、巡洋艦サフォークの派遣を決定した。ウラジオストクの軍事物資の確保を目的としたが、なかなか腰を上げない日本を揺さぶるためでもあった。一九一八年一月三日、イギリスから日本へ出動の通告があると、日本海軍は慌てて出港準備をした。一月九日、加藤寛治司令官を乗せた戦艦石見《いわみ》が広島の呉を出港し、九日にウラジオストクに入港した。イギリスより二日早い入港だった。『東京朝日』は、「不穏の浦塩、軍艦を派遣す。同胞と聯合国民の保護は日本の職責」とし、「今後更に軍艦の派遣をみるか否かは、今後の彼地の状勢を見た後で無ければ今日之れを推定することはできない」（1.13東朝）と報じた。ここでの派遣目的は、居留民の保護という名目であった。

『万朝報』の出兵論

『万朝報』は、出兵論議が盛んになる一九一八年当初から、出兵に賛成していた。一月一五日付

「露国の将来と日本の覚悟」では、「昨春ロマノフ王朝が倒れてケレンスキー政権が成立した（二月革命）。ここまではロシアは、対独戦争を継続しようとした。しかし「過激派」（ボリシェヴィキ）が権力を掌握する（十月革命）と一転、ロシアは独墺との間に単独講和を試みている。こうなると連合国は、もはやロシアを助けることはできない。ドイツはロシア革命の混乱に乗じて、益々ロシア国内に勢力を伸長するに違いない。日本は英米仏の連合諸国と協力して、ロシアにおけるドイツの勢力を排斥する必要はないのか。シベリア以東のロシア社会の混乱は、わが東洋の平和を攪乱するものである。わが日本は、いやしくも東洋の盟主であって、東洋平和の鍵を掌握する者である。その自衛の策としても、東方ロシア領の混乱を傍観すべきではない。ましてロシアのドイツ化が進むなら、わが敵国の勢力を増大することに他ならない。日露戦後は日露協約によって、憂患が除去された。ところが今や、ロシアは混乱に陥り日露協約は反故《ほご》となった。北方の憂患が再び蘇生したのである」（1.15万朝、意訳）と述べた。

ここでは二つの点から、シベリア出兵の必要性を述べている。第一は、ロシアとドイツの単独講和で、東部戦線が崩壊することによって連合国の戦いが不利になるのを見過ごして良いか、ということである。周知のように第一次世界大戦でドイツは、西部戦線で英仏と東部戦線でロシアと戦っていた。連合国側からいえばドイツを東西挟み撃ちにしていたわけだが、単独講和によって東部戦線が崩壊する。ドイツは全勢力を西部戦線に傾けることが出来るようになるから、連合国は不利になるのである。第二は極東シベリアの状況である。日露戦争後、日本とロシアは四度にわたって日露協約を取り交わしてきた。これは日露双方が、満洲・朝鮮・モンゴルにおける互いの権益を認め合う条約である（第四次日露協約は、事実上の軍事同盟）。これはこの地域で権益を拡大し続ける両国への批判を強めた英米に対抗するために、日露が手を結んだものであった。これがロシア革命によって反故にされ、日露は再び対立関係に陥りつつあるという。

三月になると『万朝報』は、主な出兵反対論を取りあげ、これに具体的に反駁する形で出兵論を主張する。反対論①「露国人が希望しない」→露国人でも「過激派」（ボリシェヴィキ）は希望しないだろうが、反革命派は違う。②「日本が出兵すれば露独両国を親密ならしむ」→出兵しなくても露独は既に親密である。日本が傍観すれば、「独禍」を防止出来ない。③「独逸は日本を味方にしたいから日本を侵さない」→独逸は隙あらば直ぐに乗ずる油断できない国である。④「シベリアのコサック兵に攻撃されたら日本軍は惨敗する」→日本軍を軽蔑した論である。またコサック（南ロシアなどを起源とする騎馬に巧みな民族集団―筆者）は、革命派と対立していて日本軍を歓迎する。⑤「輜重《しちょう》（食糧や弾薬の補給）が困難」→シベリア鉄道は単線で輜重が困難ならば、複線にすれば良い。⑥「軍費支出の困難」→大きな利益を得るには資本がいる。シベリアを取れば、軍費は何でもない。最後に、「要するに出兵反対論は、論としては少しも価値の有るものはない。臆病な人間、因循姑息な男、公債や株券の下落を恐れる男、政略のみを考へている政党員、日本の発展を妬む外国人等が、何か理屈を並べるに過ぎない。真に君国のことを思い、世界の大局に通じ、日本百年の長計を考ふる者は、誰れでも皆出兵に異議はないのだ」（3.12万朝）と結論する。結論部分は強い感情を交え、出兵を煽っている。対外戦争の時、往々にしてみられる出兵積極論の典型的なものである。

末広重雄の出兵反対論

『万朝報』の主戦論に対し、『大阪朝日』は「出兵は不得策」（末広重雄）で出兵反対の論説を掲載した。当時『大阪朝日』は、寺内内閣攻撃の急先鋒であり、シベリア出兵反対論を展開していた。筆者の広末は、京都帝国大学教授の法学者で、連続三回に分けて掲載された（3.12, 3.13, 3.14大朝）。これも出兵論の根拠に対し、これに反論する形をとっている。

まず「独禍東漸」論については、「ドイツが西部戦線において牽制された状況で、（ロシアを経由して）東方に席巻するが如きは、全く為し得ざる所である」。そもそも「露西亜人は決して我国の敵ではなく、過激派（ボリシェヴィキ）も独逸の味方ではない。彼らは、戦争より革命を重んずる余り、ドイツとの講和を急いだ。結果より見れば独探の如くであるけれども、心から国を売ったのではない。彼等は主義として平和を希求するのであるから、ドイツと同じように我国に対しても平和を望んでいる」はずだ、と。「独探」とは「ドイツのスパイ」を意味する語だが、ここでは「ドイツの味方」という程の意味である。「彼等は主義として平和を希求する」とは、レーニンが一九一七年一一月八日に発表した「平和のための布告」を念頭においている。革命政権は、無併合、無賠償の即時講和を行い、第一次世界大戦から離脱することを宣言した。

次に、シベリアの軍需物資がドイツの手に落ちるのを阻止するため、出兵が必要だという論について末広は、「西伯利《シベリア》の人口の約八割を占め、土地は肥沃、農業盛んにして物資豊富であるは、イルクーツク以西であるから、若し西伯利の物資が独逸の手に入るを防遏せんと欲するならば」、イルクーツクより東を占領しても、ほとんど意味がないという。さらに、シベリアの物資を抑えるのであればウラル山脈まで進み、全シベリアを占領すべきであるが、これはわが国にとって重い負担となる、という。

第三に、ドイツが西部戦線に戦力を集中し大攻撃を敢行するとき、日本は出兵により東方からドイツを牽制すべきという論について末広は、「西伯利の中央部迄、数個師団の兵を出動せしめたとて、どうして（西部戦線に対する）牽制の目的を達するを得よう。此の目的を達せんには是非とも欧露（ヨーロッパロシア）に出兵するを必要とし、英仏伊諸国の希望」もまたここにある。しかし、これはわが国の財力も、兵力もこの大遠征を実行するには貧弱である、と答える。

さらに、そもそもこの世界戦争におけるドイツの敵は日本ではない。ドイツの真の敵は、「大英国」である。ドイツと日本が本格的に戦う理由はない、と明確に述べた。確かに当時、ドイツのヴェルヘルム二世によって唱えられたドイツの世界戦略は、イギリスの海上独占権の鉄鎖から世界を解放し、自由な国際新秩序のリーダーになることであった。英仏と死力を尽くして戦っているドイツの眼中に、おそらく日本はなかった。

末広が恐れた出兵の結末

末広は連載の三回目で、シベリア出兵をなおも主張するのは、「或は此の機会を利用して領土を獲得せんとする敵本的（「敵は本能寺にあり」と場所だけ伝えて攻撃する）動機があるからではあるまいか」。アメリカが未だにわが国の出兵に同意しないのは、「全く我国の野心を牽制せんがためである。デイリーニュースに至っては露骨に我国が征服のために出兵するが如きは罪悪であると言明して居る」。かつて大隈内閣は、「日支交渉（二一カ条要求）のため、著しく我国の国際的信用を傷けた。今又我国が出兵論は列国の猜疑恐怖を招き、彼我の円満の関係を傷けんとす」。朝鮮併合の時、「遠からずして朝鮮人問題は、大英国の愛羅人《アイルランドじん》問題の如く、独逸の波蘭人《ポーランドじん》問題の如く、我国の大問題たるの日あるべきことを警告」したことがある。「今次の戦争開始以来」、民族自決主義が世界的に承認されつつある以上、「朝鮮人問題の将来は」益々安心できなくなりつつある。もしシベリアを占領したならば、「我が統治の下に新に露西亜人なる民族の加はり来ること」になる。そうすれば将来、絶えず復帰運動を展開し、朝鮮人問題以上の困難と危険を生ずる。「侵略を目的とする出兵は我国に不測の危険を生ずる虞《おそれ》があるから、断じて不可である」と。

一九一五年（大正四）の二一カ条の要求は、日本の中国侵略の意図を顕わにし、わが国の国際的信用を著しく失墜させた。それればかりではない、これが日中戦争の、さらには対米戦争の最初の原因だったという論者も多い。末広はシベリア出兵によって、また同じような信用失墜を招くという。そして、韓国併合で抱え込んだ民族問題をも、また同様にシベリアでも抱え込む危険性を指摘している。末広はシベリアを占領し続けるには、現兵力と同等の二〇個師団が必要だろうとも述べている。民族自決を叫び、祖国復帰をめざす朝鮮の三・一独立運動が起こるのは、この記事が掲載されたちょうど一年後の一九一九年のことである。末広の主張は、第一次世界大戦による国際社会の変化を把握して展開された。それは、朝鮮で独立運動が起こることを「予見」できたことに示されている。

民間の出兵促進運動

一九一八年三月三日の露独の単独講和によって、わが国ではドイツ脅威論が台頭し、右翼や大アジア主義を標榜する団体による出兵論が活発化した。彼らはこの事態をシベリアだけでなく、満洲を含む北東アジア全体の脅威だととらえた。三月早々、国民外交同盟会（右派政治団体）は、独禍東漸阻止、極東の平和維持のため日本軍を出動させ、鉄道ほかこの地域の権益を守るよう政府に要望した。

三月二六日には、興亜同志会主催の「出兵問題有志大会」が東京で開かれた。日比谷公園松本楼に集まったのは、対外同盟会、国民議会、同志倶楽部、立憲青年党など右派団体の面々と政友会、憲政会、国民党の有志代議士など二〇〇余名。午後五時開会。大谷誠夫（出兵を立案した田中義一と親交あり）による開会の挨拶と出兵の理由を述べ、『万朝報』の黒岩周六（涙香）を座長として次の決議文を満場一致で可決した。

決議

帝国の大国策に基き、時局の急要に鑑み、国家自衛の為め、東洋平和維持の為め、聯合国援助の為め、将た露国の正常なる国家を成立せしむるため、茲《ここ》に出兵の大義を唱へ、国論を振起して、以て其実行を期す。且此機会に於て我対支問題を解決し、完全なる日支協同の実を挙げ、東洋の平和を鞏固《きょうこ》ならしめて、以て帝国本来の大責務を全うすべしその後、食堂に移り、各自「卓上演説」を行い、盛んに出兵論を鼓吹した。食後もさらに歓談し、午後八時過ぎに散会した（3.27東朝）。

決議文にみる出兵論はいわば決まり文句で、「国家自衛」「東洋平和維持」「聯合国援助」「露国の正常な国家成立」「対支問題解決」などが、出兵の目的・理由となっている。ただ、ロシアの革命政権を「正常な国家」とはみてはいないようだから、「露国の正常な国家成立」を理由にすることは、出兵は革命への干渉だといっていることになる。いずれにしろ、一九一八年三月頃から、民間団体による出兵促進運動も活発化している。ただし、それは一部の団体であって、国民的運動になっているわけではない。

『大阪朝日』の反対論

日本人居留民保護を理由に、四月五日に日本海軍の陸戦隊がウラジオストクに上陸した（陸戦隊の上陸については後述）。日本人殺害事件と相まって、国内では俄然出兵論が高まる。そのようななかで、慎重な姿勢を崩さなかったのが『大阪朝日』である。四月一二日の「日露の国民的諒解に待つ（下）」は次のようにいう。「我が一部政治家及び軍人等の誤れる理想のために、親善成るべき日露両国が疎隔に陥りし」ことを、見過ごしてはならない。日本の一部政治家や軍人の「理想」とは、日シベリアへの領土的野心である。その野心を、「露国政府」が「日本の国家的野心」と誤解し、日本に対する敵意を増している。日本政府は、領土獲得の誘惑に負け、「次第に国民的意向に遠き政策の実現に近づかんと」しているのではないか。今回の上陸作戦によって、日露間の対立が深まったが、領土的野心がけっして「日本国民」の意向ではない。この日露両国民間の不信と対立は、日本国民の冷静な理想と良心によって乗り越えなければならないし、ロシア国民も日本国民の多数が政府の「理想」（領土的野心）を支持してはいないことを理解して欲しい（4.12大朝）、という。

この時期の新聞の論調をみれば、シベリアの居留民保護のための上陸を支持する者こそあれ、真っ向から反対する論調は少ない。だからといって、シベリア出兵そのものを日本国民の多数が支持しているかといえばそれは疑問である。八月のシベリア出兵に対し、日本国民は熱狂しなかった。それどころか、シベリア出兵に対し国民が米騒動で応えたことを考えれば、国民は冷ややかにみていたというべきだろう。出兵前、日本国民の関心はシベリア出兵ではなく、物価高騰による生活難にあった。新聞各紙の「出兵論」または「出兵反対論」のいずれも、国民（読者）の大きな反応を引き出すことはできなかった。

この記事の一〇日余りあと、『大阪朝日』四月二三日朝刊は、発売禁止処分を受けている。当時政府は、発禁処分を出しても、その具体的な原因については明示しなかった。しかしこの時は、北満洲の満洲里での陸軍軍人の策動に関する社説「西伯利に於ける一問題　陸軍将卒の活動」が問題になったのではないかといわれる。ここでは、「若し政府が是等の将卒に対してある種の任務を帯びしむるものとせば、そは例の出兵の口実を作らんとするものと解釈せらるるに至るべし」（4.23大朝）と、暗に陸軍軍人の秘密工作が出兵の口実を作るものであると非難した。この頃政府は、たてまえ的には連合国との協調を維持しながら、出兵の機会を狙っていた。後述するブラゴベシチェンスクでの石光《いしみつ》真清《まきよ》の活動が、まさにこの秘密工作にあたる。陸軍の秘密工作を暴露されることは、政府にとっては大きな痛手であり、そのため発禁処分を下したとみられる。このあとも、政府と『大阪朝日』の厳しい対立が続くことになる。

日本人居留民と「北のからゆきさん」

シベリア出兵の目的の一つに、シベリアの日本人居留民の保護があった。ではシベリアには、どれくらいの邦人がいたのか。一九一八年一月の時点で、シベリア各地の領事館が把握している在留邦人は、ウラジオストク三三八三人、ハルビン二二八七人（当時ハルビンはロシアの勢力圏にあり、住民の多くはロシア人と中国人であった）、ハバロフスク五七三人、ブラゴベシチェンスク三三八人、ニコリスク二九五人、チタ二一五人など一〇都市で七三二六人であった。さらに、未登録者を含めれば、シベリア在留邦人の数は、およそ一万人に達していたと推定される。この数字は、必ずしも多いとはいえないかも知れないが、かなり広範囲に日本人が存在したことがわかる。

当時の新聞は、シベリアから帰国した人の話を、次のように伝えている。「シベリア各地の小市街地には、数の差こそあれ、日本人の居ないところはない。職業は主に雑貨商、理髪職、時計屋、洗濯屋、医者、料理屋という風な、資本を多く要しないものである。そして料理屋というのは、あの可憐な娘さんたちを売り物にする家業であることはいうまでもない。この娘さんたちは、まずウラジオストクから、ニコリスク、ハルビン、イルクーツク、トムスク、オムスクなどちょっとした都会のほか、今度騒ぎがあったブラゴベシチェンスクから更に北の方まで入り込んでいる。そして彼女たちが、在留邦人の半数以上を占めている。これらの娘さんたちは、主に長崎や天草辺から行っているらしいが、まだ日本人の足跡のない所へ、急先鋒となってどんどん入り込み、開拓していくところは、男にもまねが出来ない」（3.25芸備）と。九州の長崎や天草出身の、いわゆる「北のからゆきさん」たちが、在留邦人の半数を占めるという。しかも彼女らが、シベリアへの日本人移民の「開拓者」だという。記事の後半には、この女性たちがドイツのスパイの裏を掻いて情報収集を行い、日本軍に情報提供しているという。

しかしこれが、決して誇張でないことは、石光真清の『誰のために』でも明らかである。『誰のために』には、ロシア革命後の治安悪化で、「日本人経営の貸座敷（女郎屋）は廃業しなければならなかった」。しかし、「営業を事実上黙認している所が多かった」。例えば、ブラゴベシチェンスクから六七〇里離れたダンブーキでは、「日本人経営の貸座敷が四件あって、男六名、女四十二名が営業していた」。この村の一ヵ年の予算のおよそ「半分を負担していた」からである、という。「北のからゆきさん」たちは日本人移民の開拓者としてばかりでなく、シベリアの小さな町の税収にも多大な貢献をしていたのである。

石戸事件と陸戦隊の上陸

一九一八年四月四日、ウラジオストクで日本人が経営する貿易会社が、何者かに襲われ、店主の石戸義一を含む日本人三名が殺害された（石戸事件）。五日朝、ウラジオストク港にあった日本海軍の戦艦石見から、日本人居留民保護を口実に、陸戦隊が上陸した。『大阪朝日』は六日、「陸戦隊上

陸　海軍省公表」との見出しで、「四月四日白昼烏港《うこう》（ウラジオストク港）に於ける邦人商店は強盗の襲う所と為り、邦人三名殺傷せられたり。同地に於ける無警察の状態に鑑《かんが》み、在泊帝国軍艦は五日未明陸戦隊を上陸せしめ、我が居留民の保護に任ぜしめたり」。日英米三国領事団および在泊軍艦とも協議の結果、一時陸戦隊を上陸させたもので、危険が去ればひきあげることになろう。「右は本省との打合の結果にあらず」（4.6大朝）と伝えた。

当時ウラジオストク港には、治安維持を名目に、日本海軍の戦艦石見が入港していた（入港は一月一二日）。加藤寛治海軍少将は、事件翌日の五日朝、日本海軍の陸戦隊二個中隊五三三名を上陸させた。これは加藤の独断によるものであった（記事の末尾に「右は本省との打合の結果にあらず」とある。加藤は事後報告をしたが寺内首相は激怒し、即時撤退を命じた。なおこの時、イギリス兵も上陸している）。実は石見入港以来、加藤は陸戦隊の上陸機会を待っていた。こうして、海軍による「局地的派兵」が実行された。

陸戦隊の上陸に対し、ウラジオストクの労兵会（ソヴィエト）は一般ロシア人に、「日本司令官は日本人三名の殺害事件を利用して陸戦隊を上陸させた」。これは「外国人らが、わが国の現状に不満を抱いて起こした扇動的手段で」、「干渉の口実となる暴動の発生がないよう努めて欲しい」と告諭した（4.8大毎）。そして革命政権は八日、全シベリアに戦争状態を宣言し、シベリアの労兵会に対し、日本軍に対抗するための赤衛軍の編成を命じた（4.11東朝）。これによって、日本軍と現地の労兵会、およびレーニン率いる革命政権との緊張が一気に高まった。

石戸事件と陸戦隊上陸が大々的に報道されたことに刺激されてか、三月にブラゴベシチェンスクで起きた市街戦の続報が、同日の『報知』で大きく報道された。この市街戦は、革命派（ボリシェヴィキ）とコサックを中心とする反革命派との戦いだった。現地の日本人義勇軍（自警団）は、反革命派に加わって戦い犠牲者がでた。新聞は戦闘を目撃した陸軍将校の談話として「客月十二日のブラゴヴエスチェンスクの市街戦に於る過激派の蛮行は言語に絶する」として、負傷した日本人が虐殺されたこと、現地の中産階級の二三七人も殺され、この戦闘での死傷者は二千人に達することなどを伝えた（4.6報知）。こうして、ウラジオストクやブラゴベシチェンスクの無政府状態が国内で報道され、居留民保護を理由としたシベリア出兵論が再燃する。

ブラゴベシチェンスク事件と世論

ブラゴベシチェンスクはアムール州の州都で、アムール川（中国名黒竜江）を挟んで中国の黒河《ヘイホー》市と向かい合う、中露国境の町である。シベリア出兵で、日本軍が拠点にした北満洲の満洲里にも近い。

当時、この街に滞在していた石光は、日本陸軍の軍人（最終階級は少佐）で、明治から大正にかけて、シベリアや満洲での諜報活動に従事した。日露戦後はいったん退役し、東京世田谷で郵便局長を務めていたが、一九一七年にロシア革命が起こると、再びシベリアで諜報活動に従事することになった。石光が正式に陸軍の嘱託として「命令」を受けたのは、同年一二月一二日であった。命令書には、「露国の政変は、露独の単独講和もあり得る状況である。ハルビンはすでに無政府状態で、同地の総領事は外務大臣に出兵を要請した。また支那政府は、一師団を出動させることに決しこの地域の緊張が高まっている。（このような中）革命政権のトロツキーは『日本は露国に宣戦することはないだろうが、自国のためなら如何なる奇策を行うかも計り難い』と述べた。ロシアは日本に対する警戒心を向上させている。（従って）貴官の行動は、一層の注意をなし、何人にもその身分が感知されないようにすると同時に、如何なることがあっても秘密は確守することが緊要である」とある。十月革命の成功後の、革命政権とドイツ、オーストリアの接近、単独講和の可能性が、日本軍にとっても衝撃だったことが窺われる。そして石光の任務は、①シベリア内部の動静、②各地に於ける独墺俘虜の挙動、③欧露（ヨーロッパロシア）から浦汐斯徳《ウラジオストク》に大砲その他の兵器及び潜水艇の輸送の有無、についての情報を収集して報告することであった。

ところが石光の任務は、「課報活動」だけではなかった。一九一八年一月下旬、参謀本部の中島正武少将が石光を訪ねてきた。中島は参謀本部次長の田中義一の意を受けていたが、「軍の方針は決まっている。結局は出兵しなければならないさ。形式上は連合国との共同出兵だが、日本軍が主力にならねばならない。崩壊した東部戦線（独露戦線）をウラル山脈に添って再編するのが連合国の要請だが、日本としては、この際東部シベリアに緩衝国を建設して、北方の脅威を除かねばならんからな」と語った。つまり、石光には「緩衝国家」設立の事前準備をせよ、という。さらに中島は、「ロシア革命はロシアだけでの革命ではない」とも語った。つまり緩衝国建設はロシア革命への干渉であり、革命政権を潰すことで革命の日本への影響を阻止する目的もあった。石光の任務は「課報活動」だけでなく、「謀略活動」も加わった。陸軍はシベリア各所に、石光と同じ任務を帯びた「課報員」を配置していた。

一九一八年二月の時点で、東部シベリアの主要都市は、ブラゴベシチェンスクを除いて、ほとんどが過激派（ボリシェヴィキ）の手に帰した状況だった。従って、ブラゴベシチェンスクは、東シベリアで孤立した状態にあった。当然革命派は、このブラゴベシチェンスクも手中に収めようとする。それに対し、現地の地主や中産階級をはじめとする反革命派が対峙していた。こうした中で起きた市街戦が、三月一二日の戦いであった。この戦闘で現地の日本人にも犠牲者がでたことは、居留民保護のために日本軍がシベリアに出兵する恰好の口実になるはずであった。

四月七日の『大阪毎日』の社説「陸戦隊上陸　寺内内閣の対露策如何」は、ウラジオストクとブラゴベシチェンスクの「悲劇」を並べて論じ、寺内内閣の対露政策を批判して、次のように出兵を迫った。「寺内内閣は陸戦隊の浦塩上陸を以て必要の挙、至当の処置と認むるか」。浦塩の日本人だけ厚い保護して、他の地域の保護は薄くて良いのか。ブラゴベシチェンスクの日本人の遭難は、「自業自得」で済まされるのか。新たな死傷者がでれば、浦塩のように出兵するのか。「寺内内閣の対露策なるもの果して如何」。「吾輩は其矛盾撞着、狐疑、不徹底」を批判せざるを得ない（4.7大毎）、という。このようにして、世論は誘導されていく。

出兵問題とアメリカ不信

居留民保護をめぐって、出兵の気運が醸成されつつあった。これに対し、政府内では出兵の現実味が薄れつつあった。陸戦隊のウラジオストク上陸を、寺内首相が厳しく叱責したのもその表れであった。日本政府内には、陸軍や本野外相らの「自主的出兵派（日本単独出兵）」と、原敬や牧野伸顕らの「（連合国との）協調出兵派」があった。「協調出兵派」は、出兵にはアメリカの経済的軍事的支援が不可欠であると主張した。日本経済のアメリカ依存は否定しがたい事実であった。結局、両派の間にあった元老の山県も寺内首相も、その現実の前に「協調出兵」を選択するしかなかった。

そしてアメリカは、シベリア出兵に反対し続けていた。アメリカ国内にも、出兵派と反対派があったが、当のウィルソン大統領は出兵に慎重であった。三月三日、ロシア革命政権と独墺の単独講和が成立すると、ウィルソンは「道義的立場」から講和を評価した。そして、アメリカのシベリア出兵はもちろん、日本の出兵にも不同意であることを表明した（三月初め）。三月九日の外交調査会（挙国一致のために寺内内閣に設けられた諮問会議）でも、「協調出兵」論が大勢を占め、本野の「自主出兵」は孤立した。こうして三月までに、シベリア出兵の実施は困難となっていた。本野外相は四月になって外相を辞任した。

いっぽう新聞紙上では、居留民保護のための出兵論が盛り上がった。シベリア出兵については、日本の領土的野心に対するアメリカの警戒心が強かったことがよく指摘される。しかしこの頃（四～五月頃）日本では、出兵に同意しないアメリカへの不信や、アメリカのシベリア進出への警戒が新聞紙上に多くみられる。

『東京日日』の「米露の親善」は、「露独単独講和成立以来、日英仏聯合各国政府対露国政府の関係」は疎遠となり、ややもすればお互いに「反目嫉視の醜態」をみせつつある。それに引きかえ「米露両国政府及び国民は日に親善の度を加え」、現にアメリカは、米露両国の経済的発展と親善のために、「浦塩に米露協会を設立」しようとしている。また、「露国政府が近く産業上の利権を譲与し、米国との間に借款を成立せんとする」動きもある。アメリカ以外の連合国が、ドイツの「東漸防止の緊急なるを説き」、日本にシベリア出兵を要請している時に、アメリカだけが「公式非公式に露国政府に対して深甚なる同情を寄せ」、ロシアの鉄道や鉱山などの利権の獲得を試みつつある（4.7東日）と、アメリカへの不信と警戒感を顕わにしている。

「独禍東漸」論が、シベリア出兵の理由のひとつだった。しかし、ドイツのシベリア進出よりも、出兵したアメリカがシベリア鉄道を管理し、日本の勢力圏である「満蒙」にまで手を伸ばしてくることにたいする脅威論、すなわち「米禍東漸」論は日本政府内部にも根強くあった（例えば伊東巳代治など）。日露戦争直後、すでに日本海軍はアメリカを仮想敵国のひとつに加えていた。アメリカもまた、中国やシベリアでの日本の動きに警戒を募らせていた。シベリアへの「日米共同出兵云々」といいながら、日米の溝は深まるばかりであった。

シベリア出兵と資源開発

シベリア出兵は、ロシア革命への干渉戦争といわれる。ボリシェヴィキの社会主義政権を打倒する戦争であった。いっぽうで、革命による帝政の消滅は、シベリアへの資本進出、シベリア鉄道の管理および資源獲得競争において、新たな局面を迎えることになった。

『大阪朝日』は、シベリアの未開発資源をめぐって、「今後列国の経済的競争地となり、極東に於ける支那に髣髴《ほうふつ》たる状況を現出するに至るべきは、今より之を予測するに難からず」といい、また「由来豊富なる資源を包蔵する西伯利の曠野が昨年以来の露国政変の結果として」、今後各国の利権獲得運動の競争地となるであろう（5.5大朝）という。シベリアへの列国の注視は、革命への干渉のためだけではなかった。

シベリアの地下資源、例えば石炭については、次のような記事がある。「今日迄に多少調査研究せられたる西比利亜の石炭埋蔵量は頗る《すこぶる》莫大なものなり」。「石炭の最も豊富なる埋蔵地はエルクトスカヤ県の一千五百億噸《トン》、エニセイスカヤ県の一億噸、後貝加爾《ザバイカル》の一億噸、ウラル地方の五千万噸等なり」。これに「グズネツカヤ県」の「一万億噸《トン》其他数県の埋蔵炭量」を合計すれば、シベリアだけでも「二千億噸以上に達す」。しかし、埋蔵炭量はこのように豊富であっても、現在採掘中の炭鉱は極めて少ない（5.1時事）という。シベリアの石炭はその埋蔵量に比し、開発が遅れていた。

ある日本人貿易商は、「シベリアで最も有望なものは、膨大な鉱物埋蔵資源、第一に金鉱（現在採掘中六六四ヵ所、労働者三万人）、銀鉱、鉛鉱はアルタイ州、ザバイカル州、また今度日本軍の占領したハバロフスクにもウラジオストクにも沢山ある」という。さらにブラゴベシチェンスクの銅鉱なども挙げ、「これら天然資源の富源に対しても、露人のみに任せておいては到底完全なる発達を遂げることは出来ない」と語った。それまでシベリアに資本進出していた有力企業は、ドイツ系の二社だけであった。しかしロシア革命によって、モスクワ、ペトログラードの統治機能が麻痺した結果、ドイツ系二社のシベリア独占も行き詰まった。そこで一九一八年のシベリア出兵後、三菱合資、久原商事、中日実業、東洋拓殖、鈴木商店などが、シベリアに進出しはじめる。さきの貿易商は、シベリア出兵で日本軍による秩序回復がなれば、ヨーロッパロシアの状況に関係なく現地の諸機関も順次整備されるから、今後シベリアの商工業界は大いに活気を呈するであろうという見通しを持っていた。シベリア出兵は、日本の資本家たちの要求でもあった。

シベリア出兵は、足かけ六年半に及ぶ（北樺太からの撤退は一九二五年）。アメリカやイギリスは、一九二〇年に撤退を完了している。この時原内閣が、撤兵に踏み切れなかった理由のひとつが、政友会の支持母体である財界の意向を無視できなかったからだといわれる。財界は大戦景気で得た過剰な資本を手許に抱え、投資対象としてのシベリアに注目していた。そして出兵翌年の一九一九年一月には、シベリアの利権開発のため三井・三菱・住友・久原・古河などによって極東興業団が組織された。

日華共同防敵軍事協定とシベリア出兵

五月になると、シベリア出兵をめぐる新たな問題が起こる。今度は、日中間の問題である。寺内内閣は、アメリカの同意のない出兵はできないという立場をとっていた。しかし、その下準備は着々と進めていた。一九一八年五月一六日、日華共同防敵軍事協定（以下、共同軍事協定）が、段祺《だんき》瑞《ずい》政権（北京政府）とのあいだで締結され、中国領内で日本軍が任意に軍事行動をとることを北京政府に承認させた（一九日に海軍も同内容の協定を締結）。寺内内閣は、西原借款を通じて大量の資金を段政権に供与し、この協定をのませたのである。これで中国をシベリア出兵に誘い、日本軍を中国領内に駐留させ、北満洲からバイカル湖以東のシベリアへ日本軍が侵入することが可能になった。ウラジオストクへの出兵は、連合国による共同出兵であったが、北満洲からの侵入は日本独自の軍事行動を想定したものであった。この協定の締結で、日本のシベリア出兵の軍事的な事前準備が完成したともいわれる。

日中の水面下の交渉は、すでに三月から行われていた。しかし、外交上の機密事項となっていたため、日本では一切報道が行われなかった。五月に入ると、日本に留学していた中国人学生が、続々と本国に帰国しはじめた（5.11東朝）。それは中国国内で、共同軍事協定の内容の一部が公表され、大きな問題となったからである。協定による中国国内での日本軍の自由な行動は、主権侵害であると中国の世論は主張した。またこの協定によって、中国軍が日本軍と共にシベリア出兵に加わる可能性も大きくなる。この事についても、中国国民は何も知らされていなかった。留学生は抗議運動に参加するため、続々と帰国したのである。一二〇七名が集団で帰国し、中国本土で反日運動に参加した。しかし日本の新聞報道をみると、この留学生たちの行動を、過剰な反応だととらえる向きが多かった。それは、共同軍事協定が中国の主権侵害であるという認識が、日本側に希薄だったからである。この時の留学生の抗議行動は翌年の五・四運動に連続し、中国での本格的な抗日運動を準備したと評価されている。

中国人留学生が帰国しはじめると、日本でもこの共同軍事協定が注目され、五月半ばになってその内容の一部が新聞に公表された（5.17大朝）。そして、北京の段祺瑞政権に対抗する中国南部での抗議行動が、報道された（5.18東朝）。しかしその後も「該案件に対する記事差止命令も依然として保持」されたため（5.21大朝）、日本国内では全貌がつかめなかった。従って新聞は、協定の具体的批評もできず、寺内内閣と軍の秘密主義を外から批判するに止まった。このように軍事と外交については、新聞報道がしばしば規制されたが、ここに新聞の限界が露呈された。

チェコ軍救出目的の出兵へ

チェコ軍に関する記述が、新聞に出はじめるのは五月からである。『大阪朝日』「烏港（ウラジオストク）に集まったチェック軍」は、四月「二十四日頃より烏港へは、毎日の如く東部戦線に立って奮戦したるチェック軍が参集し来れり。その数数万に上る筈なり」。チェコ人は、第一次世界大戦開戦から、ロシア軍に参加し奮闘してきた。しかし、ロシア革命で「露軍が瓦解したるより止むなく、烏港へ鉄道輸送の上、英国運送船にて太平洋を大迂回の後、西部戦線へ参加すべしとの事なり」。混乱中のウラジオストクで、もし「これだけの兵員が過激派の勧誘を受けて、連合国側に寝返りを打つ」ような事がないとも限らない（5.1大朝）と伝えた。

当時、チェコという国はない。チェコ人の一部はオーストリア帝国の支配を脱するために、ロシア帝国に移住した。チェコ軍は、そうした移民の子孫や、第一次世界大戦でロシア軍の捕虜となったチェコ人、スロヴァキア人から成る部隊であった。一九一七年末には、二個師団、三万八五〇〇人の兵士を抱えるにいたる。一九一八年三月、ロシアがオーストリアとも講和すると、チェコ軍はロシアに居場所を失うことになった。そこで今度は、西部戦線で連合国側に加わって戦うため、革命政府の許可を得て、シベリア鉄道で極東へ向かう。そして、ウラジオストクからアメリカへ渡り、大西洋を横断してヨーロッパに上陸する計画であった（地球をほぼ一周する）。先の記事は、そのチェコ軍の兵士が、ウラジオストクに集まりつつあることを知らせたものであった。ところが、同年五月一四日、シベリア鉄道の中継地チェリャビンスクでハンガリー人とチェコ人が衝突。三日後にチェコ軍が街を制圧。チェコ軍はシベリア鉄道の沿線で、ソヴィエト政府に反旗を翻す。わずか三ヶ月ほどで、ヴォルガ川から極東にいたるシベリア鉄道の沿線を、ほぼチェコ軍が占領した。しかし、一部のチェコ軍は孤立することになった。

六月二九日、チェコ軍がウラジオストクで、革命軍と大規模な戦闘を引き起こした（7.2大朝）。この出来事でわが国では、ウラジオストクのチェコ軍がにわかに注目を浴びるようになる。七月五日付『読売』の「出兵の目的」は、はじめてチェコ人救済を理由とした出兵論に言及した。「露軍に降りたるチェーク人の総数は六七万を超えざるべし」。その携えた兵器は甚だ不完全で、軍紀も良くない。オーストリアから分離、独立したいという熱烈な精神に駆られて、シベリア鉄道の一部を支配するに至った。ロシアの反革命派は、これに「一縷《いちる》の光明を得た」思いで勢力を盛り返す形勢ではある。ただチェコ軍がいかに「精神は熱烈なるも」、兵力は少なく、「露全国の面積に照らして大海の一滴」にすぎない。しかし彼らがもし、「日本出兵に決したり」と聞いたならば、この「勇敢なる一塊は決して屈」することはない。「日本はいよいよ出兵して便宜を与うるに至らば、彼等は其の希望通り西部戦場に於て英仏軍に加わるを得べし」（7.5読売）と。

この記事に先立つ六月一九日、チェコの民族運動の指導者マサリク（のちチェコの初代大統領）が渡米し、ワシントンでウィルソン大統領にチェコ軍救出を要請していた。七月三日、連合国最高軍事会議がウィルソン大統領にチェコ軍救出を要請。七月六日、ホワイトハウスで閣僚会議が行われ、アメリカ政府は約七〇〇〇人の出兵方針を決定。七月八日、アメリカのランシング国務長官が、石井菊次郎駐米大使を招き、アメリカの出兵を伝えた。あれほど慎重だったアメリカ政府も、ロシア領内に孤立したチェコ人を救出するという「人道的理由」（口実）を得て、一気に出兵を決めた。またその知らせを受けた日本政府内でも、出兵慎重論は一気に消え去った。こうして、日米共同のシベリア出兵が実現することになった。

出兵をめぐる世論

ところで、国民はシベリア出兵をどう受けとめていたのか。大方の新聞は出兵支持または容認だったといってよい。反対もしくは慎重論を展開したのは、『大阪朝日』『東京毎夕』『ジャパン・アドヴァタイザー』（横浜で創刊された日本の英字新聞）くらいだったという。しかし肝腎の国民世論の動向については、新聞でもあまり取りあげられていない。

出兵がほぼ決定した七月半ば、『東京朝日』に「出兵に対する世論」という記事がある。ここでは、シベリア出兵と一口に言っても、①アメリカが提議してウラジオストクに行く共同出兵と、②北満洲からチタ、イルクーツク方面に入る日本単独の出兵とがあるという。そして②の出兵については、その規模も戦費も①より莫大で国際的非難にさらされる可能性があるにも拘わらず、国民に充分知らされていない。そのため、国民は①と②の二種の出兵を混同してしまい、双方ともアメリカの要求と吹聴する出兵論者の謀略にはめられている。国民はこの両者をはっきり区別して考えねばならない（7.17東朝）と、注意を促す。要するに、国民に対しては、出兵に関する正確な情報が提供されないまま、世論が誘導されているという。また『大阪毎日』は、シベリア出兵は「国家の自衛上、出兵は必要」だという立場だが、「出兵問題是非」の中で「近時多くの人、口を開けば国民は出兵に冷淡なり、国民の気分は緊張せず」と、出兵に国民が冷淡なことに危機感を示している。ここでも「国民の意向の如何は、政府が出兵の内容を説明して後に始めて知り得」べきものである（7.17大毎）から、何ら説明のない戦争を国民は支持できないという。

七月半ばの『大分新聞』には、小さく「動員と出兵＝記事掲載禁止　動員又は出兵に関する記事の掲載を見合すべき旨、其の筋より警告に接したり。依りて報道の自由を有せざるを遺憾とす」（7.18大分）とある。シベリア出兵に関する報道制限も本格化したが、地方新聞も「報道の自由を有せざるを遺憾とす」と、僅かながら抗議の意を表明した。

シベリア出兵は、ロシア革命とロシアの戦線離脱によって浮上してきた。しかし日本政府は、なぜ出兵しなければならないのかを、国民に説明できなかった。その時々で、独禍東漸、治安維持と居留民保護、チェコ軍救出などの出兵理由（口実）が次々と変転した。しかし、国民にはどれも縁遠いものばかりだった。それより、米価の高騰は国民の生活を圧迫した。そして、米価高騰の原因のひとつがシベリア出兵であった。国民は、理由もはっきりしない出兵を、米騒動という行動で拒否した。

このような状況に、政府もまた危機感をもったことはいうまでもない。九月九日、首相官邸において「軍需会議」が開催された。これはシベリア出兵における、軍需品の補給を万全にするための政府関係者会議であった。寺内首相は会議冒頭の訓示で、「近時国際間の戦争は」、ただ陸海軍人の奮闘努力だけでなく、「国民一致協力して必勝を期せざるべからず」と、第一次世界大戦が総力戦であるという認識を示した。その上で、「方今社会の状況を見るに」民心はやや危激になり所々に騒擾（米騒動）を引き起こし、さらに各地の工場事業場では職工のストライキまで誘発している。「斯の如き気運をして漸次増大せしむるときは」、軍需補給上大きな障害を生ずるだろう（9.10読売）とのべた。首相は、米騒動やストライキを想起し、危機感をあらわにした。シベリア出兵宣言後も、軍需工場でのストライキが、散発的に続いた。例えば、東京の小石川陸軍砲兵工廠では、八月中旬からストライキがはじまり、九月になっても約八〇〇〇人の小銃工が、賃金をめぐりストライキを続行していた（9.2東日）。ここでも労働者は、対外戦争への協力を拒んだ。

出兵宣言とその評価

シベリア出兵の宣言は八月二日午後六時、「官報号外」で発表された【写真8】。出兵の目的は、「中欧諸国（独墺）の圧迫を受けて西伯利《シベリア》地方に梗塞《きょうさい》せらるる（閉じ込められた）所のチェックスローヴァック軍を援助してその行動を容易ならしむるが為」であり、「毫《ごう》も露国及露国人民を敵視し其領土利益を侵害又は内政に干渉せんとするの意思を有して居る次第ではない」（8.3読売）と。寺内首相は、出兵理由の説明の冒頭、このように述べた。また「米国政府の提議を迎え、慎重考慮の上」の「共同出兵」を応諾した、とも述べた。宣言書の末尾には、「所期の目的を達成するに於ては政治的又は軍事的に其の主権を侵害することなく速かに撤兵すべきことを茲《ここ》に宣言す」と、チェコ軍救出後は速やかに撤退するとした。後世の私たちは、この宣言が全くの空文であったことを知っている。それでは当時、新聞はどのように出兵を評価したのか。

『読売』はこの年の五月以降、一貫して出兵を促してきた（田中義一が、子飼いの記者伊達源一郎を

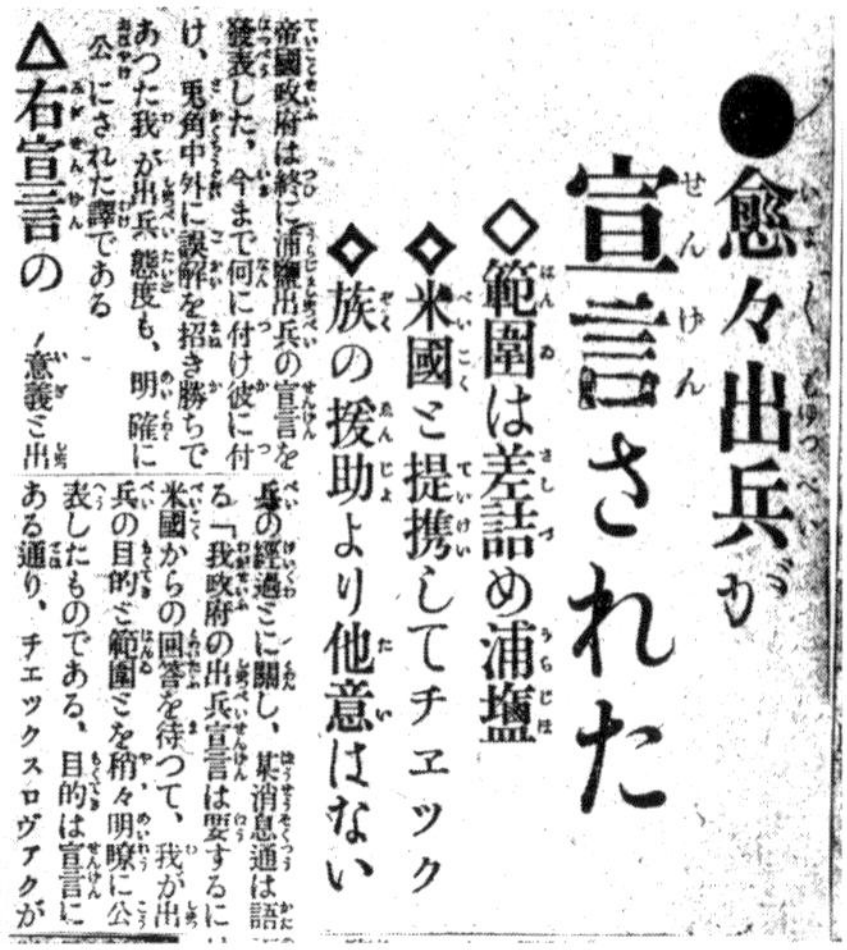

●愈々出兵が宣言《せんげん》された
◇範圍《はんゐ》は差詰《さしつ》め浦鹽《うらじほ》
◇米國《べいこく》と提携《ていけい》してチェック
◇族の援助《えんじよ》より他意《たい》はない

帝國政府は終に浦鹽出兵の宣言を發表した、今まで何に付け彼に付け、兎角中外に誤解を招き勝ちであつた我が出兵態度も、明確に公にされた譯である

△右宣言の意義と出兵の經過とに關し、某消息通は語る「我政府の出兵宣言は要するに米國からの回答を待つて、我が出兵の目的と範圍とを稍々明瞭に公表したものである、目的は宣言にある通り、チェックスロヴアクが

写真8　出兵宣言。米国と提携、範囲と目的は明瞭とある（8.3読売）

入社させたため）が、出兵がウラジオストクに限られることに疑問を呈する。即ち、チェコ軍はシベリア各地にあって孤立しているから、ウラジオストクへの出兵だけでは救援の目的を達することはできないという。そこで注目したのは宣言文の「先ず之を浦港に発遣せんとす」という文言である。ここに「先ず」とあるのをみれば、「必要に応じ、拡張すべきの考えの存すること明らかなり」と解釈する。さらに『読売』は、「帝国の立場より見れば、東亜の平和保障が主にして、浦港出兵は其の内に包容せらるるものなりと信ず」（8.4読売）といい、「東亜の平和」のためなら、出兵はウラジオストクに限られるものではない、と主張する。『読売』の記事は、陸軍の意図に沿ったものである。シベリア出兵ではウラジオストクだけでなく、北満洲からシベリアへも、さらに北樺太（現サハリン）や中国東北地方の間島《かんとう》へも出兵した。このように「出兵」は四方面に及んだ。

いっぽう、一貫して慎重論を唱えてきた『大阪朝日』は、「宣言書の示す所が甚だ曖昧を極め」、理解しにくいと厳しく批判する。例えば出兵が「合衆国の提議に応じた」といいつつ、また「聯合列強に対し歩武を等しくして履信の実を挙げる」というが、米国と英仏の対露政策は一致していない、という。米国の目的は、飽くまで圧迫されたチェコ民族の救出であって、英仏は露国の反革命派を援助して東部戦線に復帰させることではないか。さらに『読売』も注目した「先ず之を浦港に発遣せんとす」を取りあげて、「烏港出兵」は「一種の予備的行動」ではないかとして、「各国に誤解を生じさせる」と批判する（連合国の共同出兵は、あくまでウラジオストクに限定されたものであった。なお、「浦港」と「烏港」は、どちらもウラジオストク港）。そして最後に「国民は今後いよいよ政府の行動を監視せねばならぬ」（8.4大朝）と結ぶ。『読売』と『大阪朝日』の出兵宣言をめぐる受け止め方は、出兵そのものの評価も含め、非常に隔たりが大きかった。

出兵宣言後は、それまでに以上に報道管制が厳しくなる。『大分新聞』は、「軍事記事絶対禁止」として、「出兵動員其の他陸海軍事に関する記事」は、「国軍の行動若くは機密を害せざる程度に於て読者諸君に報道」してきたが、「陸軍省より、凡《すべ》て軍事に関する記事は、婉曲巧妙に記載せるもの」であっても、「一切記載を禁止する旨命令あり」。「諸般の動静は、今後其の筋の発表を待って報道すべく右茲《ここ》に声明致《いたし》候《そうろう》　大正七年八月八日　大分新聞社」（8.11大分）と読者に伝えた。以後は原則、軍によって公表されたもの以外の報道は禁止された。

動員令下る

『時事新報』は「動員令下る」で、次のようにいう。「浦塩斯徳出兵の件、決定したるに次で某々の方面に陸軍の動員令下れり」。「今度の出兵はもとより小規模のものなるを以て動員令施行の範囲も亦狭小にして召集せらるる兵員も甚だ少数なるべしと雖《いえど》も、動員令の声は自ら一国の人心を緊張せざるを得ず」。動員の後、陸軍の駐屯地を出発する隊に対しては、わが国民たるもの、あらん限りの謝意を表しなければならない。特に同情す可きは、動員令によって召集される人々であって、これらの人々の中には入隊後、他の現役兵と同じく従軍する者も少なくないであろう。「既に兵役を終えて予後備役に入りたるもの、若くは補充兵として年月を経たるものは」、多くは何らかの職業に就いて妻子を養う者であって、突然その職業を棄てて、国のために「最高の義務」を果さねばならない。それは「無上の名誉」には違いないが、その職業をなげうつことで、一家の生計に何等の支障を生じない者は少数であろう。その多くは生活状態の激変し、甚しきに至りては一家が飢餓に陥り、見るに忍びない惨状を呈するもあろう。今度の出兵が小規模で、このような気の毒なる境遇にある者は僅少に過ぎないとしても、「世人一般に其事実を等閑《なおざり》に付せず、充分なる同情を注ぐと共に、必要に応じて不幸なる家族を救済するの工風《くふう》(ママ)肝要なる可しと信ず」と(8.5時事)。

この記事が特に強調しているのは、動員令によって、現役兵に加えて召集される予備役や後備役への配慮である。わが国の徴兵制では二〇歳になると現役三年、その後四年四ヵ月の予備役となる。これを終えると五年間の後備役となるが、結局、一二年四ヶ月間の兵役義務が課された。これに該当する市民は、多くがそれぞれの職業を持ち、また妻帯し家族もある。従って応召するにあたっては、仕事と家族をなげうって戦場に赴くことになる。記事は応召する兵士はもとより、残された家族、働き手を奪われる職場や家庭の救済を訴えているのである。

2　シベリア出兵と大分――大分連隊の動員

大分連隊（第一二師団七二連隊）に動員令

出兵決定とともに、小倉の第一二師団に動員令が下った。大分第七二連隊は、この一二師団の傘下にあった。『郷土部隊奮戦史』には、「わが大分連隊（連隊長は田所成恭大佐）に動員令が下ったのは大正七年八月二日、蒸し暑い夜八時ちょっと前であった。この動員に先立ち陸軍はまず南満守備に当たっていた第七師団をシベリアに進め、つづいて十二師団（小倉）にも動員令が下った。陸軍大将大谷喜久蔵がウラジオ派遣軍総司令官に任命されウラジオストク北方クラエフスキー地区で苦戦に陥っている英仏連合軍の中に日本軍の強豪師団を投入、一気にロシア過激派の制圧を図った」とある。シベリア出兵の目的は、孤立しているチェコ軍を、ドイツ・オーストリア軍の包囲から救い出すことであった。しかしここでは、日本軍は「ロシア過激派の制圧を図った」とある。シベリア出兵の実態が、「過激派」との戦いであったことが、如実に語られている。

八月二五日から第一大隊が大分を出発、二七日の深夜には田中勝輔少佐率いる第三大隊がウラジオストクへ向け出発した。真夜中の出発にもかかわらず、大分市民は沿道および停車場で、「熱誠」をもって郷土連隊を送り出した。大分連隊は、「三個大隊の正式連隊」として成立（一九〇八年（明治四一））して以来、実戦に参加した経験はなかった。そこでこの八月二七日は、「九州男児の精粋豊国健児」たる大分連隊の「栄えある記念の日」とされた（8.27大分）。

大分連隊がウラジオストクの土を踏んだのは、九月三日午後三時であった。大分連隊はニコリスクに本部を置き、沿海州各地の警備についた。連隊のうち、田中少佐率いる第三大隊は、内陸まで「過激派」（実態はパルチザン）を追撃する任務を負った。しかし秋が深まるにつれ、シベリア出兵自体に暗雲が漂いはじめた。広大なシベリア、酷寒のシベリアで軍を進めれば進めるほど戦線は拡大し、進軍した部隊は孤立する。そのような中でのパルチザンとの戦闘である。田所連隊長はのちに、みずからの著書で次のように述べている。「十二師団は上陸後わずかの間に、沿海、黒竜（アムール）両州を戡定《かんてい》したが、その戡定は実に表面だけのものだ。浮き草の中で舟をこぐのと同じで、ヘサキに抵抗するものはないが、舟の通ったあとは元の通り一面の浮き草、戡定によって草が枯れたわけではない」と（平松）。敵のパルチザンは、日本軍に追われながらも、数十数百の小部隊に分かれ、各地でゲリラ戦を展開した。シベリアは、余りにも広すぎた。そしてシベリアの冬は、零下三〇〜四〇度に達し、南国育ちの大分連隊の兵士たちを苦しめた。

「戦闘以上の苦痛」と兵力削減

大分連隊の敵は、パルチザン、シベリアの広さと寒さのほかにもあった。シベリアの衛生状態の悪さと感染症である。衛生状態については、「宿営地は湿潤にして衛生状態には最も寒心すべく、水は非常の欠乏を告げつつあるのみならず、水質悪しきを以て衛生状態は頗《すこぶ》る危険である」という。このような状態であるから、「悪性感冒等に冒され易いのはいうまでもない」。シベリア派遣軍は、「戦闘以上の苦痛」にさいなまれていると伝える（9.17大分）。なお、一一月二〇日付の『大分新聞』は、「極東三州（沿海州、アムール州、ザバイカル州）に於て守備に任じつつある我第十二師団及び第三師団の衛生状態は、寒威日毎に猛烈を加えつつあるに拘らず、極めて良好なるも又、過般来内地を襲える流行性感冒の伝染激しく、各地に流行しつつありて而も頗る悪性にして、病後肺炎を併発し、為に仆《たお》るる者多く」、「感冒の死者が戦死者より多い」（11.20大分）と伝えた。日本軍はさまざまな感染症に悩まされたが、この年に猛威を振るったスペインかぜは、シベリアでも大流行した（スペインかぜについては第四章）。

ところで、寺内内閣はシベリア出兵後に激化した米騒動で退陣し、原内閣に代わった。原内閣は成立後まもなく、出兵に一定の「枠」をはめはじめる。「枠」とは、バイカル湖より西には派兵しないことと派遣軍の兵員削減である。原は出兵前から、これに異論を唱え続けた政治家だった。それはアメリカの援助を頼んでのことだった。いっぽうアメリカは、大幅に超過する兵員を投入して、単独出兵さながらに振る舞う日本軍に不信を抱く。アメリカは、日本に対する経済制裁案も準備した。これに対し、原内閣は一二月二四日、兵力を二万六〇〇〇人に減らす（およそ三分の一に削減）ことを決定する（出兵当初は七万人を超えていた）。この兵力削減には、一一月一一日の休戦協定締結も影響したことは間違いない。少なくとも、シベリアにおける独墺軍の脅威はなくなったからである。大分連隊でも砲兵の撤兵がはじまり、翌年の二月までに予備・後備役が帰還した。大分連隊も、兵力の三分の一が削減された。

ユフタの悲劇とイワノフカ村の惨劇

一九一九年二月二一日、大分連隊第三大隊田中支隊は、アムール州増援部隊としてウラジオストクから貨車に乗って出発した。そして四日後の二五日、ユフタ駅に着いた。ここで、敵のパルチザンが近くのスコラムスコエ村にいるので攻撃せよ、との命令を受ける。そして翌二六日午前八時頃、スコラムスコエ村手前の雪原で敵兵約二〇〇〇人に遭遇、約二時間の戦闘のすえ、田中支隊は全滅した（田中支隊の小隊の犠牲者を合わせて約三〇〇人）。パルチザンは、シラカバがまばらにある程度の盆地で待ち伏せていた。現場には、身を隠す岩もない。田中支隊は、敵の銃火にさらされ、ほとんど反撃もできないまま全滅した。『大分新聞』は、「陸軍省発表、小倉電話」として、「ユタ《マ》カ《マ》付近の一大遭遇戦、敵は撃返せるも田中支隊全滅。隊長は行方不明、死傷者は二百名を算す」【写真9】と伝えた（1919. 3. 2 大分）。

田中支隊は動きが察知され待ち伏せされていたが、陸軍は新聞報道のように、「予期せぬ大遭遇戦」として発表した。しかも約六時間にわたって死闘をつづけたことにし、敵兵の数も実際より多く発表した。軍がつくりあげたこの「虚構」は、ユフタ唯一の生き残りである山崎千代五郎によって、その後語られることになる。帰還後、現佐伯市鶴見で静養していた千代五郎は、軍に担ぎ出され、その指導のもとユフタの実戦記『血染の雪』を出版。この本をもとに、「田中支隊は犬死にし

一大遭遇戦
敵は撃退せるも
▽田中支隊全滅
隊長は行方不明
死傷者二百名を算す
我軍の死傷者二百名を算し田中支隊長は行方不明、支隊殆ど全滅の姿にて

写真９　ユフタの悲劇。「田中支隊全滅」を伝える『大分新聞』（1919.3.2 大分）

た」「敵の罠にはめられた」などという「汚名」をぬぐい去るための講話を、全国で展開する。時には上半身裸になり、「あの時」の傷をみせながら語った。もちろん、軍の後ろ盾があっての活動であった。

陸軍はなぜ、このような「虚構」を作りあげ、山崎を「宣伝隊」にしなければならなかったのか？　それは第一に、シベリア出兵に対する国民の非難が予想以上に大きかったからである。出兵によって物価は上昇、米騒動が起きた。「出兵」という名の戦争も、さしたる大義もなく多大な兵員と戦費をつぎ込みながら、得るものが無かった。軍国主義を擁護した歴史家の伊藤正徳ですら、「シベリア出兵は我が国防史における暗黒のページである。駐兵四ヵ年、戦費九億円、軍司令官を代えうること三回、その間戦争目的を変更すること三回、領土は問題外であるが、勢力圏的にも殆《ほとん》ど得るところなく、而して忠勇なる将兵は、シベリアの荒野にいわゆる過激派なるものと戦い、しかも兵力不足、戦略不徹底のために、尼港《にこう》虐殺事件、田中大隊全滅、大川大隊全滅の惨事を惹起《じゃっき》し、外に我が野心を猜疑《さいぎ》され、内に国民の不満懐疑を累《か》さね、遂に一物を得ずして撤兵したる、悲しむべき大事件である」と酷評した。ふたつ目の理由は、軍内部にも浸透しはじめていた、反戦的な社会主義思想への警戒からであった。実際にシベリアへ「出兵」した兵士たちのなかには、「出兵」への懐疑と批判から、社会主義へ接近するものもあった。軍は兵士たちの「疑念」と思想的な動揺を何とか抑えねばならなかった（柴田）。

ユフタの悲劇からほぼひと月後の三月二二日、同じアムール州内のイワノフカ村の村民二九三人が日本軍に虐殺された。犠牲者のうち三六人は、小屋に押し込められて生きたまま焼き殺されたという。この事件に関しては、国立公文書館アジア歴史資料センター所蔵の資料の中に、日本側の『報告書』（『大正八年九月黒龍州イワノフカ村とタムホーフカ村紀行　佐藤熊男・澤野秀雄報告』）が残されている。それによれば、「イワノフカ村は黒龍州における過激派の本場として本年三月、わが第十二師団に掃討されたので、有名な村である」とある。「イワノフカ村の惨劇」は、大分連隊が所属した第一二師団による「ユフタの悲劇」の報復だったといわれる。実はユフタの悲劇の後、シベリアの日本軍は「村落焼棄」の方針を決定していた。日本軍によって焼き払われた村は、一〇ヵ村を超えるという。このうち、最大の惨劇がイワノフカ村のそれであった（広岩）。ユフタの戦死者がおよそ三〇〇人だったが、この村の犠牲者もおよそ三〇〇人である。これは、偶然だろうか。いずれにしても、これがシベリア出兵という侵略戦争の実態だった。

3　佐伯町のシベリア出兵と「戦地通信」

『佐伯新聞』には、佐伯町から予備・後備役としてシベリア出兵に動員された人々の氏名が掲載されている。新聞には「佐伯町〇〇者　去る〇日〇〇〇を受けたる者は佐伯町にては左の如し」と日時などが伏せてあるが、冒頭は「佐伯町応召者」であろう。応召者は佐伯町だけで、六九人に及んだ（8.11佐伯）。また、同日の『佐伯新聞』には、「識者に訴う」という社説が掲載されている（8.11佐伯）。長くなるが、次にあげる。

「識者に訴う」

世界動乱の為に我国の財界は異常の好影響を受け、正貨流入、事業の勃興と友に莫大なる富を致したる人々も本郡にも少なからず。然るに翻って中流以下の生活状態を見るに、労働賃金の昂騰せる為に余裕綽々《しゃくしゃく》たる職人及び労働者ありと雖《いえど》も、其の多数は物価騰貴に苦しめらる、事、甚だしきものあり。

今次の動員に応召したる兵士の家族には又憐むべき境遇にあるもの少しとせず。或は一家の柱石を失い、さらぬだに豊かならざる家計は之が為に忽ち支障を来し、家族挙《こぞ》って困惑し茫然自失にして、為すところを知らざる者も多からん。或は病床の老母を一人残して応召し、家に看護すべき人なき、聞くも気の毒なる家庭もあるならん。其他郡内〇〇〇名の忠勇なる応召兵士の家族には、他よりの援助を要する者少からざるべし。

大戦の影響は終に我国の出兵となり、出兵の結果はこゝに悲惨なる幾多の家族を産み出したるなり。（中略）殊に彼等をして困窮に陥らしめし同一原因たる戦争によりて、富を胤《か》（贏）ち得たる実業界の成功者は、其の利得の幾分を割きて彼等の家族を援助するは当然の事にして、（中略）佐伯婦人会にては、之が救済に着手せんとて既に一二の会員は徐《おもむろ》に計画を建てつゝあるように聞く。果たして真ならば其の挙や称すべく、吾輩は佐伯婦人の麗しき心情の流露が、一日も早く困窮者の上に及ばん事を切望して已《や》まざるなり。

ここには、第一次世界大戦と大戦景気と格差、そして今次のシベリア出兵が、複雑に絡み合っていて、戦争が下層社会に一層の負担を強いている状況がみてとれる。そしてその救済は、ここでは婦人会があげられているが、要するに兵士を送り出した地域社会が担うのである。

阿南卓の「戦地通信」

佐伯町からの応召者六九名の中に、佐伯新聞主幹（社主）の阿南卓《あなみたかし》の氏名もある。同日の紙面には、次のような「謹告」も掲載された。「小生儀、今次の動員にて七日歩兵〇〇〇聯隊特種砲隊に召集さるる事と相成候《あいなりそうろう》に就ては、社務一切の管理を畏友染矢実氏に懇嘱《こんしょく》致し候間、倍旧の御同情を以て御後援被成下度《なしくだされたく》、此段《このだん》切に願上げ候　八月五日　佐伯新聞社主幹阿南卓」と。「〇〇〇聯隊」は「七十二聯隊」、すなわち大分連隊である。阿南は一八八六年（明治一九）生まれ。単純計算すればこの時三二歳。したがって、後備役として召集されたものと思われる。

『佐伯新聞』には「戦地通信」として、「特砲隊匠川子」（第二信からは「特砲隊匠川」）というペンネーム（佐伯町を流れる番匠川からとったものであろう）で一九一八年九月一五日付の「第一信」「浦塩より」から、一二月二二日付の「第九信」「ハバロフスクより」まで、合計一二回に分けて掲載されている。「匠川子」が阿南自身であることは、その記事の内容から間違いない。つまり召集された阿南自身が、自らが主宰する『佐伯新聞』に、戦地リポートを送り続けたのである。この一連の連載を「戦地通信」と呼ぶ（第三信から「戦地通信」とある）。

「戦地通信」によれば、阿南を含む特砲隊は、八月二九日に大分駅を出発した。部隊を載せた列車は、別府、中津、福岡県に入って門司まで、住民の盛んな歓迎をうけた。三〇日の昼、大分連隊は台中丸（三二〇〇トン）に乗り門司港を出港。三一日午前十時、兵員一同甲板に集合し東方遙拝を行い、田所連隊長の発声で「天皇陛下万歳を三唱して天長節を祝した」。三一日はちょうど大正天皇の誕生日（天長節）であった。この夜、阿南の所属する砲兵隊は、後甲板に集まり軍歌を合唱して士気を鼓舞した。船室では酒を呑んで歓談する者、盆踊りを踊る者、書信を認める者など様々であった。九月一日午前、船は「浦塩湾口」を進んだ（9.15佐伯）。

ウラジオストクからスパスカヤへ

九月一日午後、連隊は上陸し、ウラジオストクの「営舎」に入った。ここはロシア軍の煉瓦《レンガ》造りの兵舎であるが、先日過激派（ボリシェヴィキ）に襲撃され、窓硝子《ガラス》は散々に破れていた。ここで「異国第一夜の夢を結」んだが、夜は寒く、外套《がいとう》に毛布一枚では「度々夢は破られる有様」であった。

その後連隊は、ウラジオストク北方にあるスパスカヤへ進駐した。ここではロシア砲兵旅団の煉瓦造りの兵舎に駐留した。周辺では、ロシア兵の歩哨《ほしょう》が、昼夜着剣して巡回していた。彼らは帝政期のツァーリ（皇帝）直属の兵士だという。街にはロシア人のほか中国人もいる（中国人を「チャンコロ」、ロシア人を「ロス（ロスケ）」という蔑称で表現している）。兵舎には異常に蝿が多いうえ、「毛唐《けとう》式便所」が穢くてやりきれない。そして多くの兵士は「インキン」に悩まされていた（9.22佐伯）。

三日午後六時、阿南の特種砲隊（兵員九八名、馬七頭）は前進命令を受けた。砲や弾薬、食糧などを停車場で貨車に積載し、兵員も乗って北進した。列車の揺れがひどいうえに日本の普通列車より遅い。車内では、兵士がパンやビスケット、ゆで卵などを盛んに食って、陽気に歌いはじめた。阿南は、未だ戦争に来ている気分にはなれなかった。ザラザラする板の上に座っていると、尻が痛くなる。横になると、全身が恐ろしく上下に揺れた。一時間程するうちに、寝入ってしまった。

ニコリスクに着いたのは、四日の朝の六時頃。大陸の明け空が旅情をそそる。ここに三時間停車した。背広を着て気取った朝鮮人が、パンや卵、タバコや林檎、ビスケットなどを売りに来る。またロシア人の年寄りや中年の女が、ミルクやゆで卵を売りに来る。値段は安い。瓶入りの牛乳やビールを買うのは良いが、空き瓶は返さないと傍で待っている。瓶類が不足しているようだ。ロシア独特のウオッカも売っている。ここで飯盒炊爨《はんごうすいさん》をして、朝食を済ませた。

その後は数十里の平原を、車窓から蕎麦や女郎花《おみなえし》、薊《あざみ》や野菊の花などを眺めながらひた走りに走った。いくつかの駅に停車しながら、四日午後三時過ぎに、再びスパスカヤに帰ってきた。直ちに下車して兵舎に入った。なお部隊は、明後日（一一日）午後に当地を出て、ハバロフスクに向かう予定である（9.29 佐伯）。

ハバロフスクからゼーヤーへ

部隊は、一一日にスパスカヤを出た。一三日朝にハバロフスクに到着したが、過激派軍はすでに撤退してもぬけの殻だった。部隊は、激烈な要塞戦も予測された東露の大都市ハバロフスクに楽々と乗り込んだ。過激派軍は、遠くアレキセーフスカヤ、ブラゴベシチェンスク方面に遁走したという。阿南は「戦争は畢竟《ひっきょう》、人生に於ける一の大仕掛なる遊戯の様に見える」と認めた。

その後、部隊は過激派軍を追撃するため、西へ西へとばく進した。「逃げた方は無論命懸けであろうが、追う方とても同様である」。しかし敵地の懐に深く侵入することは、「追撃軍の全滅」も想定される「命懸けの仕事であった」。阿南は、「総ての物件を浪費すること、別言すれば真剣の暴行——、夫《そ》れが戦争である」。そして「それが人間の仮面の中に潜む欲求、人間の臭骸《しゅうがい》の中に匿《かく》されてある本能の暴露であるのじゃァ無かろうか」（10.3佐伯）と思った。敵地に「深入する冒険」がもたらす部隊「全滅」の予感。それは「ユフタの悲劇」として、翌年に現実のものとなる。

部隊はさらに、ハバロフスクとチタの半ば付近にあるゼーヤー（ゼヤ）まで西進する。阿南は、連隊のあるゼーヤーの位置を地図で確認した。ゼーヤーは「大陸的夜冷が深々と皮膚に迫る処である」。北極星は「殆《ほと》ど真上に望まれる」。地図によればここは「北緯五十三度余り、則ち樺太島の北部、カムチャツカ州の南部と同じ緯度」で、「白々しい北方西伯利亜の大陸が、夥《おびただ》しい広さを以て図面の上部を占領して居る。所謂《いわゆる》ロシヤは北国果て知らずなのである」。

阿南はこの頃、体調不良のため本隊に遅れてゼーヤーに到着した。部隊は、わずかながらここに滞在した。ゼーヤーは、阿南にとって思い出深い街となった。メリケン粉の団子にジャガイモの餡《あん》を包んで食った嬉しさは忘れられない。郷里佐伯出身の安藤軍曹、大石上等兵と酒を酌み交わしながら語らったのもここである。二〇銭の湯銭を払って「支那湯」にも通った。「帝国殖民の先覚者たる例の醜業婦共（「北のからゆきさん」―筆者）を散見して不快を感じたのも、皆此のゼーヤーの想い出」であった（11.10佐伯）。

「敵地に突座せざるを得ず」

阿南は、スパスカヤを出た頃から「腸をいためて意外の困難を余儀なくされた」。部隊の兵士の中には「浦塩以来、腸を悪くした者は可なり多数」いた。九月一六日の朝、ゼーヤーを出てアルハラまで進んだ。ここで鉄橋が破壊されていて列車は立ち往生した。復旧には数日かかるので、徒歩で夜間行軍することになった。不運なことに夜になって雨が降りはじめた。部隊は「曳きづられて行く牛の様に冷たい闇の中を死に物狂いで遮二無二急進した」。雨はさらに強くなり、荷物が濡れて「五割の重さを加え」、冷たい雨は軍服の下にしみこんできた。乗馬で先頭にたつ大隊長は、兵士の疲労に構わず前進する。「急進又猛進、休息なしの強行軍が」さらに続いた。ついに「私は空腹を感じ、眩暈《げんうん》を覚え、右脚の痺《しび》れと左脚の痙攣《けいれん》とに悩まされ、続いて猛烈なる腹痛に襲われて、遂に東西も知れず黒白も別《わか》らぬ敵地の唯中に突坐《つきすわ》らざるを得なかった」(11.17佐伯)。

そのまま放置されても仕方なかった。しかし中隊長は弁当を分けてくれた上、付き添いとして吉弘上等兵を残してくれた。そして明日までに部隊に追い付けば良い、充分休養しながらくればよい、といってくれた。雨の中で弁当の冷たい飯を食い、少し気力が回復したので歩きはじめた。しかし、茫漠たる原野には水がたまっていて、露営できるような場所は全くない。「私は既《も》う自暴《やけ》くそになった」。

九月一七日、東天が白む頃、腸がえぐられるような痛みで目が覚めた。雨の中、背嚢《はいのう》を枕に上等兵と背中あわせになって、携帯テントを被って震えながら、一時間半ほど熟睡した。そこは線路沿いの、小高い土手の斜面だった。腕時計をみると、数字がぼんやりと見えた。四時過ぎであった(11.24佐伯)。

阿南は急に大便を催したので、起きて五、六歩草を分けて歩くと、ベルトを外す間もなく洩らした。辛い思いをして用を足し、汚れた所をみると、粘液性の糞便に血が混じっていた。阿南は赤痢に感染していた。こうなったら「赤痢も虎列刺《コレラ》も実際眼中にない」、命はどうでもよいと思った。

寒さにも耐えきれず、再びテントを被《かぶ》って寝た。少しまどろんだかと思うと、上等兵の声に呼び覚まされた。彼は幸運にも通りがかった、第四七連隊（小倉一二師団所属の兄弟連隊）の輸送小隊を呼び止め、阿南を馬車に乗せてくれるよう交渉をしていた。小隊の好意で、阿南は車上の人となった。吉弘上等兵は、阿南の荷物を車まで運んでくれた。「子供の様な顔をした彼に」心から感謝した。阿南は車上で空腹を訴え、飯盒《はんごう》の冷や飯を食べた。馬車が揺れるたびに、すくった飯がフォークからこぼれた。その後、煙草を吸おうと雑嚢《ざつのう》を引き寄せた。しかし、取り出した煙草《たばこ》もマッチも雨に濡れ、滅茶滅茶になっていた（12.1 佐伯）。

何時間か馬車にゆられ、四七連隊の露営地にたどり着いた。そこにいるはずの阿南の部隊はすでに出発したというので、ヌルヌルする道をよろよろとたどった。午後二時頃になって、近くの小部落でやっと砲兵隊に合流できた。阿南を含む砲兵隊は、「土人（現地民）の納屋」に、震えながら一夜を明かした。

この時の経験から阿南は、これまで私は「一五～一六歳の少年の一隊を編成し、前線の部隊の伝令や通信事務、負傷兵の救護に従事させれば」少年たちも満足であろうし、随分勇敢なことだ思っていた。「しかしこの考えを訂正しなければならない。それは、戦争というものは、決して楽なものではなく酷いものだったからである。心身の未発達な少年を（戦場で）酷使することはできない。物好きに、か弱い純潔な少年らを軍人化するのは考え物だと思った」（12.8 佐伯）。阿南にとって、これが初めての従軍経験だった。それは実に、平素の考え一変させる過酷な体験であった。

ハバロフスクの野戦病院にて

罹患した阿南は、「出征以来敵を追うこと約八百里、而《しか》も遂に対戦の機会を得ず、徒《いたずら》に心身を労して」一〇月中旬、すごすごとハバロフスクまで退陣した。特種砲隊も撤退し、ここで「冬営」することになった。ところが、ハバロフスクでは「悪性の流行感冒」が大流行していた。この感冒は、猛威を振っていた「スペインかぜ」である。ここでは「去月来の寒気に流行感冒に悩まさるる者頗《すこぶ》る多く」、砲隊長以下総員八八名の特種砲隊で、一時は六〇余名の「就寝者」を出し、現在悪性感冒で野戦病院に入院中の者一四名、肺炎を併発して死亡した者一名という状況だった。何と特種砲隊では、兵員の一七パーセントが入院（死者一名）していた。まさに「怖るべき事態」であった。特種砲隊で特に入院者の割合が高かったのは「久しき間の戦闘行軍に、無理を押して過労したに主因するものと見るべきである」と阿南は分析する。そして、この間を次のように振り返った（12.15佐伯）。

戦闘の華々しさに較《くら》べて大分連隊の特砲隊は、不運にも常に縁の下で無駄骨を折って居たのだ。已耳《のみ》ならず、今度のような息を吐《つ》く暇もない最急行の追撃任務に服した第一戦部隊の辛苦は、強行軍の困難や睡眠不足の苦労の外に食糧欠乏の苦痛を嘗《な》めねばならなかったのだ。我が砲隊は甲（白米）乙（乾麺包）二日分の携帯口糧を食い尽し、二日間岩塩を噛み、一日は絶食で行軍を続けた事さえあった。村の民家から徴発して分配した一片《ひときれ》ずつの酸ぱい黒麺麭《くろパン》に有り付いた時の嬉しさは、全く涙の出る位であった。靴は破れる、股擦《またずれ》れには悩む、一寸《ちょっと》列外に出て小便をすれば、一二町（一〇〇～二〇〇メートル余──筆者）は早駆けをして追付かねばならぬ。夜の九時十時にやっと夕食をとる事も稀《まれ》ではなく、或時は天幕《テント》のばたばたとはためく曠野の露営に、辛辣《しんらつ》な西伯利亜の夜風を浴びつつ微睡《まどろ》んだ夜もあった。穢《きたな》い天井の低い、煙の籠《こ》めた支那人の家に、夜びッ《ママ》て南京虫につつかれながら、東の白むのを待ちあぐんだのも三晩や四晩のことではなかった。出征の思いでの九分九厘は、要するに苦痛の実感である。（十一月二日）

これは阿南の偽らざる心境も含めて、大分連隊の行軍の実態を伝えるものである。しかし「無駄骨を折って居た」「第一戦部隊の辛苦」「食糧欠乏の苦痛」「一日は絶食で行軍を続けた」「出征の思いでの九分九厘は、要するに苦痛の実感」などの語は、阿南の心境を超えて、出兵に対する批判とも受け取れる。すなわち、兵士の生命を重んじない日本軍の実態の暴露でもあった。また「村の民家から徴発して分配した一片ずつの酸ぱい黒麵麭（ライ麦パン──筆者）」も、村の民家が日本軍のために用意していた黒パンではない。日本軍は「徴発」というが、村びとにとっては「掠奪」に等しかった（それは代価を払ったとしても）。『郷土部隊奮戦史』にも「九月二十日にはアレキセーフスク付近で余りの急追後方輸送がとだえ、完全に孤立、鉄橋は破壊され進退きわまった。『糧ヲ敵ニ求ムル』という帝国陸軍の基本方針もシベリアの大広野では通用せず、わずかに現地徴発のすっぱい黒パンと水で三日間の露命をつないでいるところを、兄弟連隊の四十七が敵から押収した米を届けやっと危機を脱するという苦境にも立った」とあり、阿南の記述と一致する。それにしても「糧ヲ敵ニ求ムル」帝国陸軍の方針とは、要するにはじめから兵士への安定的な食糧の補給を無視していたことに他ならない。そのため「現地徴発」という名の「掠奪」が横行した。

政府は、シベリア出兵に関する軍事情報の新聞への掲載を制限していた。従って、阿南のような戦地の実態を伝える「戦地通信」は通常掲載されない。『佐伯新聞』という限定された地域の新聞であったから、制約の網をかいくぐり、戦地の実態が伝えられたのかもしれない。もちろん佐伯新聞社の主幹自身が召集され、従軍したという偶然も重なってはいるが。

出征兵士の凱旋

出兵当時七万人を超えた日本軍は、原内閣の方針によって兵員を削減された。一九一八年一〇月末、第三師団および第一二師団の輜重《しちょう》兵、山砲兵、重砲兵の多くが内地に帰還することになった。『大阪朝日』には、「凱旋、一段落となる。二十八日早朝門司入港の御用船明光丸、寧静丸、セイソン丸にて第十二師団第二兵站輸送縦列〇〇余名、馬匹〇〇余頭、門司に凱旋し、午後三時上陸を終了」「之にて今回予定されたる帰還兵全部の凱旋を終り、一段落を告げたり」(11.29大朝)とあり、一一月末に輜重兵(兵站部門)が小倉に帰還している。さらに一二月末には、「其他の不急の軍隊の一部並に予、後備役者の召集解除を行った」(菅原)。第一二師団では、予備・後備役として召集された兵員(師団全体の約三分の一の兵力)が削減された(平松)。

この兵員削減の理由について、『西伯利出兵史要』には「当時我国内に於ては、同年度の所謂米騒動から逐次労資争議の傾向を招来すると共に、西伯利の出兵が動《やや》もすれば政争の具に利用せられんとし、出兵の為郷閭《きょうりょ》の労働力剥奪せられたりと称して国家に対する犠牲の不平等を叫ぶの声を聞くに至った事も確かに其一因」とある。シベリア出兵が、米騒動や労働争議を招来したこと、地方の労働力を犠牲に行われた出兵に対する国民の不満があることを、政府や軍関係者は知っていた。

兵員削減には、もうひとつ理由があった。陸軍参謀本部は、シベリア出兵が実施されると間もなく、派遣軍の兵士がどれくらい「危険思想」（社会主義や共産主義、また反戦思想）に感染しているかの実態調査を行っている。一一月二日、原首相はその報告を受けている。報告は、現役兵にくらべ予備・後備役が「危険思想」に染まりやすいので、これらの動員解除を早急に実施した方がよいと進言している。いずれにしろ、家族や仕事がある予備・後備役の兵士は、戦争に動員される事への反発が強く、ために「危険思想」に感染しやすいと考えられた。この頃、シベリアを占領する勢いの日本に対するアメリカ政府の抗議も強くなっていた。そのため、原首相にとって兵員削減の進言は渡りに船だった。「戦地通信」を送り続けた阿南卓も後備役であったため、一九一八年末から翌年二月までには、佐伯町に帰還したとみられる。

ユフタの戦死者

ところで、さきのユフタの悲劇の戦死者（約三〇〇名）の中には、南海部郡（現佐伯市）から出征した兵士三六名があった。町村別に挙げると鶴岡村五名、八幡村二名、下堅田村一名、東上浦村三名、明治村一名、上野村一名、切畑村二名、因尾村三名、西中浦村三名、東中浦村五名、米水津村四名、上入津村一名、下入津村一名、蒲江町一名、名護屋村一名、大野郡重岡村一名、同小野市村一名である。大野郡（現在は佐伯市）の二名を含んでいるが、わずか一郡の戦死者としては、あまりに大きな犠牲であった。

一九一九年五月一三日、第一二師団に内地帰還令が下った。大分連隊は七月三日に大分に帰還し、八月五日春日浦の蓬莱《ほうらい》公園（現大分市春日神社境内）で、シベリア出兵の第一二師団戦病死者三九四名の臨時招魂祭が、上原勇作参謀総長ほか軍幹部、それに田中勝輔中佐未亡人ら遺族参列のもとに挙行された。なお、この時の犠牲者を含めた大分連隊の戦病死者を祀っているのが、大分市桜ヶ丘聖地（大分市駄原）の旧陸軍墓地である。

シベリア出兵からおよそ一〇年後、国際法学者信夫淳平は、シベリア出兵を次のように評価した。こうした多大な犠牲と戦費を支払って得たものは、ただ「瀆武《とくぶ》の汚名と露人の反感のみである。我国は列強と共々に兵を西比利亜に派駐せしめながら、結局は我国独り露国民の反感を深く買うの愚に陥った」と記し、シベリア戦争を「無名の師（大義名分のない戦争）」であり、「わが覇道主義の最も露骨なる表現であった」（『大正外交十五年史』）と。シベリア出兵は、戦争の勝敗すらも明らかにされることなく、国民の目から隠されるようにして終わった。その反面、ユフタの悲劇や尼港事件（ニコラエフスク事件は、一九二〇年、アムール川河口のニコラエフスクで発生した、パルチザンによる日本人住民虐殺事件。ただし、日本人以外の住民もいた）のような日本人が被害者になった惨害の記憶によって、反ソ・反共意識を持続させることになった（山室、二〇一一年）。

第四章

スペインかぜ

1　スペインかぜとは

スペインかぜ

二〇一九年（令和元）年に発生した、新型コロナウイルス感染症は、瞬く間に世界に広まった。それから三年、わが国の陽性者の累積は三〇〇〇万人を超え、死者は七四〇〇〇人を上回った（厚生労働省、二〇二三年四月二〇日）。そしてこの病気も二〇二三年（令和五）五月には、インフルエンザなどと同等の感染症「五類」に分類されるようになった。流行から三年以上が経過して、社会活動もやっと正常になってきた。マスク着用についても、たとえば学校現場では四月から「原則不要」となった。しかし、新型コロナ感染症は、社会に深刻な影響をもたらした。

今からおよそ一〇〇年前、一九一八年からはじまった、スペインかぜの大流行も深刻なパンデミックであった。しかし、その事実を知る日本人は少ない。第一、スペインかぜは世界史の教科書にも、日本史の教科書にも、これまでほとんど取り上げられることはなかった。ところが、スペインかぜで死んだ日本人は、一九一八年から約三年間で四五万人前後。世界全体の死者は、五〇〇〇〜

六〇〇〇万人といわれる（七五〇〇〇万人説、さらに一億人説もある）。歴史上、最も短期間に最も多くのヒトが死んだのは、このインフルエンザの病毒によるものである。時間で区切った死者の数は、二度の世界戦争をも上まわる。

このスペインかぜの戦争をも凌ぐ「猛烈性」については、当時の新聞にも驚きをもって書かれている。一九一八年一二月二五日付の『新愛知新聞』は、『ロンドンタイムス』の記事を引用して、「全世界に死者六百万人　欧州大戦死者の五倍　猛威を振るった流行性感冒――倫敦《ロンドン》タイムス医事記者は曰く、過去十二週間にインフルエンザ及び肺炎にて死亡したる者約六百万人に達したりと信ずべき充分の理由あり。四ヶ年三ヶ月に渉る戦争中に生じたる死者の数は概算二千万人なるが、今回の流行病は戦争よりも五倍の猛烈性を有す。即ちインフルエンザの伝染率を以てすれば戦時と同期間内には一億八千万人の死者を生ずるに至るべし。黒死病《ペスト》流行以来全世界に渉りて、今回の如き多数の死者を出したる流行病を見たる事なく、公衆衛生に対する新調査の必要なる事を有力に指示したる事、今回の如きはなし」（12.25新愛）と伝えた。

なお、「スペインかぜ」の正式名称は「スパニッシュ・インフルエンザ」である。大流行当時も、この名称が使用されていた。しかし本書では馴染みのある「スペインかぜ」という呼称を使用する。この呼称は、スペインでのインフルエンザ流行がヨーロッパで大々的に報じられた事に由来する。しかし、スペインがインフルエンザの発生地ではない（発生地はアメリカ）。当時ヨーロッパは、第一次世界大戦の渦中にあった。同盟国側（独墺ほか）と連合国側（英仏ほか）に分かれ、熾烈な戦いを強いられていた。各国ともインフルエンザが流行していたが、その情報は戦力や国力に関わる機密情報とされた。そのため、感染者数や死亡者数は公表されなかった。ところがスペインは中立国であったため、情報を公開していた。スペイン王室に関する悲惨な報道もあって、「スペインかぜ」という名称になった。なお、スペインかぜの「かぜ」は病名ではなく、インフルエンザウイルスによって引き起こされるさまざまな疾患の総称である。スペインかぜでは、肺炎や気管支炎を併発して死亡する患者が多かった。

スペインかぜの発生と感染の拡大

最初の患者発生の記録は、一九一八年三月四日のアメリカ・カンザス州ファンストン基地の病院で、多数の兵士が発熱・頭痛を訴えたというものである。一九一四年にはじまった第一次世界大戦で、はじめアメリカは介入に消極的だった。しかしドイツの潜水艦Uボートによる船舶の無制限攻撃により、アメリカ艦船にも被害が及び少なからぬ犠牲者がでた。すると国民の世論にも押され、一九一七年四月、ウィルソン大統領はドイツに宣戦布告した。七月以降、アメリカ兵は続々と大西洋を渡り、フランスの港に上陸した。アメリカ国内では、緊急の動員令で兵員が平時の一〇倍にふくれあがった。アメリカ各地の基地では、徴兵された兵士で満ちあふれた。そうした中でのインフルエンザ患者の発生であった。ファンストン基地では、春のうちに四八名が死亡した。ただこの段階では、あまり注目されず報道もなかった。しかし三月から四月にかけて、ほかのアメリカ軍基地にも感染は広がっていた。短時間のうちに四八人もの死者が出たにもかかわらず、戦争で興奮状態であったアメリカでは、このときは大きな問題にはならなかった。しかしこの頃、大西洋を渡るアメリカ兵は、大量のウイルスをヨーロッパに運んでいた。

ヨーロッパに送られるアメリカ兵の惨状は、今次の新型コロナウイルス感染症禍のクルーズ船内のそれと酷似していた。アメリカ兵たちは密室の中で、感染から逃れる術を持たなかった。第一次世界大戦最後の二ヶ月間に、アメリカからヨーロッパに向かう途中でなくなった兵士の数は四〇〇〇人を下らないという（上陸後の死亡も含む）。遺体は「海葬」（海洋投棄）されることもあったという。結局、第一次世界大戦で戦死したアメリカ兵は五万二八〇人、スペインかぜを含む病死者は、五万七五六〇人という。病死者の多さが、第一次世界大戦の終結を早めたともいわれる。

日本への上陸

日本国内でインフルエンザの集団感染がはじめてみられるのは、一九一八年五月初旬の横須賀軍港である。軍艦「周防《すおう》」の乗組員にインフルエンザと思われる患者一五〇人（内務省衛生局編『流行性感冒』では二五〇人としている）が出ている。このインフルエンザは他の軍艦の兵員へ、さらには一般市民にも広がった。五月中旬には、神奈川県保土ヶ谷の富士瓦斯《ガス》紡績工場でも集団感染が起きている。東京では「角力風邪《すもう》」が話題になった。多数の力士がインフルエンザに感染し、発熱で出場できなかったのである。そのため、「角力風邪」の名前がついた。

六月から七月になると、全国各地の連隊で多くの患者が発生している。『福岡日日新聞』六月一九日付には、「軍隊病」と題して、第一二師団（小倉）久留米連隊区軍医部長の談話を掲載している。それによれば、近衛師団（東京）一五〇〇名、第一師団（東京）一三〇〇名、第二師団（仙台）八六〇名、第九師団（金沢）六七〇名、第一七師団（岡山）一五〇名が感染しているという。また第一二師団関係では、一四連隊（小倉）で二二五名が感染したがすでに終息した。その他の連隊にも、まだ百余名が病中にあるという。談話の最後には、「系統は不明である」とある（6.19福日）。統計によれば、陸軍病院の患者数は、六月から七月は例年の二倍になったという。同様の傾向は、海軍でもみられた。

本格的な流行

流行当初、死者は比較的少なかった。ところが一九一八年の八月後半頃から、死者が激増する。これは世界をほぼ一周したインフルエンザウイルスが変異し、強毒性を得たからだと考えられる。変異したウイルスは、日本へはいつ上陸したのか。『流行性感冒』（以下、『感冒』と略記）は、詳細な統計を含むスペインかぜに関する内務省衛生局の報告書がある（当時、衛生・医療、警察をつかさどったのは内務省）。それには「本邦においては、西欧の流行におくれること三、四箇月。大正七年の八月下旬より九月上旬に至り、はじめて蔓延の兆しを呈し、たちまち急激なる勢いを以て全国に蔓延」とある。八月下旬から九月上旬を、流行の本格的なはじまりであった。

海外からの侵入経路に関しては、「大正七年五月上旬、南方方面より横須賀に入港した一隻の軍艦二五〇名の同病患者を発し、次いで九月二日、北米から入港した一隻の船舶に同病患者があって、これらの船から陸上に伝播したと認めるべき事実」があるという。この五月と九月の流行の関係については、『感冒』は何も述べてはいない。しかし五月の流行が九月の流行の先駆であるという可能性も指摘している。現在は、五月の流行が世界的第一波の流行で、変異して強毒性を得たウイルスが、八月から九月以降に再上陸したと考えられている。『感冒』の統計は、一九一八年八月以降のものである。

感染の広がる状況をみると、「最も早く発生したのは、神奈川・静岡・福井・富山・茨城・福島の各県で、これと前後して埼玉・山梨・奈良・島根・徳島等の諸県に広がり、九州においては九月下旬から一〇月上旬に熊本・大分・長崎・宮崎・福岡・佐賀の各県に広がった」という。二回目の流行では、大正「八年一〇月下旬、寒くなりはじめた頃に神奈川・三重・岐阜・佐賀・熊本・愛媛などに流行再燃の情報があった」という。神奈川を除けば、中部・九州・四国などから流行が再燃していることが分かる。三回目は、「本流行は大正九年八月上旬に福岡・高知にはじまり、下旬になると兵庫に発生しひろがった」と、この時も九州・四国が比較的早かった。

最初の流行で患者数が最も多いのは、やはり東京府で、その数は一四二万人を超えている。患者数では愛知県、兵庫県が東京府につづく。死者数は東京府ではなく、兵庫県が第一位で一万四七三〇人となっている。その他は、東京府・大阪府・埼玉県とつづくが、それぞれ一万人を超えている。人口にしめる患者数では埼玉県が第一位で、何と全県民の六割近くが発症している。死亡率（人口にしめる死者の割合）では、香川県が最も高く〇・八パーセントで、埼玉県（〇・七二パーセント）、島根県（〇・六八パーセント）とつづくが、島根の隣県鳥取県もほぼ同率である。致死率（患者数にしめる死者の割合）では、石川県が最も高く二・七四パーセントで、大阪府（二・三八パーセント）、三重県（二・一一パーセント）となっている。ここでは、関西の府県が上位をしめている。

東京「到る所猖獗を極む」

一〇月二四日付『東京朝日』は、「風邪《ふうじゃ》の為に休校　伝染力の盛んな感冒」で、「最近東京付近を襲った感冒は益々流行を極め学校生徒とが之に冒されて休校する者頗る多く、何処へ行っても数名乃至数十名の欠勤者を見ないこととてはない有様」といい、「青山師範は全校の三分の一、女子師範は二分の一の患者、小学校も続々授業を休む」と伝えている。同じ記事の中には、某校医の談話として「所謂《いわゆる》インフルエンザの一種でもとより生命に関する程のものでない」(10.24東朝）とあって、一〇月下旬になってもスペインかぜは、楽観視されていた。

『読売』は、「世界的感冒、到る処猖獗《しょうけつ》を極む」【写真10】として、「学校を襲い、寄宿舎を襲い、工場を襲い、家庭を襲い、今や東京市中を始め各府県に亘りて大猖獗を極めつつある悪性感冒は、単に日本のみならず実に世界的に蔓延しつつある大々的流行病にして、其の病勢の猛烈なる実に未だ曾《かつ》て見ざる所なり」。外務省、海軍省、内務省等に集まれる海外の状況をれば、その被害は深刻である。さらに、内務省衛生局長が「海外の報告に拠れば、南亜連邦、北米其他の地方に於てスパニッシュ・インフルエンザと称する悪性感冒の為め惨禍を蒙りつつある地方少なからず」（10.25読売）と述べたことを紹介している。一般に「世界風邪」という表記が多いが、ここでは「スパニッシュ・インフルエンザ」という正式名称を用いている。

そして一〇月末には、「東京市の感冒患者四十万に達す」、「全人口の五分の一、驚くべき小学校の蔓延率」として、「東京市内の流行性感冒は益々猖獗を極め、該病患者は逐次増加して今や四十万人を算するに至ったが、殊に幼稚園及び小学校」の蔓延率が高いため、「区の衛生課は大々的消毒を行う事となった」（10.31 新愛）という。

大阪 「全市小学校閉鎖」

大阪や兵庫など、関西地方においても事態は同様だった。『時事新報』は、「感冒は猛烈、関西方面に死者多し」として、「兵庫県下に於ける流行性感冒に付き、（一〇月）二十八日現在、県下全体を通じて患者数一万一千四百十八名の多数に上り、内死亡五十一名を出せり。尚神戸市のみの患者数は、九千六百二十五名、内死亡五十四名にて、中学生徒最も多く約半数以上に達せり。次は各種の工場にて鐘紡兵庫工場は九百余名、川崎造船所七百余名の患者あり」（10.29 時事）という（「兵庫県下」と「神戸市」の患者数と死亡者数は、別個の数値と思われる）。

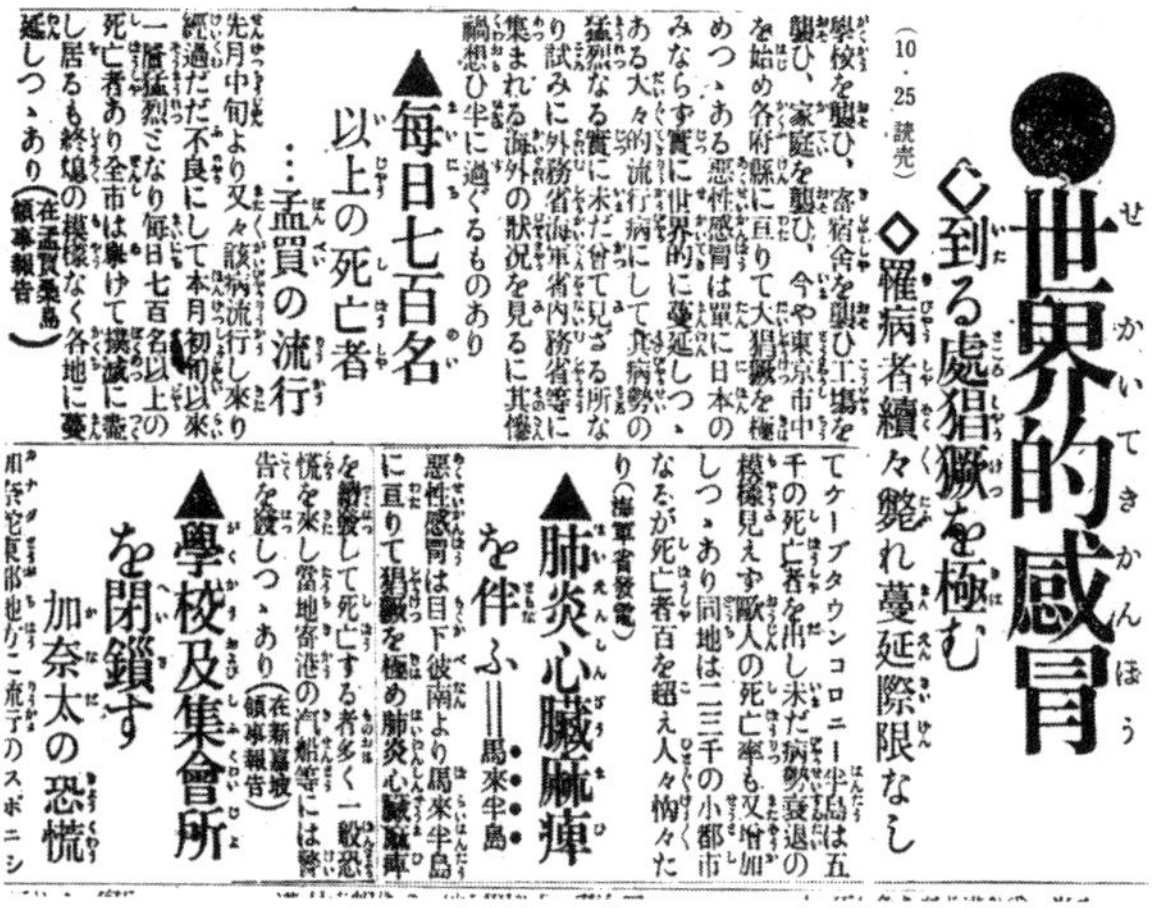
●世界的感冒《せかいてきかんぼう》
◇到る處猖獗を極む
◇罹病者續々斃れ蔓延際限なし
（10・25 讀売）
學校を襲ひ、寄宿舎を襲ひ工場を襲ひ、家庭を襲ひ、今や東京市中を始め各府縣に亘りて大猖獗を極めつゝある惡性感冒は單に日本のみならず實に世界的に蔓延しつゝある大々的流行病にして其病勢の猛烈なる實に未だ曾て見ざる所なり試みに外務省海軍省内務省等に集まれる海外の狀況を見るに其慘禍想ひ半に過ぐるものあり
▲毎日七百名以上の死亡者…孟買の流行
先月中旬より又々該病流行し來り經過甚だ不良にして本月初旬以來一層猛烈となり毎日七百名以上の死亡者あり全市は擧げて撲滅に盡し居るも終熄の模様なく各地に蔓延しつゝあり（在孟買桑島領事報告）
てケープタウンコロニー半島は五千の死亡者を出し未だ病勢衰退の模様見えず歐人の死亡率も又増加しつゝあり同地は二三千の小都市なるが死亡者百を超え人々恟々たり（海軍省發電）
▲肺炎心臟痲痺を伴ふ…馬來半島
惡性感冒は目下彼南より馬來半島に亘りて猖獗を極め肺炎心臟痲痺を續發して死亡する者多く一般恐慌を來し當地寄港の汽船等には警告を發しつゝあり（在新嘉坡領事報告）
▲學校及集會所を閉鎖す 加奈太の恐慌

写真10　世界的感冒。スペインかぜは、到る所で猖獗を極めた（10.25 読売）

大阪では一一月に入って、市内全部の小学校が閉鎖された。『東京日日』は、「大阪では全市小学閉鎖を断行す」「幼稚園も補習学校も、死亡者倍加の大恐慌、本庄助教授死亡す」として、「流行性感冒に感染して余病を併発し死亡する者日に増加し、両三日来大阪全市の死亡数倍加するに至り、

尚蔓延の兆あり。危険極まりなきより」、市では「愈々《いよいよ》四日より大阪全市小学校、幼稚園、裁縫補習学校閉鎖を断行するに決する事となれり。因みに大阪医科大学精神科次席助教授本庄弥氏は三十日より流行性感冒に冒され、三十一日大学病院に入院、加療中肺炎併発、四日午前六時死去せり」（11.5東日）と伝えた。

「鳥羽大暴動」とワクチン騒動

三重県志摩郡鳥羽町では、「風邪薬の暴騰」がきっかけとなって暴動が起きている。一一月七日午後六時頃、帝国造船所（鈴木商店経営）職工をはじめ群衆約二百名が暴徒化し、鳥羽町の商店を次々に襲いガラス戸などを破壊した。鳥羽警察署は山田警察署の応援を得て、午後七時半頃に漸く鎮撫した。原因は鳥羽町の物価が他地方にくらべ高いため、物価値下げの示威運動であったという（11.9国民）。ところが『神戸又新』によれば、原因は同町の矢織商店が、定価二〇銭の風邪薬を三五銭につり揚げて販売したことが原因だとしている（11.9又新）。風邪薬といえば、スペインかぜが絡んでいることは、時期からして間違いないだろう。また三重県といえば、米騒動が全国の中でも特に激化した府県のひとつでもあった。するとこの「鳥羽大暴動」は、物価高騰、米騒動、スペインかぜ、さらには労働問題が、微妙に絡まり合い起きた事件として注目される。この年は、様々な要因が重なりあって、人々の生活を脅かしていた。

風邪薬といえば、「感冒ワクシン《ママ》」をめぐる騒動も起きている。『東京朝日』は、「昨今全国に猛威を逞《たくま》しうしつつある流行性感冒の治療及び予防剤として星製薬会社より発売に係る注射液『感冒ワクシン』は、警視庁にて検鏡《けんきょう》の結果、多数の有害菌を含有する事が発見され、人体に有害なるものと認め、去る十二日同注射液の製造並に頒布方を差控えるべき旨内達せり。尚、内務省に於ても警視庁の報告に基き、衛生試験所に命じて同剤の検鏡中なるが、近く各府県に向け、同剤の使用禁止を諭達《ゆたつ》すべしと」と報じている。このワクチンは、すでに内務省の認可を受けて発売された物であった。ところがこのワクチンを使用した多数の患者が副作用を起こし、そのひとりから警視庁に告発があって問題が発覚した。会社は、「あのワクシンは一昨年から発売し、最近では市内（東京市内―筆者）に一万、地方に二万位だしました。学校其他に寄贈したりした事が一部の反感を買ったのでしょう。在品は大部分回収しました」（11.15東朝）と、少々無責任なコメントをしている。

このワクチンは、「感冒用の混合ワクシン」だという。何と「杜撰な話」だと片づけるのは簡単である。しかし私たちは、今回の新型コロナウイルス感染症のパンデミックにおいて、ワクチンが如何に重要な役割を果たしたかを目の当たりにした。また、そのワクチン開発が如何に難しいかも知らされた。その上でこの一〇〇年前のワクチン騒動をみるとき、医学や科学、それに社会制度が格段に進歩したことも知らされる。

2　大分県の場合

高い致死率

東京と大阪などの状況を僅かにみてきた。次にパンデミック下の社会の現実を大分県を事例としてみていきたい。ここで主に利用する資料は、『大分新聞』である。大分県を例にするのは、ここが特別だからではない。大分県で起きた事態は、どこの府県でもほぼ同様であったと考えられる。

ただ大分県の場合、死亡率（死者数／人口）は〇・六三パーセントと全国平均（〇・四五パーセント）をおおきく上回り、第七位。致死率（死者数／患者数）は、さらに高率となって一・八六パーセントとなる（全国平均〇・二一パーセント）。この数値は、石川県（二・七四パーセント）・大阪府（二・三八パーセント）・三重県（二・一二パーセント）に次いで、全国四番目の高率である。つまり大分県の特徴は致死率が高く、少なくとも九州では最高である。

大分県で致死率が高い理由は、どこにあるのだろうか。第一に大分県は、他府県に比べて、比較的早い段階で感染が広がっている事があげられる。東京都健康安全研究センターの「日本におけるスペインかぜの精密分析」には、「一九一八年一〇月に大分県で七五六人という死者を記録した後、急速に各県で死亡者が増加し一一月にはほとんどの府県で死亡者が五〇〇名を超えた」とある。つまり流行初期の一〇月段階では、大分県の死亡者数が最も多かったのである。本格的な流行がはじまった当初、この流行性感冒も従来のものと同じだと考えられていた。医師たちも「症状は先ずインフルエンザとしても軽い方で」(11.19大分)という、甘い見通しをもっていた。これまでのインフルエンザと同様の認識、同様の対応をしているうちに死亡者が急増した可能性がある。

第二に、他県に比べ医師が少なく、医療施設の整備が遅れていたのではないかと推測される。当時の新聞にも、絶対的な医師不足に言及しているものがいくつかある。また感染流行の最盛期には多数の医師も感染し、いわゆる「医療崩壊」の状況を呈した。一九一八年の『内務省衛生局年報』(国会図書館所蔵)では、大分県は民間病院の少ない県のひとつにあげられている。ふたつの理由を合わせると、他地域にくらべ流行が早かったうえに、医療体制の整備が遅れていたことが、致死率の高さを招いたと思われる。

発生から終息まで、大分県の死者数は、七一九二人にのぼる。しかし実際には、一万人近くにのぼるのではないかと推測される。それはこの期間の、「肺炎」による死亡者も急増しているからである。正確な死亡原因の診断(特定)は、当時は困難だった。そのためインフルエンザによる死亡者も、一般の肺炎としてカウントされた可能性が高い。

大流行がはじまった

『大分新聞』にみる、スペインかぜに関する初見は、一〇月二三日の記事である。それによれば、①大分市第二小学校（大分市西部）で、流行性感冒らしき児童が最初に現れたのは一〇月一六日であった。②一八日になると尋常科二年生四四名中、半数以上の二四名が欠席した。出席した二〇名のうち、発熱のない者はわずか一名であった。③欠席児童の家庭では、家族も罹患している。④二一日になると隣の教室でも二一名が欠席し、全校で一九二名（一六パーセント）が欠席している。⑤二二日から第二小学校は、六日間の臨時休業に入った。⑥家庭訪問に追われる職員六名が感染した。⑦欠席児童は、生石《いくし》、駄ノ原《だのはる》方面（いずれも大分市西部、現在の大分港周辺）に集中している。⑧少し前、この地域にある紡績工場（現フジボウ）で流行していた。⑨欠席している児童の保護者は、この紡績工場に勤務する人が多い。⑩校医によれば、症状はインフルエンザで比較的軽い方だという（10.23大分）。

感染源としては、大分市西部にある大分港が濃厚である。大分市第二小学校で感染が拡大して臨時休業に追い込まれているが、保護者の多くが大分市西部にある紡績工場に勤務していた。大分港は、この工場の原料や労働者が絶えず出入りする場所である。もうひとつ、この大分港に隣接して大分第七二連隊があることも注目したい。シベリア出兵でウラジオストクへ向け、大分連隊の第一陣が大分を出たのは八月二五日であった。大分連隊が到着したウラジオストクとハバロフスクでは、すでにスペインかぜが流行していた。そして大分連隊の兵士が、スペインかぜに感染する。これに関連して、大分連隊の軍医が注目すべき談話を寄せている。それによれば「流行病（スペインかぜ）の原因はまだ分からないが、大分連隊では出兵以前に流行性感冒に襲われたことがある。ハバロフスクの野戦病院に流行しているのも、この種の強烈なもので肺炎を誘発する力を持っている」（10.25大分）という。大分連隊では、出兵する八月下旬以前に流行性感冒に襲われていた。この連隊内の流行は、時期的に本格的な流行の少し前になる。肺炎を併発するというから、かなり強毒性を持っていたと考えられる。大分連隊が大分県の流行の感染源であれば、大分連隊から大分県の一般市民へ、そしてシベリアへもウイルスを運んだ可能性もある。

爆発的な感染拡大

スペインかぜのウイルスの恐ろしさは、その感染力と毒性の強さである。学校は人が密集、密接するから、集団感染（クラスター）が発生しやすい。大分県では、先にあげた大分市第二小学校が九月二二日から臨時休校となる。これがはじめての学校の休業措置であった。その後、一〇月中にわかるだけで、師範附属小学校（現大分市）、扇城女学校（現中津市）、師範附属小学校再休校、師範学校と次々に休校に追い込まれる。ちなみに師範学校、附属小学校は大分市西部で、先にあげた第二小学校に隣接している。

一一月にはいると、休校となる学校が急増する。四日に中等学校の休校一五校、小学校の休校六七校と急増。九日には中等学校二六校、小学校一八四校が休校となる。一一日には、小中等学校合わせて二二〇校が休校、ピーク時の一八日は、休校数が二六二校に達した。

この休校数の急増と、患者数の急増は比例する。患者数、死者数ともに一一月に入って激増した。

本格的な流行がはじまってほぼ一ヶ月後の一一月四日、患者数三万二三六一人、死者数三九人であった。一一月の初めにすでに患者は三万人を大きく上回った。五日の患者数約四万五〇〇〇人、七日には六万二〇〇〇人となっている。一三日には、一般患者数が八万八五〇五人、学生患者数が三万四〇一〇人となり、合計で一二万人を超えた。一八日には一三万人、二〇日には患者数がついに二〇万人を突破し、この頃が流行第一回流行のピークであった。それ以降、患者数は急激な減少に転じ、二五日には約五万人にまで減っている。一〇月下旬頃から一一月中旬頃の約一ヶ月間に、異常なまでの患者の増加がみられる。当時総人口約九〇万人の大分県で、数日で患者が数万人増加する。これはまさしく、感染爆発（オーバーシュート）である。ちなみに翌一九一九年の一月一五日まで続いた流行での大分県の患者総数は、三〇万二千六八人であった。

この間の地域的な感染の広がり方としては、大分市や別府町、中津町などの沿岸部から感染がはじまり、交通の便が良く人の往来が頻繁な平野部に広がった。そして少し遅れて、直入郡（現竹田市）や玖珠郡などの山間地に感染が拡大した。

社会インフラの機能不全

流行がピークに達した一一月、『大分新聞』は「別府には、一戸平均二人の罹病者（患者）がいる。別府における感冒は、ますます猖獗《しょうけつ》を極めている。各医院、各薬店は繁盛を通り越して、むしろ苦痛を感じるようになっている。町役場、郵便局、銀行、諸会社でも患者が頻出し、各戸平均二人ずつ患者をだしている。九日より開校するはずだった学校は、目下の所ではその運びにならないようだ」(11.7大分)と、別府町では役場、銀行、郵便局、会社、学校などの社会インフラが機能不全に陥ったと伝えた。

学校　ピーク時には大分県下二六二校が休校した。また児童・生徒・学生の患者数は、一一月一八日の時点で、三万六四五五人、死亡者は一三八七人におよんだ(11.19大分)。この間、授業はもちろんあらゆる学校行事は、中止もしくは延期を余儀なくされた。時期的には稲刈りの農繁期と重なっており、休業は長期間にわたった。

軍隊　大分連隊は、シベリア出兵の第一陣だった。一〇月二〇日、大分連隊の輜重兵《しちょうへい》ひとりが、ハバロフスクの野戦病院で死亡したことが伝えられた。その二日後にも、輜重兵が死亡した。その死因は、「この頃流行している悪性感冒か」という。シベリア出兵によって派遣された兵士たちにもスペインかぜは蔓延し、多くの兵士が内地に送還された。連隊の重傷者は、内地へ送還されるとまず、小倉衛戍《えいじゅ》病院(陸軍病院)に収容された(10.23大分)。しかし送還される兵士の数が多く、小倉だけでは対応しきれなかった。そこで、大分の別府分院への送致も行っている。一一月初め、「医療崩壊」がすでに起きていた。

しかし、内地に送還される兵士は幸運であった。現地で死亡する兵士も多数いた。ハバロフスクの野戦病院では、肺炎を併発した兵士が次々に死亡した。野戦病院には、戦闘によるけがで収容される者はなく、ほとんどが病人だった。入院患者も死者の多さに恐怖心を抱き、内地に送ってくれと懇願するが、移送手段の不備で送還される者はわずかだった。シベリア出兵の戦病死のうち約半数が病死で、日本軍の士気低下にも大きく影響した。

警察　戦前の衛生行政は、内務省の管轄下にあった警察が担っていた。従って、感染症の流行に際しては、警察の活動如何が感染拡大防止の重要な要であった。しかし、防疫対策を実施する過程で、多くの警察官がウイルスの餌食となった。一〇月から一一月の流行ピーク時において、すでに大分警察署内で感染が広がっていた。署員のうち一二名が欠勤、うち八名が流行性感冒という。いっぽう、大分県警察部（現大分県警）では、「流行性感冒患者応援班」が編成され、貧困層の往診にあたった。応援班では手はじめに、一一月九日と一〇日の両日、大分市内で緊急の診察活動を行った。三人の警察医が他の警察官を加えて三班をつくり、二日間で大分市内を巡回し一五〇名の患者を診察した。ところが三人の警察医のうち二人がまもなく感冒に冒され、残るひとりは医師不足でほかの部署に配置転換された。結局、患者の診察はわずか二日間で、やむなく中止された。

郵便局　郵便の集配人は、郵便物を持って各地を移動し多くの人に接触する。このため、郵便物だけでなく「ウイルスの配達人＝キャリア」でもあった。配達員たちはウイルスを運び、また自ら感染し病気に倒れた。配達人がいなくなった郵便局では、局長自ら郵便物や電報を届けた。時には臨時集配人（雇い人）を使って、集配することもあった（11.22大分）。日田郵便局では局員のほぼ全員が感染したため、近隣の役場に郵便物の配達を依頼せざるを得なかった（11.17大分）。西国東郡高田郵便局（現豊後高田市）でも、局長以下事務員、集配人に至るまで感冒に冒された。そこで応急処置として、「受け取り人として心当たりのある方は（郵便物を待っている方は）、郵便局に出頭して郵便物を受け取ってください」というチラシを区内の住民に配布した（11.8大分）。

病院　医師不足による死者の増加については、「全県下を吹き巻く流行性感冒は、ますます猖獗の度を極めて、日々患者数を増加させている。その筋の調査によれば、一日九千人から一万人くらい患者が増加している。一一月八日正午の調査では、病床に呻吟《しんぎん》する患者は県下を通じて一〇万人を突破した勢いである。従って、地方開業医が不足を告げた。それに医師で感冒にたおれる者も少なくなく、ますます医師が不足する。医師の手が届かぬ結果、患者の手当が遅れて屈強の者までころころと死んでいく」（11.10大分）とある。患者に対する開業医の絶対的不足、その開業医もまたスペインかぜに倒れる。医師の手当てもなく死んでいく市民。流行の絶頂期には、恐るべき事態が進行していた。

都市部に比し、地方の医師不足はさらに深刻であった。重岡村《しげおかむら》（現佐伯市）は、宮崎県境に近い山間地である。ここでは人口の約半分にあたる一五〇〇人が発病した。この山あいの村には、医師はひとりしかいなかった。一五〇〇人の患者に医師ひとり。死者は毎日増えていく。ある家では一九歳と四歳の男の子が連日死亡し、さらに一家数名がなお病床に喘いでいた。記者はこの状況を「とても悲惨な状況だ。みる者の心は恟々《きょうきょう》としている」（11.10大分）と伝えた。

刑務所　大分市大道《おおみち》にあった大分刑務所には、六二五人の囚人が服役していた。一一月一一日の時点で、このうち四〇八人が感染した。感染率は何と六五パーセントである。刑務所は密閉空間である。独房でなければ狭い部屋に多くの囚人がいることになる。密集、密接状態である。刑務所の衛生状態自体も気になる。刑務所は、今でいう「三密」のお手本のような場所である。ところで新聞は、監守ほか約一〇〇名の職員のうち、三六名の罹患者があったとも伝えている（11.12大分）。

生産現場　一一月中旬から下旬にかけて、工場（事業所）七ヶ所が休業に追い込まれ、罹患した工場労働者は二〇〇〇人を超えた（11.14大分）。当時、県内有数の鉱山であった木浦《きうら》鉱山（現佐伯市）の亜砒素《あひそ》工場では、請負の松原組、原田組の労働者がほぼ「全滅の状態」となって休業した。そのうえ村内唯一の医師は、夫婦ともども罹患し枕を並べて病臥中であった。薬をもらうことすらできなかった（11.12大分）。竹田津《たけだつ》（現国東市）にあった製糸場では、「工女多数が感冒に罹り」休業せざるを得なくなった（11.13大分）。いっぽう、竹田水電株式会社（現竹田市）でも「電工夫」一一名のすべてが病気でたおれた。そのため計画中であった、周辺村落への電線延長工事が延期された（11.22大分）。鉄道にも影響が出た。別府と大分をむすぶ路面電車には、運転士に欠勤がでた。さらに、別府にある車両庫の職工五名全員が病気で欠勤した。運転は続行されたが、車両の補修点検ができなくなった。これは、運行上重大な事態で、他の現場から熟練工を補充しなければならなかった。国鉄大分駅は一日数千人が乗降する、大分の玄関口であった。大分駅員や乗務員にも感染者が多数出た。なかでも車掌、機関士、火夫《かふ》（かま焚き夫）に病魔に冒された者が多かった。その影響で、大分駅発の貨物列車に運休が出た（11.22大分）。

新聞社　感染状況を伝えてきた新聞社もまた、スペインかぜから逃れることはなかった。「社告本社各部を通じ、流行性感冒に冒されるもの続出し、事に文選部《ぶんせんぶ》（活字を拾う部署）、植字部《しょくじぶ》（活字を組む部署）に多くの罹病者をだし、作業困難に陥り、甚だ不本意ながら、本日の夕刊を休止するのやむなきに到りました。この段、悪しからずご了察願いたく候《そうろう》　一一月四日　大分新聞・中津新聞」（11.5大分）。この日から『大分新聞』は、夕刊に限って一週間の休刊に追い込まれた。

繁昌する商売

社会インフラの機能が麻痺するいっぽう、大繁昌の業種もある。

薬屋　スペインかぜの症状では、高熱が出る。そこで市民は、解熱剤を求めて薬屋に殺到した。「アンチピリン、アスピリンは羽が生え品切れとなった。一瓶四十五銭だったものが一円にあがり、大阪方面に注文しても一ポンド七~八円のものが昨今では十五~六円に暴騰し、それも品薄で手に入らぬ」（11.7大分）。価格は二倍以上に高騰し、入手困難になった。佐伯町では「市内薬店にても風邪薬が欠乏し、多数の罹病者は充分に投薬も出ない有様」（11.10大分）だった。別府町の薬店では繁盛を通り越して、「むしろ苦痛を感じるほどだ」という（11.7大分）。

氷屋　解熱剤のほか、市民は氷を求めた。しかし薬同様、氷もまた入手困難であった。大分市内の製氷会社では、別府、臼杵、佐伯、佐賀関その他各地からの注文が激増して、とても応じきれる状況ではなかった。何せ大分市内だけでも、病気の熱冷まし用として「毎日二噸《トン》」の氷を製造、販売していた。もう一一月というのに、真夏の需要期を上回る売れ行きだった。事情は中津町も同じで、氷がまったく品切れとなった。警察の指導で、魚用の氷を患者に向けさせたが、それでも足りない。だからといって氷屋は、魚屋に氷を売らないわけにもいかず、板挟みとなった（11.7大分）。

火葬場　感染症で死亡した患者の遺体は、火葬しなければならない。『大分新聞』の「物凄い事になった　火葬場が混む　感冒で斃《たお》れるものの為めに」は、「大分市における火葬場は、一等一、二等二、三等一、子供一、伝染病子供一、同大人一（合計七つ）の設備があるが、従来の日没後から日の出前までの時間帯では、死亡者増加のため、到底火葬しきれなくなった」。そこで警察の承認を得て、「日中でも火葬できるように規則が変更された」。大分市外の町村者の使用料は二割増しで、「公費の扶助を受けている者は無料で利用させている」。市内永興《りょうご》の休地仮平火葬場は、未だ設備が整っていないので、火葬場より安価で火葬させているが、ここでも使用者は少なくない（11.12大分）という。

一一月に入って、大分市内でのインフルエンザによる死亡者は激増した。毎日、一〇人が死んでいる。例年なら、大分市の年間の死者数は八〇〇人程度。つまり一日に二人余り。ところがこの年は、一一月一三日の時点ですでに九二一人となっている。そこで通常、夜間に行う火葬業務を日中にも行うようにした。他町村からの遺体の持ち込みも多く、二割り増しの料金で対応しているが、それでも火葬場が足りない。永興の「休地仮平火葬場」とは、市有の空き地に薪を積んで荼毘に付す、仮火葬場のことだろうか。

人口動態への影響

『大分新聞』は、一時的にではあるがスペインかぜの影響で人口減少が生じたと、驚きをもって報じている。それによれば、この約一〇年間、大分市は年間三〇〇人から四〇〇人台の人口増加（出生数から死亡数を減じた数）がみられた。ところが一九一八年は「人口増加数が大幅に減少する」という。この年の月別人口増加数をみると、一月から六月までは、平均五四・八人の増加がみられた。ところが七月、八月の人口増加数は〇人。九月には、ついに一一人の減少、一〇月は辛うじて一五人の増加であったが、一一月には出生数九五、死亡数二五二で一五七人も減少した（データは一一月まで）。『大分新聞』はこの状況をみて、「如何に今回の感冒が暴威を逞《たくま》しゅうしたかを知るべし」（12.6大分）といい、スペインかぜの脅威を数字で示してみせた。結局この年全体では、一〇〇人台の増加ではあったが、例年に比べると人口増加数は異常に少なかった。ちなみに一九一二年（大正元）から一九一七年までの平均の自然増加率は一〇パーミル（千分率）を上まわっているが、一九一八年は〇・六パーミルと極端に落ち込んでいる。もっと分かりやすい数字でいえば、大分県では一九一二年から一九一七年まで、毎年一万人ほどの人口増加がみられたが、この年は四八六人の増加にとどまった。同様の傾向は、全国的にもみられた。いずれにしろ、スペインかぜは当時の大分県、日本全体の人口動態に深刻な影響を与えた。

大分県の対応

内務省では、各県に対しスペインかぜに対する「予防心得書」と「ポスター」を配布。これを受けた各道府県では、同様のポスターや簡便な「心得書」を作成、印刷して各戸に配布した。大分県は一〇月三一日、次のような告諭を出した（『大分県報』）。

大分県告諭第四号　大正七年十月三十一日

近ごろ流行しつつある悪性感冒は、（伝染病の中でも）伝播が最も早く、しかもその病勢はいよいよ熾烈《しれつ》を加え、ますます猖獗を極めている。ことに学校・工場・会社、その他の団体において惨禍を蒙《こうむ》ること非常に甚《はなは》だしきものがある。このようなことは保健衛生上、まことに憂慮に堪えないことである。この際県民各自は、左記の事項を遵守して、予防警戒を怠ってはならない。右、告諭する。

一　鼻腔咽頭を傷めないよう注意しながら、呼吸器を用いること（呼吸すること）
二　多人数の集会をさけること
三　悪寒、発熱、頭痛の症状がある者は、速やかに医師の診察を受けること
四　患者はなるべく、別室にて隔離のうえ、静養させること
五　患者の痰、食器、寝具などは病毒伝染の根源であるから、その場所ならびに一般の予防については、医師と協議してから実行すること
六　消毒は乾燥、数日の直射日光によりよく減殺《げんさい》されるから、居室は常に生活を保ち、空気の流通（風通し）を良くし、なるべく日光が入るようにすること。
七　寝具や衣類は、時々日光に曝《さら》すこと
八　今回流行している感冒は、普通の感冒と異なり、甚だ悪性であるから、姑息《こそく》な療法にたよれば往々にして合併症をおこし、それが死因となる。くれぐれも医療を怠ってはいけない。

注目すべき第一は、今回の流行性感冒は、感染力が強いという認識があること。第二に、人が密集する「学校・工場・会社、その他の団体」は特に注意する必要があること。第三に、呼吸器の疾患に注意すること（肺炎を併発するケースが多かった）。第四に、今回の流行性感冒は、感染速度が速いこと。第五に、衣類などの消毒には乾燥と直射日光にあてることが有効なこと（今次の新型コロナ

ウイルスでも、紫外線照射が有効とされた)。第六に、今回の流行性感冒はこれまでのインフルエンザとは違って、極めて悪性であるという認識があること、などである。

大分県警察部の対応

既に述べたように当時、衛生行政を担ったのは、内務省と各道府県の警察部であった。さきに大分県知事名による「大分県告諭」を紹介したが、この告諭よりさきの一〇月二九日に大分県警察部の「通牒」が出されている。大分県警察部から、各郡市長および各警察署長に対して「悪性感冒予防撲滅について」と題して出された「通牒」は次の通りである。「本春以来、県下各地に流行している感冒は、初秋の候にはいり、ますます流行を逞しくしている。その病勢も熾烈となり大分市のごときはついに、小学校の授業を中止するところもある。他府県においても同様の事実があるのは勿論、この感冒は世界的に流行しつつあるようである。南亜連邦(南アフリカのイギリス自治領)、北米その他の地方においても「スパニッシュ・インフルエンザ」と称する悪性感冒のため、多大の惨害を蒙りつつある。ついては、国民健康上、まことに憂慮に堪えざる次第である。この際、この病気に対して広く一般の注意を喚起し、左記の方法により予防措置を施し、この撲滅を期するよう努力していただきたい」(10.30大分)。

この通牒をうけて県下各警察署はまず、正確な患者数や死亡者数を調査し、県の警察部に逐一報告した。内務省衛生局の『流行性感冒』の各県別の詳細なデータが収載されているのはこのおかげである。また、学校の休校などについても警察署が確認して報告をあげている。「流行性感冒が猖獗」な地域では、一斉に戸口調査を行い、感染予防の警告を発した（11.2大分）。さらに各警察署では、まだ充分に普及していなかったマスクの見本を作成して提示し、各町村での作成、使用を奨励した。

大分聯隊の奇跡

シベリア派遣軍および内地の連隊も、スペインかぜで惨憺たる状況だった。このような中、外部からのウイルスの侵入をほぼ完璧に防いだ所があった。大分連隊の補充隊である。補充隊とは、正確には「補充兵教育隊」といい、動員されて出征した連隊の穴を埋めるために編成される部隊である。通常、現役に予備・後備役を加えて編成される。大分連隊は、八月二五日にシベリアに向け第一陣が出発したが、このあとを埋めたのが、補充隊である。

兵士が感染症に冒されれば、それは兵力の低下を意味するから、軍としては深刻な事態であった。また補充隊は、出征した本隊の穴を埋めるために待機している。従って、ここで感染症が蔓延すれば、補充隊はその意味をなさない。各連隊に対しては、防疫に細心の注意を払うよう指示があった。

大分補充隊では、次のような防疫策を講じた。第一に「将校以下補充隊全員に白布の口覆《くちおおい》をなさしめ」、第二に「公用のほか兵卒の外出を禁じ」、第三に「兵営の門前には、軍人用と外来者用と二個の含嗽《うがい》施設を為し、営門出入者には一々含嗽を為さしめ」、第四に「御用商人などの外来者に対し口覆を為さしめ兵営門前の含嗽場には歩哨以外の兵卒一名を付切りで警戒」させた。要するに、①マスク着用、②うがい励行、③極力外部との接触を断つことでウイルスの侵入を防いだのである。

この三つは、新型コロナウイルス感染症の予防でも励行すべき方法とされた。しかし補充隊が、全く外部との接触を断つことは不可能であったから、新聞の論評通りまさに「此の世界的災害から免れたという事はほとんど奇蹟というべき」ことであった（11.21大分。ただしばらくして、大分連隊でも感染者が出ている）。

流行性感冒に就て／秋山生

『大分新聞』一一月九日付には、次のような市民の「寄書」が寄せられている。

流行性感冒に就て　秋山生

私が敬愛する大分新聞記者足下《そっか》、私は今回例の流行性感冒に襲はれ、病床に呻吟《しんぎん》するもの既に七日である。しかも医師の処方を見れば従来のそれと全く異ならず、所謂《いわゆる》アスピリン的発汗剤によりて治療しつつある。この処方は、私の主治医の専売でもなく、市内いや県内多数の医師は概してこの常套手段によって治療している。かくて成績は甚だ不良のようである。私の経験及び家人の症状をみれば、従来の感冒とは全然異なっている。一たび病魔の襲来にあえば、腸胃の疼痛《とうつう》となり、各関節の弛緩《しかん》となり、甚しきは鼻腔より出血を見るに至る点など、ほとんど名状すべからざるものがある。思うに医師の適切なる療法を知らないことと適薬の発見されないからか。県衛生課なるものが、常時赤痢やコレラなどに注意を怠らない熱誠がありながら、今回のような県内を挙げて同時に、而も同一系統の病症を続発するにあたっては、いささかも地方医師を指導督励することなく、ただ漫然と放任するような態度は、無識（知識・識見がないとの）の誹《そしり》を免れないだろう。彼らがもし、「今なお研究中である」というならそうかもしれないが、平素社会の尊敬を受け、人も認め自らもこの分野の権威だというのなら、このような状況に対し、何の面目があるだろうか。私は失礼ながら、県立病院諸先生の健在を疑うとともに、県当局者が今少し県医師会を通じて指導的態度に出て、そうして意義ある療法の研鑽に大々的貢献あらんことを願う。思うに事はわが国人民の一大休戚《きゅうせき》（喜びと悲しみ）に関わる重大事であるから、とにかく献身的努力を以て迅速かつ丁寧に指導されたきものなり、敢望々々（11.9大分）

「秋山生」はスペインかぜに罹り、七日間にわたり病床で呻吟したという。その症状は、「腸胃の疼痛」「関節の弛緩」、ひどくなると「鼻腔より出血を見る」。これは、「従来の感冒とは全然其の軌を異にし」ている。それにもかかわらず、医師のみたてと治療は、これまでと何らかわらない。アスピリンを処方するのみである。従って、流行性感冒に対する医療側の「成績は甚だ不良」であったと断ずる。その上で、県の衛生課、県立病院の医師、県医師会の連携のなさと指導力不足を鋭く批判した。新型インフルエンザに対する的確で冷静な見方、大分県の衛生・医療体制の不備の鋭い批判などからすると、投書は新聞記者のものかもしれない。

3　佐伯町のスペインかぜと衛生思想

佐伯町のスペインかぜ

大分県南海部郡《みなみあまべ》佐伯町におけるスペインかぜの流行も、これまでみてきた、大分市をはじめとする大分県内の状況と大きな違いはない。ここでは佐伯町とその周辺の流行状況に加え、感染者の隔離の問題、さらに衛生思想の普及についてみていきたい。

大分県で感染者と死者が急増し、学校や工場が閉鎖され、社会的機能が麻痺しはじめるのが一九一八年の一〇月中旬頃である。一一月に入ると、死者の急増で火葬も追いつかなくなった。南海部郡でも、やはり一〇月中旬に流行しはじめている。『佐伯新聞』のスペイン風邪に関する第一報は「佐伯の感冒」と題して、「本月中旬頃より流行の兆しありし本郡地方の流行性感冒（インフルエンザ）は昨今に至りて病熱猖獗《しょうけつ》となりて漸次蔓延しつつあり。一家数名枕をならべて就床せる家庭も少なからず、小学生児童の罹患、日に増加し欠席者多き由」と（10.27 佐伯）伝えた。

一一月になると、状況はさらに悪化する。南海部郡の一一月八日時点での患者数は五〇〇〇人、小学校の休校は一五校におよんだ。初発以来の罹病者は一万五〇〇〇～六〇〇〇人となり、これは南郡人口八万五〇〇〇人余の約二割にあたる（一一月半ばには約四割に達する）。流行は沿岸部から、しだいに山間部に移った（11.10佐伯）。しかし、一一月下旬になると、感染者の数は急速に減少した。南海部郡の死者は、一一月四日から二二日の三週間弱で四八人に及んだ（11.24佐伯）。

『佐伯新聞』に「感冒終熄す」という記事が掲載されたのは、一二月二二日であった。そこには「一〇月下旬来、猛威を振るいたる本郡の感冒も、此程に至り終熄したるよしなるが、初発来これに冒されたる者、約四万人にして、死亡者七〇余名なりしと」（12.22佐伯）とある。この年の三月末の南海部郡の人口は、八万五〇〇〇人余であった（4.21佐伯）から、何と人口の半分近くが感染したことになる。軽症や無症状がカウントされていない可能性を考慮すれば、感染率はさらに高率だった可能性がある。この期間、新聞によればわずか二か月間。恐るべき感染力である。しかし死者数は七〇余名であるから、人口比にして〇・一パーセント（死亡率）に満たない。大分県の第一回流行（一九一八年中の流行）の死亡率（死者数／人口）は、〇・六三パーセントであった。新聞報道が事実ならば、南海部郡の死亡率は極端に低いことになる。南海部郡の医療体制は、次に述べるように極めて貧弱であったから、この死亡率の低さの理由は、今のところよく分からない。

感染症と避病院

スペインかぜは、感染症の世界的大流行だったが、当時の人びとは絶えず種々の感染症で死ぬ危険と隣り合わせだった。新聞紙上には、恒常的に感染症の記事が掲載されている。一九一二年（大正元）から一九一六年までの佐伯署管内の感染症の罹患者数は【表1】の通りである。この表を掲載した新聞は「総体伝染病ほど恐ろしいものはあるまい」として、次のように解説している。「大正三年は郡内にチフスが猖獗《しょうけつ》を極めた年だから例外として、大体の上からこの表を見ると、伝染病患者はとにかく年々増加している。そして毎年チフス患者が罹患者（感染者）の半数をしめていることは驚くべき事である。事にチフス患者は一年中絶えることがない」。「昨年度はコレラの当たり年で、大いに郡内を荒らしたが、流行の翌年は概して一層激烈なのが通例だと言うので、警察署でも医師会と協議の上、相当な予防策を講ずるはずだ」（1917.5.6 佐伯）という。

注目すべきはまず、感染症の多くが消化器系のそれであること。そして感染者の数は年々増加しているという。もちろん肺結核もあるはずだが、不思議と新聞には多く取りあげられない。またチフス患者は一年中絶えることがない、という。感染症の脅威は恒常的なのである。さらに一九一六年にコレラが流行したが、次の年に一層の流行が見られると警戒を呼びかけている。

感染症に罹ったら、まず病院に行かねばならない。しかし、当時の医療体制は極めて貧弱だった。例えば一九二三年（大正一二）、佐伯警察署の調査では南海部郡の医師数は六五名。うち歯科医が六名。歯科医を除いた医師数で人口を割ると「お医者一人が一六〇〇人受持」（1923.6.17 佐伯）ということになる。これでは平時の医療においても医師は到底足りない（現在日本の医師一人あたり人口は四一七人。「医療関連データ国際比較二〇一九年」）。まして感染症の流行に対処することは難しい。

当時、感染症の患者が発生するとまず避病院《ひびょういん》に入れられた。避病院とは、感染者の隔離施設である。「病院」とあるが、医師も看護師も常駐していない。あくまでも隔離目的の「粗末な小屋」

【表1】南海部郡の感染症別罹患者数

	パラチフス	腸チフス	赤痢	ジフテリア	コレラ	疫痢	合計
1912年(大正元)	12	0	9	7	6	0	34
1913年(大正2)	12	13	15	2	0	0	42
1914年(大正3)	44	99	16	18	0	0	177
1915年(大正4)	28	80	11	12	2	0	133
1916年(大正5)	10	55	17	38	17	20	157
1917年(大正6)	10	28	7	24	2	8	79
1918年(大正7)	30	62	161	23	0	15	291
1919年(大正8)	6	34	10	10	0	2	62
合　計	152	371	246	134	27	45	975

*『佐伯新聞』1917年(大正6)5月6日付、1920年(大正9)6月13日より作成。合計の誤りは修正した。
*大正元年は改元の年で、明治45年が含まれるかは不明。

である。避病院は一八七九年(明治一二)のコレラ大流行以降、全国で建てられた。しかし診療施設でないから、いったん避病院に入れられると、そこから生還することが難しかった。そのため、避病院は「死病院」といい換えられ、人びとに忌避された。子どもたちは「避病院に近づくな」と日頃から強くいわれた。それでも、感染者を避病院に入れて隔離するしか対処方法がなかった。南海部郡内の感染症に対処する恒常的な施設は、伝染病院三(病床二七)、隔離病舎(避病院)四(病床二六)しかなかった(1923.2.4佐伯)。人口八万五〇〇〇人余の地域に、感染症の病床は五三しかないのである。佐伯町の町営避病院は、岡の谷という町外れに設けられていた。感染症が流行すると、岡の谷の避病院はすぐに満員になった。流行したときだけ、町役場の依頼で看護師が派遣され、医師が巡回診療した。

衛生思想の普及

感染症が流行してからでは遅い。そのため、日頃からの感染症対策、すなわち公衆衛生の必要性が叫ばれるようになる。一九一四年（大正三）から翌年にかけて、南海部郡上入津《かみにゅうづ》村（現佐伯市）では、腸チフス患者が約一〇〇人も発生した。そのため村では、多額の公費を支出した。寒村においては、村の存亡にかかわる損失だったという。このような感染症の流行を許したのは、「村民が公衆衛生の思想に乏しく、公共的観念および道義心に欠けている為だ」と、新聞は痛烈に批判した（1915.6.13 佐伯）。南海部郡と佐伯町は、これまで以上に公衆衛生に力を入れるようになる。

南海部郡では、一九二二年（大正一一）から各町村一斉に「衛生デー」を設けた。各町村では衛生宣伝のポスターの製作と普及、ハエ取り活動、衛生講習会および展覧会、標語の募集などの実施を計画した（1922.8.13 佐伯）。また郡には学校衛生会も設けられ、各学校では一斉に趣向を凝らした衛生宣伝活動が行われた。佐伯小学校では、校医を招いて衛生に関する講話会と校内衛生設備の整備が行われた（1915.9.10 佐伯）。佐伯町の佐伯館（映画館）では、佐伯町主催の「衛生思想普及活動写真会」が観覧無料で上映された（1922.7.9 佐伯）。佐伯町では「佐伯町大掃除」と称して、定期衛生法実施が行われた。ここでは月日を指定して、七項目にわたる「清潔方法施行順序」を示し実行を促した。第一項目には「屋内各室は畳を揚げ二時間以上日光に曝し、押入は建具を外し諸物品は取出し埃《ほこり》を払い充分大気を流通せしむること」とある。そのほか家周りの汚水、飲み水、便所、溝渠《こうきょ》、汚泥などに関する細かい「手順」（対処法）が示されている（1912.7.11 佐伯）。

こうして衛生思想に基づき公衆衛生をいっそう進展させることは、国民の義務となっていく。『佐伯新聞』の「衛生思想涵養」は、次のように述べている。「チフス、コレラ、赤痢のような消化器伝染病が流行するということは、一面において野蛮国民であると言うことを表白するのである。みよ、世界中で最も悪疫の甚だしかった香港は、イギリスの統治下で衛生設備を完成して悪疫の流行を耳にすることはなくなった。しかし東洋の文明国を自認する我が国の状態はどうか。本県でも別府、大分などでたくさんの患者を出すのは県民全体の恥辱ではないか。口から入ってくる病毒を防ぐことの出来ない国民が文明国民であろうか」(1920.9.12 佐伯)と。「公衆衛生思想」は、「道徳観念」と同義であったし、衛生思想の普及とその実践は、「文明国」としての要件でもあった。

なぜ忘れ去られたのか

本章の冒頭でも述べたように、スペインかぜによる死者は、第一次世界大戦のあの凄惨な毒ガスや空襲によって死んだ人の数倍にのぼる。スペインかぜは、「最も多くのヒトを最も短期間のうちに死に至らしめた記録的な疫病」である。この「大事件」であるスペインかぜが、なぜ忘れ去られたのか。研究書も、驚くほど少ない。これについては、諸説ある。第一次世界大戦の影響による、その後の関東大震災やうち続く戦争の陰で忘れられたなど。だが筆者なりに考えてみると、ひとつはスペインかぜが、人類がはじめて遭遇した未知のウイルスによって引き起こされたという認識にたどり着くまで、時間がかかりすぎたことである(先の【表1】にも、インフルエンザという感染病は区分上存在しない)。全世界に広がった「スペインかぜ」の各地のウイルスが、同種のものと科学的に証明されたのは、一九九〇年代のことであった。鳥インフルエンザの脅威が、しきりに叫ばれるようになったのも、そのころからではないか。「新型インフルエンザ」の発生メカニズムが、「スペインかぜ」の分析などから明らかになってはじめて、「これは大変なことになる」と感じられるようになった。

もうひとつは、一九一八年の死者は確かに多かったけれども、当時の人びとは絶えず病気と隣り合わせで、スペインかぜだけが「特別」に見えなかったからではないか。この頃の新聞を読んでいると、腸チフスは流行するし、赤痢で子どもが死ぬ。肺結核は、国民病だといわれた。感染症の流行は、いわば「日常茶飯事」なのである。スペインかぜは、確かに異常事態ではあったが、人びとにとってそれだけが死に直結する疫病ではなかった。

『日本を襲ったスペイン・インフルエンザ』の著者速水融は、忘れられた理由を「風景が変わらなかったからだ」と語ったという。戦争や関東大震災などの自然災害では、周囲の光景が一変する。まさにそこには、「地獄図」がある。しかし、スペインかぜではそのような変化はない。確かに一理ある。が、コレラにしてもスペインかぜにしても、累々たる屍と遺体を焼く光景は凄まじいものがあるだろう。また大都市では、疫病による死臭が充満したことは想像に難くない。

もうひとつ筆者が考える理由は、命の重さの問題である。戦前特にわが国では、戦場での兵士の死は最も尊いものとされ、御霊《みたま》は靖国神社に祀られた。しかし病気で死んだ人の死は、それと比較してどうだろう。いや感染症による死は尊いどころか、忌み嫌われる。新型コロナウイルス感染症の流行において、それは嫌というほど見せつけられた。感染症で入院する、感染症で斃れること自体が、決して歓迎されることではない。むしろ社会の重荷ですらある。それはすべての感染症にいえることであろう。要するに戦死と感染症による病死は、死の重さ、質が違うのだということである。忌まわしいことは、忘れ去った方がよい。

しかしコロナ禍で、スペインかぜはにわかに注目された。忘れて良い出来事ではなかったのだ。二〇〇九年、新型の豚インフルエンザが世界的に流行した。この直前に筆者は、この章のベースとなった文章を書き終えていた。だから、豚インフルエンザのウイルスの型がHINIだと知ったとき、亡霊に出会ったような感覚に襲われ愕然とした（ただし、スペインかぜのHINIのウイルスと全く同型ではなく変異している）。そしてこの時、スペインかぜについてわが国でも、「少し」思い起こされたのだった。幸い豚インフルエンザは、スペインかぜのような惨事には到らなかった。そのためスペインかぜはその後一〇年間ほど、また忘れられた。

スペインかぜは、人類が遭遇したはじめての「新型インフルエンザ」だった。これに遭遇した「一九一八年の人びと」は、「何と不運だったたか」と考えるのはたやすい。しかし次の新型インフルエンザが、いつあらわれてもおかしくない。われわれは過去の経験から教訓を得られるはずである。その点は、最初にスペインかぜに遭遇した人びとより、確かに「幸運」なのである。そして、未だ新型コロナウイルス感染症の危機下にある私たちも、ここから多くを学ばなければならないのである。

第五章
寺内内閣から原政党内閣へ

1　寺内「非立憲」内閣とは

政権交代と「デモクラシー」の行方

一九一八年には、政権交代があった。「非立憲」の寺内正毅内閣から、「本格的な政党内閣」の原敬内閣へ。それを促したものは、終わらない第一次世界大戦とこの戦争に起因する物価高騰、さらには格差の拡大である。直接的にはシベリア出兵が引き金となった、米騒動であった。米騒動は、暴動を含む街頭型騒擾に加え、消費者運動や労働者のストライキも伴った（第二章）。これらの複合的な運動（市民戦線）には、大戦下の欧州の食糧暴動やロシア革命に通ずるものがある。

ところで、「大正デモクラシー」といえば、原敬内閣の成立をイメージする人も多い。「平民宰相」原敬は、少なくとも藩閥と無縁の、初めての「無爵位」の総理大臣として国民の人気を集めた。それでは、寺内内閣から原内閣への移行により、日本の政治は大きく転換したのか。この政権交代によって、現代の言葉でいえば、「民主化」は進展したのだろうか。この政権交代には、どのような意味があったのか。この章では、このことを考えてみたい。

寺内内閣の成立

第二次大隈内閣成立時からの懸案であった二個師団増設、海軍力増強計画を含む予算案が、一九一四年一二月、第三五議会に提出された。しかし、政友会の強い反対で予算案は不成立。そこで大隈は、衆議院を解散し事態の打開を図った。翌一九一五年三月の総選挙では、大隈内閣の与党（同志会、中正会、大隈後援会）が圧勝した（野党政友会と国民党敗北）。選挙後に行われた第三六議会で、二個師団増設は実現する（六月）。しかし議会後、総選挙での大浦内相による選挙干渉が問題となり、大浦は辞任に追い込まれる（七月）。また元老の政治関与を排除しようとする加藤高明外相と、元老山県有朋の溝も深まった。山県にとっては、軍備拡張予算が成立したあと、大隈内閣にこだわる必要はなくなった（山県は大隈内閣の後ろ盾であった）。むしろ山県は、躍進した大隈の与党同志会に警戒を強める。世論もまた、選挙干渉発覚後も政権に居座る大隈から離れ、大隈人気に陰りがみえはじめた。一九一五年一二月からはじまった第三七議会では、貴族院の反対で予算が不成立（貴族院の山県系勢力の反対による）。大隈は山県に、貴族院との調停を依頼した。この時大隈が、議会終了後に総辞職することを、貴族院の山県系勢力に伝えて、辛くも予算が成立した。しかしその後も、大隈は権力の座に居座り、辞表を提出したのは一九一六年の一〇月であった。辞職に際して、大隈は後継首相に加藤高明を推薦した。しかし山県は反対し、第一次世界大戦下、次期政権は「挙国一致内閣」でなければならないとして寺内正毅を推した。

一九一六年一〇月九日、寺内正毅内閣が発足した。寺内は政党の協力も得られる挙国一致内閣を田健治郎《でんけんじろう》を目指したが、山県有朋と平田東助の反対で政党から大臣を得られず、後藤新平を内相、逓相、仲小路廉《なかしょうじれん》を農商務相に据えるなど山県系官僚を閣僚に配した。同志会の支持を得るために寺内と大隈の交渉も行われたが実らず、寺内内閣はどの政党とも与しない超然内閣となった。超然内閣とは、議会に基盤のない「非立憲」内閣であり、寺内の風貌が大阪の「ビリケンさん」に似ていたこともあって、寺内内閣は「ビリケン内閣」と揶揄された。なお同志会は、寺内内閣成立直後に、中正会、公友倶楽部などの小会派と合同し党名を改め憲政会として成立した。

寺内正毅は長州出身の軍人で、第一次桂内閣、第一次西園寺内閣、第二次桂内閣で陸軍大臣を務めた。また一九一〇年（明治四三）には、初代の朝鮮総督に就任。その経歴や風貌から、武断的イメージが強いが、軍人らしく実直で責任感のある人物だった。組閣当時の衆議院は、憲政会が第一党で、政友会、国民党がこれに続いていた。憲政会が嫌う後藤と仲小路（ふたりは憲政会の前身である同志会から離れたいわば裏切り者）を入閣させたので、憲政会からの協力は得られない。そのため寺内は、政友会の支持を期待した。実は寺内が後継首相として、ほぼ決まりかけていた七月に、元政友会総裁で元老の西園寺公望は、原ら政友会幹部に寺内を援助するよう約束させていた。原もこれに応じ、寺内の側近を通じて新内閣を支持する用意があることを伝えていた。政友会は寺内内閣に対して「是々非々」の立場をとるが、基本的には寺内内閣を支持した。すなわち、事実上の与党であった。憲政会の若槻礼次郎は、「寺内内閣は、内務大臣後藤新平を副総理とし、政友会を与党とした。政友会はこの寺内内閣から、数次の内閣を経て、第二次山本権兵衛内閣に至るまで、常に政府党であった」という。

憲政擁護運動以来、政党政治を志向してきた新聞や雑誌は、いうまでもなく寺内内閣を批判した。「挙国一致」といいながら、衆議院における国民の代表たる政党に立脚しない内閣が成立するのは矛盾している。閣僚の顔ぶれもまた、立憲主義からもほど遠い、というのが大方の見方だった。『中央公論』は「寺内内閣を監視すべき三要点」で、新内閣成立のたびに唱えられてきた「立憲、非立憲の議論の喧《かまびす》しかりしこと、現内閣成立時程著しきはなし」（一九一六年一一月号）と、「非立憲」に批判が集中していることを指摘している。『時事新報』も「超然内閣の返咲」で、寺内内閣の成立により「超然主義の返咲」をみたのは「政界の変態」であり、時代錯誤であるとした。さらに、このような事態をもたらしたのは、大隈内閣の「不真面目、出鱈目」の施政の結果であり、どの内閣でも大隈内閣よりもましだという気持ちを世人に抱かせたためだとも述べた（1916. 10. 10 時事）。一〇月一二日には、全国記者大会が開かれて、「閥族官僚政治排斥」を決議している。

これに対し寺内内閣は、警察を動員してメディアと民衆運動に対抗しようとした。さっそく警察官、特に警視庁の巡査の増員計画を策定した。そして寺内内閣の専制支配に不利な、一切の思想を取り締まる方針で臨んだため、言論出版への弾圧は厳しかった。

寺内「非立憲内閣」とは

寺内内閣は「非立憲内閣」、また「超然内閣」といわれる。「非立憲」とは、一般的には内閣が政党に基礎を置かないことをいう。政党に基礎を置かないとは、衆議院に与党がないことを意味する。分かりやすくいえば、「超然内閣」は議会から超然として立つ、すなわち議会の意思を無視する内閣である。

内閣制度発足（一八八五年〈明治一八〉）からしばらくは、いわゆる「藩閥内閣」が続くが、これは即ち「超然内閣」であった。しかし衆議院と対立したままでは、予算を成立させるなどの議会運営が難しい。そこで政党に歩み寄りをみせたのが伊藤博文であり、伊藤が組織した政党が立憲政友会であった。制限選挙とはいえ、国民の選挙によって選出される議員で構成される衆議院を、政府も次第に無視できなくなる。さらに政府は、衆議院内に勢力を持つ政党や会派の意向や活動を無視できなくなる。その傾向は、日露戦争後に顕著となる。日露戦争における過重な負担は、国民の政治参加要求を増大させた。国民の戦争への関与は、そのまま政治への関与に連動した。

藩閥「超然内閣」と政党を基盤にする内閣が、交互に政権を担う「桂園時代」も政党内閣へ向かう過程であった。さらに、大正政変にみられるように、憲政擁護運動によって政府が倒される事態が生ずるに至って、政党内閣への流れは決定的となる。「超然内閣」に承服しない国民をどのようにまとめるか。政党の国民統合の役割が大きくなった。

そうして、衆議院の最大政党の代表が、総理大臣の「大命」を天皇から賜るというルールが次第に定着しはじめる。いわゆる「憲政の常道」である。政党内閣の確立過程とは、官僚と軍閥および政党が相互に妥協し競合しながら、政党が政治権力の主体として、その正統性を確立していく過程であった。もちろんその背景には、政治主体としての国民の力が伸長しつつあったことがある。寺内内閣は、政党に基盤がない。閣員（大臣）に政党員がいない。寺内内閣は、「憲政の常道」から逸脱した内閣であった。

寺内内閣の「非立憲」ぶり

『東京朝日』は、一九一八年二月二日付で「現内閣の違憲と非立憲　続々頻発す」で、「非立憲と称せられた現内閣が、非立憲的行為を続行するのは、敢えて怪しむことはないが、憲法擁護の責任ある」衆議院は、「あくまでもその違法行為を矯正しなければならない」という。そして、寺内内閣の三つの「非立憲」的行為を列挙する。

ひとつは、前年の四月に交戦国のドイツとオーストリア両国と一切の商業取引を、勅令で禁じたことである。これ自体は、交戦国との商業取引を禁じたもので、その目的は間違っていない。しかし、その形式は勅令ではなく法律で行うべきであったという。この勅令は、憲法に保障された「営業の自由」を奪うのであるから、内閣の一存で決行したのは憲法違反である。法律に拠らないことは、つまり議会の監督権を無視したのもだという。

ふたつ目は、報知新聞社の添田社長が、東京商工会議所の会頭に推薦された際、仲小路農商務相が認可権を濫用しこれを認めなかったことである。農商務相に認可権があるといっても、商工会議所は自治の機関であるから、これを拒否すべきでない。認可しない理由も、極めて不明瞭だという。寺内内閣でおこった、あの日本学術会議会員の任命拒否問題（二〇二〇年）を彷彿させる。寺内内閣は、新聞社と敵対した。記事は明言しないが、添田氏が報知新聞の社長であるが故に、拒否したのではないかという。

三つ目は、暴利取締令の制定である。これは物価抑制のために出された、農商務省令である。一九一七年九月一日に公布、施行された。特に米価抑制の目的があり、はじめて適用されたのは、三重県津市の米穀商岡半右衛門であった。『東京朝日』は、これも国民の営業の自由を制限するものであるから、法律か法律に準ずる緊急勅令でなければならないという（2.2東朝）。

三つとも手続きが問題なのであって、どれも「議会軽視」ということである。立憲主義とは国民に拠って立つ議会を尊重する「議会主義」ともいえる。それを政府は無視していると批判する。このような議会をないがしろにした立憲主義の破壊は、「閣議決定」を連発する現代の政権与党（自民党と公明党）の態度を想起させる。

臨時外交調査委員会

寺内内閣の「非立憲」性は、内閣が設置した臨時外交調査委員会（以下、外交調査会）にもみられる。外交調査会は、一九一七年六月、天皇直属の機関として宮中に設置された。外交調査会は、「挙国一致」体制樹立のために設置されたものである。また、政党の党首を外交調査会に取り込み、帝国議会や政党そのものから切り離す目的もあった。構成員は、総裁として寺内首相、内閣から本野外相、後藤内相、大島陸相、加藤海相の四名。山県系官僚で貴族院の平田東助、薩摩派を代表して牧野伸顕、さらに枢密院から伊東巳代治。それに政友会総裁の原敬、国民党の犬養毅。あわせせ九名であった。憲政会の加藤高明は、外交調査会が憲法に違反するとして参加を拒否。ただ加藤は大隈内閣の外相として二一カ条要求ほか対中国外交をめぐり、内外の不信を招いたため、「外交」を冠する機関に参加しづらかったともいう。寺内内閣は外交調査会によって、各方面の諸勢力との間に連絡をつけることができた。そういう意味で、「挙国一致」に幾分の形を与えたといえる。ただこの会議は、「外交調査」を掲げながら、外交以外の重要案件をも審議する幅広い目的が与えられていた。内閣でも議会でもない場所で、事実上国策を論じるため、憲法違反の恐れがあるとして批判も多かった。

シベリア出兵をめぐって、頻繁に外交調査会が行われていた一九一八年六月、『大阪朝日』は「政友会と外交調査会」という社説で、「外交調査会が事実上の閣議化している。調査会の伊東、後藤（本野に代わって外相）、犬養の三角同盟は、さらに調査会の権限を強化しようとしている。会議は頻繁に開かれるが、政友会はこれに参加して、事実上寺内内閣に協力している」。「現内閣と政友会は同じ責任を負って政権を運営していることになるので、（政友会には）後継内閣の資格はない」（6.23大朝）と、調査会と政友会を批判した。また「政権本位の出兵是非論」では、「非立憲的制度に相違ない外交調査会内において、国民の味方であるべき二政党（政友会と国民党）の党首が拉致され、大多数の国民が国家政治より切り離され、政権擁護のために利用されている。これは、立憲的政治道徳の蹂躙ですらある」（6.24大朝）とした。外交調査会の権限の大きさとその秘密主義、非立憲性についての批判を展開し、あわせてシベリア出兵に反対した。

シベリア出兵という対外戦争に、はじめ消極的であった原敬が同意したのも、この外交調査会の場であった。重要な国策が、憲法に規定のない機関で決定されていた。のちに原内閣が成立したとき、法学者で京都大学教授の佐々木惣一は、原内閣の「当面の課題」として、「外交調査会を廃止するがよい。廃止し得ないならば少なくとも事実上之を無力のものとしてしまうがよい。元来外交調査会の制度が憲法違反であることは私共の唱道し来った所」（10.1大朝）と、まず外交調査会を廃止することを提唱している。

援段政策（対中国外交）

第二次大隈内閣の加藤高明外相の主導のもと、袁世凱《えんせいがい》政権に対し二一カ条の要求が行われた（一九一五年一月）。これにより、日中間の良好な関係は崩れた。日本は中国に対し強圧的な態度で臨み、中国人民の反感を買った。本格的な抗日運動の原点は、この「要求」にあるといわれる。袁世凱は一九一六年六月に急死し、一〇月に成立した寺内内閣は、対中外交の再編をはかる。袁世凱のあとを継いだ段祺瑞《だんきずい》に接近し、段政権を支援した。いわゆる「援段政策」である。これは曲がりなりにも、対中外交を「対立」から「親善」に変更するものであった。しかし実際には、段政権の買収を重ね、中国の南北勢力間の抗争を助長した。

袁世凱の死後、中華民国第二大総統黎元洪《れいげんこう》のもとで実権を握ったのが、国務総理の段祺瑞であった。段はドイツに留学経験のある軍人で、北洋軍閥の安徽《あんき》派を率いていた。列強の中で、段政権をいち早く支持したのが日本（寺内内閣）であった。いっぽう、中国の南部には袁政権時代から、北京政府に対抗する諸省が「独立」を宣言していた。そして、一九一七年九月には、孫文を大元帥とする軍政府が広州に成立した。この広東政府は、実効支配地域をもたない、いわば亡命政権であった。しかし、新たな政権が生まれたことで、中国では南北にふたつの政府が存在することになった。

ドイツに勝利し山東半島を勢力下に治めた日本は、中国が連合国側で参戦することを望まなかった。中国が参戦し連合国側で戦勝国になれば、中国の日本権益奪還に関する発言権が増大すると考えたからである。その後日本は、一九一七年二月、イギリスの要請に応えて海軍を地中海に派遣した。日本はこの「貢献」と引き換えに、ドイツから奪い取った山東省と赤道以北の島々の権益に関し、戦後の講和会議で日本を支持するよう、秘密裡にイギリスに約束させた。さらに、フランス・ロシア・イタリアの連合国とも同様の約束を取り付けた。山東省の権益が安泰だとみた日本は、今度は中国を連合国側に取り込んで参戦させようとする。日本は安徽派軍閥の段祺瑞を「金で」取り込んだ。この年の八月に中国は参戦を決定した。このように、一九一七年から翌年にかけて、寺内内閣の下で行われた段祺瑞政権に対する借款（資金供与）を「西原借款」という。

寺内正毅は、初代朝鮮総督を務めたが、彼の配下の官僚たちは「朝鮮組」とよばれた。元朝鮮銀行総裁勝田主計《しょうだかずえ》（寺内内閣の蔵相）やその個人秘書だった西原亀三らを中心に、寺内内閣の中国政策が練られ実行された。寺内内閣は、段政権を一貫して支援した。この「援段政策」は、莫大な借款を通じて行われた。一九一七年一月に決まった五〇〇万円の借款を手はじめに、翌年にかけて総額一億四五〇〇万円の借款と、三二〇八万円の武器供与が行われた。当時、中国政府への借款は、英仏などと協調しながら行う約束であった。そのため、列強の批判をかわすために、寺内の腹心西原が「私人」として対応した。

西原借款と西原亀三

『東京朝日』の「益露骨なる援段方針」（6.21東朝）は、「寺内内閣の援段圧南（広東政府圧迫）の偏頗《へんぱ》なる対支外交は、外交調査会委員中にも異論が少なからずあり、名実ともに無干渉主義に立ち返り、支那の政争に関しては、一切公平な態度を取るべきであると言われながら、その実績をみれば、現内閣の対支外交は、益々露骨な援段方針に傾く一方である」と批判した。さきに政府が北京の段政権に武器供与を計画していたが、この武器は広東政府への武力攻撃に使用される事はないと声明していた。しかし武器が陸揚げされるや、それは段系の主戦派の手に渡った。また、交通借款という名目の供与は、結局、段の北京政府に軍資金を提供することに何ら変わりがない。結局、援段政策によって、南北間の内戦状況を助長している、と批判した。

また『大阪朝日』は「借款頂戴」で、「五日に借款一千万円前渡しの調印が済むと」、早くも段政権の主戦派の連中は、「広東討伐費として合計一千万元をよこせと」要求する。この連中を中国外交の基礎する以上、「これらを懐柔する必要もあるので、金はますます要る」。「これで結局何をどうしようというのであるか」という。続けて「借款反対」では、「上海の新聞報道は、『所謂軍費なるものは大抵武人の私《わたくし》するものが多い。浪費の大原因は実に中飽《ちゅうほう》にあり』と言っているが、支那人が言うのだから間違いはあるまい。こういう具合に軍費が浪費されるのを黙認して、いたずらに金を貸してやるのは、極道息子に遊興をやめさせないで、その費用を供給してやるようなものである」と揶揄している。西原借款は段政権の軍資金となったことはもちろん、「中飽」（着服や横領）というように、かなりの金額が私的に流用されたといわれる。要するに、西原借款とは政権幹部の買収である。

ところで西原亀三とは、一体どのような人物なのか。西原は一八七三年（明治六）、京都府与謝郡雲原村（現福知山市）生まれ。日露戦争後に朝鮮半島へ渡り、綿製品の貿易を営む。この時、朝鮮総督だった寺内正毅のもとに出入りして昵懇となった。対ロシア強硬外交を唱えていた対露同志会の一員で、寺内の中国政策で暗躍した。西原借款に関する新聞記事は多いが、西原自身についての記事となると、決して多くはない。

『大阪朝日』の「又飛出した西原亀三　下関で一思案　何処へ行くか分からぬと言う」（3.15大朝）という記事がある。大阪朝日の記者は、西原を追っていた。一九一八年の五月一三日、山陰線上りの園部駅あたりで、「太い首をソフトカラーで包んだ五尺七寸もある一癖ありげな三分刈りの大入道」をみかける。怪しげな「大入道こそ寺内首相の私設公使と称して支那に出没した西原亀三」であった。西原はいったん雲原村に帰郷し、ふたたび西へ向かうところだった。西原は近づいた男が記者だと知ると、「見張りですか。余りいじめぬ事ですよ」という。記者が行く先を尋ねると、「今夜の夜行で下関まで走って、そこでひと思案」するという。行く先は南か北かと問うと、「（私のような）浪人は馬賊のようなものだ、何処へ飛ぶか分からない」。「まあ余り掘り立てずに欲しい」と穏やかにいう。中国問題について切り出すと、「今日の新聞を読んでいる位で、政府当路者でもない僕らに何が分かるものか」という。「私設公使」として北京へ行くのかと突っ込めば、「滅相な、束縛されるようなことはご免蒙る」。武器売り渡しで利益を得てはいないかというと、「あれは泰平公司がやっているので僕には何の関係もない。幸か不幸か僕は相変わらず貧乏で」と答えた。終始このような調子で、多額の公金を動かす西原亀三という男は、一般の市民とはおよそ縁遠い得体の知れぬ人物であった。

西原借款とは何だったのか

原内閣成立後、『大阪朝日』は西原借款を振り返って、「私設公使を派し、南方派討伐の為に資金の融通を図りしが如き、口に日支親善を唱えながら真実その行いは南方派の恨みを買って、却って日支の親善を害し、支那に於ける内争は日本の為に助長」(12.5大朝)された、と評した。これはこれとして、間違ってはいない。しかし、西原借款とは果たしてそれだけだったのか。

先の西原と記者の会話の後半で、西原はシベリア出兵を批判的に報道する『大阪朝日』の記者に対して、「棚から牡丹餅は落ちてこぬからな。紙面であまり騒がして呉れぬように」と釘を刺している。「棚から牡丹餅」とは、「何もしなくてシベリアは手には入らない」という意味だと思われる。西原は借款とシベリア出兵を、リンクさせようとしていた。一九一八年五月に日華陸海軍協同防敵協定が成立しが、これによって日本は中国をシベリア出兵に引きずり込んだ。同時に北満洲での日本軍の行動が自由になった。これでシベリア出兵の事前準備が整った(出兵の際、日本軍は北満洲からもシベリアに侵入した)が、西原借款がこの協定成立の鍵だったという。さらに前年八月に、中国は第一次世界大戦に参戦したが、この参戦決定においても西原借款が有効だった。

西原借款は事実上、段祺瑞軍閥の「政費」「軍費」となったし、段政権の軍閥で私的に流用されたともいう。借款は八件、総額一億四五〇〇万円に及んだ。この金額を、一九一七年のわが国の予算総額七億四〇〇〇万余と比較すれば、如何に莫大な金額かがわかる。西原借款は、日露戦争から第一次世界大戦までに日本が満蒙と山東で得た権益確保が最終目的であった。端的にいえば、段政権を借款で「買収」して、日本の権益を確保しようとした。さらにシベリア出兵を円滑に行い、北満洲とシベリアでの勢力圏拡大を企図して行われたものである。

別の観点からもみてみよう。国内で物価高や米価高騰に苦しむ日本国民を尻目に、二年足らずで一億五〇〇〇万円近くの借款と武器供与を行ったことは、西原借款の「反人民性」を如実に示している。また、南北政府の対立している中国では、段政権を一方的に支援することで、内戦状態を長引かせた。そういう意味では、中国の人々に対しても西原借款は「反人民性」を有していた。寺内内閣は、米騒動のあと九月に倒れた。寺内内閣が援助した段政権は、一〇月に瓦解している。寺内内閣と段政権は、西原借款を通じて一蓮托生であったともいえる（段政権はのちに復活する）。続く原内閣は、対中国内政不干渉政策を採り、結局、膨大な金額をつぎ込んだ借款は、回収されることなく放棄された。

内政をめぐって――第四〇帝国議会

寺内内閣は、米騒動によって総辞職に追い込まれた（第二章）。これだけでも国民本位の政治からはほど遠かったが、ここでは第四〇帝国議会（一九一七年一二月から翌年三月）で、寺内内閣が何を目指したかをみてみたい。

この議会の予算の重点は、第一次世界大戦に対応した国防充実計画と、その財源としての税制改正であった。議会では国防予算の充実自体について、異論はほとんどなかった。しかしそれを支える歳入補填のための税制については、政府案がことごとく修正または否決された。即ち政府が提出した酒税、所得税、戦時利得税は大幅な修正のうえ可決し、通行税や石油消費税などの廃税案は否決された。『東京日日』は、これで政府の「国防充実のための恒久的財源確保」計画は修正され、「小所得者の負担軽減、下層社会の負担する租税廃止」は全く無視され、「財政当局者の面目は踏み潰された」と評した。そして、歳入計画案の大修正は、「内閣の威信失墜のを表白する一種の不信任決議と見做すべき」で、「政府は議会を解散するか、または総辞職」（2.6東日）すべきといい、寺内内閣を酷評した。

『大阪朝日』は、各政党は国防充実計画には「不完全不徹底と批判しながらも、後日完成することを条件に協賛」した。いっぽう、「増廃減税案を散々切断し、これに根本的修正を加え、政府の面目を丸つぶれにした」ことは、政党が官僚軍閥の威厳を失墜させ、政府の「財布の管理者」としての力量を増大させ、「漸次政治上の決定的要素として有力なる地位を」占めた（3.28大朝）と、政党を高く評価した。寺内内閣は超然内閣といわれながら、予算案の成立については、やはり政党の修正に応じざるを得なかった。いずれにしても、内閣の評価は低い。

ところが、別な評価もある。『大阪毎日』は、「巧妙なる政府の対議会策」で、「政府が大小幾多の痛手を受けたことは争われぬ事実である」が、「致命傷とまで至ったものは一つもない」という。そして、①廃減税は潰されたが、増税案は通過したので何ら苦痛はない。②定員増の選挙法は撤回したが、代償として軍需工業動員法の成立をみた（軍閥を代表する現内閣に選挙法改正は大した問題ではなく、総力戦に備えた軍需工業動員法が成立した）。これは、「内閣として申し分ない出来栄え」（3.28

大毎）であると評価した。このような成果は、政友会と国民党への根回しという、議会対策があったからだという。原内閣が成立した背景には、こうした寺内内閣への政友会の「貢献」もあったのではないかと思われる。

寺内内閣は、「超然内閣」であった。しかし、「是々非々」を標榜する政友会は、内閣と提携関係にあり事実上の与党であった。寺内内閣成立前に、西園寺公望が原に寺内を援助することを要請した。また、外交調査会には政友会の原と国民党の犬養が参加していた。寺内内閣の純然たる野党は、憲政会しかなかった。しかも憲政会は、第一党の位置を退いていた。こうして寺内内閣は、面目丸つぶれの様相をみせながら、実を取るしたたかさも備えていた。ただ、その政策の根幹は国防の充実であり、社会政策としての廃減税（国民一般の利益）に後ろ向きの政権であることに変わりはない。この点では、寺内内閣と原内閣は連続していたともいえる。

2　寺内内閣 vs 新聞——白虹事件

寺内内閣と新聞

明治期の新聞は、政党系の新聞を除けば、政府の広告塔という性格が強かった。しかし自立した大正期の新聞は、護憲運動など政治運動の前面に立って、藩閥官僚政治打破の論陣を張った。一九一二年（大正元）から翌年の第一次護憲運動では、政党と民衆、それに新聞が桂内閣を打倒したといってもよい（大正政変）。その後、シーメンス事件（一九一四年）では山本内閣が退陣に追い込まれたが、この時も新聞が政府を追及した。寺内内閣も、米騒動で厳しく新聞に批判され、やはり総辞職に追い込まれた。新聞は、確実に政治的影響力を増していた。いっぽう、寺内内閣は、自らの政権基盤を揺さぶるメディアを容赦なく言論弾圧し、また米騒動やシベリア出兵の報道を差し止めた。

大正期、新聞界では各社の競争が繰り広げられ、特に社会面でのスクープ合戦はこの時期が頂点だともいわれる。また、第一次世界大戦やロシア革命の影響で、国際報道が盛んになり、各社が海外特派員を各地に常駐させるようになる。いわばメディアのグローバル化である。パリの講和会議（一九一九年）やワシントン会議（一九二一年）には、東京・大阪の新聞社や通信各社が、大勢の特派員を現地に派遣した。政治部とか社会部といった、社内組織が整備されたのも大正期であった。

一九一六年一〇月、第二次大隈内閣の後をうけ、寺内内閣が「挙国一致」の超然内閣として成立した。『東京朝日』は、内閣成立前の一〇月七日付の社説で、「今回元老が衆議院に於ける勢力を全然無視し、寺内伯をして超然内閣を組織せしめんとするの可否は、寺内加藤の比較の問題にあらずして、純然たる憲法問題なり……一国の政治が国民の希望によりて行はるるや否やの問題なり、国民の参政権が実行せらるるや否やの問題なり」（1916.10.7 東朝）と批判した。

当時、美濃部達吉の天皇機関説や吉野作造の民本主義が、国民の間に浸透しつつあった。ここから、いわゆる政党政治こそが国民の希望する、そして国民の幸福を実現する政治であるという認識が定着しつつあった。国民からすれば、元老政治や超然内閣（閥族官僚内閣）など、もってのほかであった。他社も一斉に寺内内閣を批判した。これに対し寺内内閣は、警察権力で民衆運動を抑圧し、新聞ほかメディアの言論を抑え込もうとした。実際に警視庁の警察官を増員し、政権に批判的な言論を封殺しようとした。寺内内閣の言論出版取締は、特に厳しかった。

言論弾圧と新聞操縦

一九一八年五月一四日、後藤新平外相（本野外相の辞任後、外相就任）の地方長官（府県知事など）に対する訓示が物議を醸す。この訓示は、ロシア革命による混乱に乗じて、シベリアから「敵国の密使または危険人物」がわが国に入国することを警戒して行われた。その訓示の中に「言論機関の指導」に関する部分があった。末尾には、地方官各位は一層細心の注意をはらい「管下の言論機関を指導せられんことを切望す」（5.16東朝）という文言があった。これに対し、外務省担当記者で組織する霞《かすみ》倶楽部が、さっそく後藤内相に「不穏当な発言である」と抗議を申しいれた。外相は「指導の文字に関する諸君の解釈、議論は随意である」と述べ、ろくな説明もしなかった。そこで霞倶楽部は、「五月十四日、後藤外務大臣の地方長官に為したる訓示中『言論機関を指導せられんことを切望』云々の言辞は不穏当なりと認む」という決議を行い、一五日付で決議文を外相に送致した。また新聞各社一斉に、後藤外相および寺内内閣の言論統制を批判する記事を掲載した。

『大阪朝日』は、「後藤男の言論に対する侮辱は、必ずしも珍しき事実ではない。男は内相として極端に言論の権威に挑戦し、思想の自由に干渉してきた人で」、事実上「これまでも指導を試みてきた。現に東京および地方には、男の直接間接に指導しつつある言論機関が数多くある」とした。続けて、シベリア出兵に関する秘密外交と言論圧迫の影響で、連合国にも誤解や不信が広がっている。「このような外相がその地位にある限り、また寺内内閣が存続する限り、国内的にも国外的にも政務が円滑に行われるはずも」ない。この件に関する政府とメディアの対立を某新聞が「子どもの喧嘩」と揶揄したが、後藤外相の「非常識と愚劣とを、単に滑稽視して済むようなことではない」（5.19大朝）と、政府寄りの新聞も含めて批判した。

この『大阪朝日』の批判は、決して杞憂ではなかった。当時、内閣と軍部は「新聞操縦工作」を行っている。後藤の言葉でいえば、「指導」である。『国民新聞』や『万朝報』は、早くからシベリア出兵を促した。これに対し『読売』は、当初、シベリア出兵に慎重な態度をとった。一九一七年一二月までの『読売』の社主は、出兵を積極的にリードした本野一郎外相であった。『読売』の創業者は、本野の父である。本野は多忙のため、社主を弟に譲ったが、これに目を付けたのが、シベリア出兵の立案者のひとりである田中義一参謀次長である。田中は新聞社を味方に付け、出兵の世論を醸成しようとしていた。そこで陸軍の機密費を、新聞界に注ぎ込んだ。田中は経営難だった『読売』に資金を注入し、自分の子飼いの記者伊達源一郎を『読売』の主筆として送り込む（一九一八年五月）。こうして『読売』の社論は出兵促進に転換する。七月には連日のように、出兵論を展開した。

なお、田中義一は原内閣で陸軍大臣に就任した。一九一九年五月には、陸相直属の陸軍省新聞班を設置している。新聞班の業務は、社会に軍事思想を普及させることを目的とした。実際にはシベリア出兵に関する「美談」や「苦労」のエピソードを、派遣軍から集め新聞に掲載させた。そして露骨な新聞操作をその後も行った。ちなみに、一九三四年（昭和九）に発行された陸軍のパンフレット『国防の本義と其の強化の提唱』（陸軍が積極的に政治に関与する態度を表明）は、陸軍省新聞班の編集である。

シベリア出兵と報道規制

アメリカが日本に対し、チェコ軍救出の共同出兵を提議すると（七月八日）、すべてがシベリア出兵へむけて動きはじめる。『時事新報』は七月一二日、「新聞記事も差止めて愈《いよい》よ戦時状態」という見出しで、シベリア出兵関連の新聞記事の規制について報道した。それによれば、法務局長ほか法務省関係職員と参謀本部の関係将校らが、「記事検閲係となり、北斗会員新聞通信記者（陸軍・参謀本部担当記者）を楼上に招き、法務局長から『兵器、動員、出発、航空機等の記事は本日（二十日）より一切禁止する』との厳重な通達があった」。「之で愈々戦時状態に入った訳で、（軍事関係の）記事の報道の自由を有しないことになった」（7.21時事）と伝えた。

七月下旬、出兵を前に新聞社から「新聞掲載禁止または掲載見合わせ」にするか否か、判断が難しい事案が多数寄せられた。これでは、新聞社が編集上支障を来す（発禁処分になれば多大な損失を招く）だけでなく、取り締まる側も混乱する可能性がある。そこで内務省は、「禁止事項の大整理」を行った。いっぽう、検閲の迅速化を図るため、「独立の権能を有する一局（新聞局）を創設することを検討中である」（7.26報知）という。この新聞局に関し小橋内務次官は、「陸海軍関係者が事務に携わることは無論であるが、新聞社との連絡に就いては未だ考えていない」（8.5読売）と、欧米のように新聞関係者を含めた検閲は考えていないとした。いずれにしろ、シベリア出兵という戦時体制に応じた、報道規制強化の方針が示された。

新聞の寺内内閣批判

七月三〇日、寺内内閣はシベリア出兵に関する報道に関して、東京六社に対し一斉に発売禁止の命令を発した（全国では約五〇社に達した）。これに対し、『東京朝日』は「辞職の外なかるべし」で、「実に寺内内閣の新聞紙に対する発売禁止権の濫用は、近来ほとんどその極に達した」。これは、開戦以来、人道も国際法も無視して狂暴に振る舞うドイツに匹敵するものである、と批判した。

そもそもこの記事は、連合国と合意されたウラジオストク以外の地に、日本軍が出兵しようとしていることを非難するものであった。シベリア出兵において日本軍は、北満洲の満洲里からバイカル湖以東のザバイカル州に侵入した（九月）。これは連合国と合意のない、日本単独の行動であった。したがって、このことは「出兵宣言」に記載がない（「宣言」にはウラジオストクへの出兵のみ）。この事実が、連合国にも日本国民にも隠されていたことを批判している。これを踏まえて、「国家の利害得失はしばらく置き、いやしくも寺内内閣にとって不利益とみえる出来事」を新聞は何も報道できない。これでは、寺内内閣がもたらす難儀は外交上の問題にとどまらない。「たとえ寺内内閣の首相以下閣僚たちが、今後永く現在の地位に踏みとどまろうと」しても、「周囲の事情はそれを許さず、自由に手腕を揮《ふる》わせることはないだろう」。今後は国民の批判の前に何事もできないだろうから、「速やかに辞職する以上の得策はないだろう」（8.2東朝）と痛罵する。報道の制限は国民の不利益であり、ひいては国民を困難に陥れるものだという。

米騒動の報道禁止と『大阪朝日』

八月一六日付の『大阪朝日』「極端なる記事差止」は、政治と新聞の関係を次のようにいう。「記事差し止めの多いことは、現内閣に過ぎるものはない」。あれこれと、報道禁止事項に触れないものはない。「政府当局はいわゆる指導なるものを行って、新聞を政府の官報のようにしようと欲する」。しかし、新聞の本質はそのようなものではない。「新聞は社会の鑑《かがみ》であり、社会の木鐸《ぼくたく》である。

文明統治の最良機関である」。ゆえに立憲政治家は新聞と対立せず、これを利用して内外の施政に役立てる。ところが、「専制政治家は新聞を蛇蝎《だかつ》視し、この禁遏《きんあつ》を事とする」。「いやしくも言論集会の自由を許されたる現代に、一片の行政命令を以てその自由を奪い」、しかも発行禁止によって経済的な大損害を蒙らせるのは、「いよいよ非立憲の極である」。「寺内首相は朝鮮で、後藤内相は台湾で新聞を抑圧した」。そしていまは、「これを内地にも及ぼそうとしている」（8.16大朝）と。

そして、政府は「昨今の新聞の記事は如何にも扇動的でいたずらに民衆をそそのかす」、新聞記事は治安維持を損なう、という理由で米騒動の報道が禁止された。「右の理由によってわが社は今後米騒擾に関し、一切報道の自由を奪われた」。「この重大な時期において十分報道機関たるの職責を尽くすことができないようになった事を読者にお断りする次第である」（8.16大朝）と、大活字で読者に「謝罪」してみせた。

続いて八月一七日付の「内閣弾劾の企画に就て」では、米騒動の報道禁止が「極端なる非立憲的性質のものである事は更にいうまでもないが、なおその上に非人道的色彩を帯びている」。ゆえに、「寺内内閣の閣僚およびその少数の支持者ならびに追随者」は、「全国民の怨恨、愁訴、もしくは批難、糺弾の標的となっている」。「寺内内閣の秕政《ひせい》のもとにおいても久しく隠忍自重を重ねてきた吾人と関西における新聞従業者が、にわかに今回の政府の暴挙に耐えかねて、寺内内閣の弾劾という共同目的のもとに、極力運動せん」（8.17大朝）という。まさに一新聞社が政府に対し、内閣弾劾という「宣戦布告」を行ったに等しい。記事の後段では、「非立憲的手段で現下の食糧暴動を鎮静する」と、軍隊による武力弾圧も批判した。このような『大阪朝日』の「宣戦布告」を受けて、政府が反撃に出たものが、次に取りあげる「白虹事件」であったと思われる。

ところで余談だが、この年の大阪朝日新聞社主催の第四回全国中等学校優勝野球大会（現夏の甲子園）は中止となった。社告（八月一七日付）で「京阪神の三都を初め各地に蜂起した米騒動のため一時延期しましたが、本社は目下の重大なる形勢に鑑《かんが》みて遺憾ながら断然中止することに決しました」と中止を伝えた。神戸では、米で暴利を貪った鈴木商店が焼き打ちに遭ったが、大会会場であった鳴尾球場は鈴木商店に近かった。極度の治安悪化で、野球どころではなかったのである。ところが社告には米騒動のほか、もうひとつ理由が書かれている。「加うるに政府が無謀にも一切の新聞雑誌に対して現下の重大なる社会的形勢について平たい事実をさへ伝える事を厳禁した」（8.17大朝）ため、選手や保護者、関係者が情報不足で不安であろう事も理由としているのである。メディアの未熟な時代、新聞は重要な情報源として社会の「灯」のような存在だった。ただし、記事のニュアンスからは、報道を禁止した政府への抗議が感じられる。

新聞社の「宣戦布告」

関西では『大阪朝日』を中心に、寺内内閣弾劾の運動が起こった。『大阪朝日』「新聞大運動」では、「言論圧迫に対し、忍耐を重ねて来たる全国の各新聞は、最近の極端な禁止令に対し、もう堪忍の緒も切れ、東京に於いては春秋会、関西に於いては三社の旗挙げとなり、檄を四方に飛ばして、言論擁護、内閣弾劾の運動に着手した」。「山本内閣の末路はちょうど今のようで、非立憲横暴内閣は、如何にしても退治せねばならぬ」。米の糧のみならず、精神の糧のためにも奮起する必要がある。「大いに戦うべきである」（8.17大朝）と気焔をあげた。「山本内閣の末路」とは、シーメンス事件で総辞職した第一次山本内閣の話である。この時も新聞各社は、「全国記者大会」を開いて山本内閣を追いつめた。ちなみにこの山本内閣の内相は原敬で、新聞記者への暴行を許したとして、新聞各紙から厳しい批判を浴びた。

八月一五日午後六時から大阪ホテルで、大阪朝日、大阪時事、大阪毎日の大阪三社合同協議会が開かれた。その結果、一七日に近畿各新聞社通信社の大会を開催し、「寺内内閣の非違を糾弾しその倒壊を期す」ことが決議された。つづけて『大阪毎日』は、「吾人は現内閣の憲法蹂躙、権力濫用に対して、敢然として既に立ちたるなり」（8.17大毎）と宣言した。一七日午後六時から同ホテルで、「言論擁護内閣弾劾　近畿新聞大会」が開催された。大阪市内各新聞通信社をはじめ、神戸、京都、奈良、和歌山の各府県から総計五三社、一七三名の出席者が一堂に会した。各氏挨拶ののち、大会決議文起草委員六名を選出し、別室で起草して次の決議文を満場一位で可決した。

寺内内閣は成立以来、失政を重ねて引責するを知らず、益々民心の不安を助長し、各地に流血の惨事を演出するの騒擾を勃発せしめたり。然も無策、之を済《すく》う能わず、百方糊塗、国民を愚にし、言論報道の自由を奪いて天下の耳目を蔽《おお》い、更に其非を遂げんとす。憲法の蹂躪、権力の濫用、此に至って極まれりというべし。吾等之を座視する能わず。此に寺内内閣の非違を弾劾し、其引責辞職を期し、憲法の神聖、言論報道の自由を擁護せんとす。

右決議す

大正七年八月十七日

そして、この決議文を寺内首相および衆議院・貴族院の両議長あて送ることに決した。その後、各新聞通信社の代表が代わる代わる立って熱弁をふるい、最後に「官僚最後の内閣を、たちどころに之を仆《たお》すべし」と参加者全員で高唱し、午後九時半に散会した（8.19大朝）。

こうした新聞の「大運動」に対し、政党の中では唯一憲政会が、同調する動きをみせている。憲政会は寺内内閣の唯一の野党であったため、警察によって集会を妨害されるなど、言論の自由を侵害されていた。憲政会は八月一五日午後三時から、憲政会本部楼上大広間に所属議員および院外有志の連合会を開催した。ここで、わが国初の盲目の衆議院議員として知られる高木正年は、「新聞の騒擾に関する記事差し止めは、実に咄々怪事《とつとつかいじ》（非常に不都合な事）である。今日の時局がここ迄紛糾を来たしたのは、政府の施策が良くないからで、不平反抗の気運は全国に漲《みなぎ》っている。その矢先に米価問題が勃発し、遂に暴動となったものである。記事差し止めの間、警官の群衆に対する不埒な行動の如きは、新聞紙の監視がないため、益々その度を越えるようになるだろう。記事差し止めは、一層時局を険悪にさせた。政府は誠に天下の人心を失った。上下両院の有志は、今こそ集まって、事態収拾の議論を重ねるべきである」と演説した（8.16東朝、要約）。

白虹事件（大阪朝日筆禍事件）

八月二五日、関西記者大会を迎える。『大阪朝日』八月二六日付の見出しは、「寺内内閣の暴政を責め、猛然として弾劾を決議した　関西記者大会の痛切なる攻撃演説」である【写真11】。大会は、二五日午前一〇時から大阪ホテルで開かれた。関西新聞社通信社八六社から、一六六人の新聞記者ほか関係者が集まった。記事は、「元帥陸軍大将従二位勲一等功一級伯爵寺内正毅閣下などと厳めしいモールの光を以て、国民を眩惑し得る時代は夙《つと》に過ぎ去った。沐猴《もくこう》の冠（猿がかぶっている冠―筆者）」に誰が尊敬を払い得るか。国民は塗炭に苦しんでいる。空倉の雀は飢えに泣いている」という文章ではじまる。広いベランダは、参加した人々で埋め尽くされた。桐原大阪毎日相談役の挨拶に次いで、早速決議文が大阪朝日の和田信夫によって読み上げられた。「朗々たる宣言は、雷の如き喝采に埋もれた」。その後、各氏が熱弁をふるい、終わって皆食卓に就いた。そこまでは良い。問題の記事（文章）は、そのあとである。

金甌《きんおう》無欠《むけつ》の誇りを持った我大日本帝国は、今や恐ろしい最後の裁判の日に近づいているのではなかろうか。「白虹《はくこう》日を貫けり」と、昔の人が呟いた不吉な兆しが、黙々として肉叉《フォーク》を動かしている人々の頭に電《いなずま》のように閃《きらめ》く（後略、8.26大朝）

筆者は、大西利夫記者であった。『大阪朝日』は、かねてから政府に睨まれていた。政府は、この文章を問題ありとしてとりあげた。特に「白虹日を貫けり」という一句が、新聞紙法第四一条違反（安寧秩序ヲ紊《みだ》シ又ハ風俗ヲ害スル事項ヲ新聞紙ニ記載シタルトキハ発行人及ビ編輯人ヲ六月以下ノ禁錮又ハ二百円以下ノ罰金ニ処ス）として告訴された。「白虹貫日」とは、兵乱の前兆をいう言葉であるが、中国では不吉の兆しとされた。そのため、「我国ニ兇変襲ヒ動揺ノ末遂ニ滅亡ニ至ラントスル情景ヲ幻想セシメ」（判決文）として訴えられたのである。「白虹貫日」という微々たる字句を誇大に解釈し、これがわが国の滅亡の「情景を幻想」させるとは、いいがかり以外の何ものでもない。しかし、一〇月一四日、社長村山龍平が引責辞任し、続いて鳥居素川、長谷川如是閑《にょぜかん》、大山郁夫、丸山幹治、花田大五郎らが一斉に退社した。また、本書でもとりあげた、末広重雄、佐々木惣一、河上肇ら大学教授陣も、一時『大阪朝日』を離れざるを得なかった。そうしなければ、「発行禁止」（新聞そのものの発行を禁止、すなわち廃刊）の可能性すらあったのである。

この事件で、大阪朝日新聞社は存亡の危機を迎えた。一二月四日、新聞紙法違反で編集人の山口信雄と執筆者の大西利夫のふたりに禁固二ヶ月の判決が下った。ふたりとも控訴せず、一審判決に服した。この事件は、言論の自由を侵害する重大事件であったにも拘わらず、事件後、他

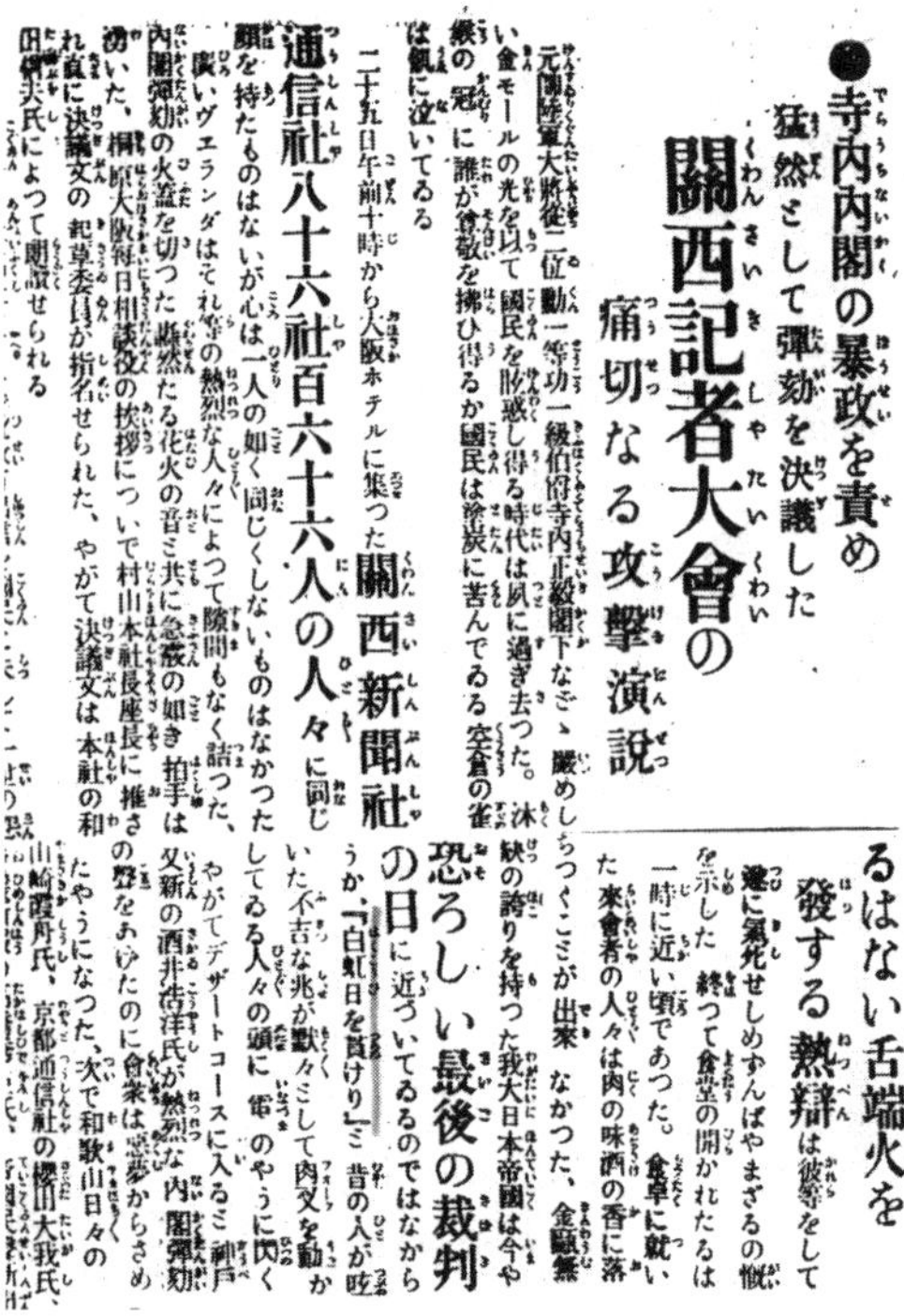
●寺内内閣の暴政を責め
猛然として彈劾を決議した
關西記者大會の
痛切なる攻撃演説

元陸軍大將從二位勳一等功一級伯爵寺内正毅閣下など、嚴めしい金モールの光を以て國民を眩惑し得る時代は夙に過ぎ去つた。沐猴の冠に誰が尊敬を拂ひ得るか國民は塗炭に苦んでゐる空倉の雀は飢に泣いてゐる

二十五日午前十時から大阪ホテルに集つた關西新聞社
通信社八十六社百六十六人の人々に同じ顔を持たものはないが心は一人の如く同じくしないものはなかつた廣いヴエランダはそれ等の熱烈な人々によつて隙間もなく詰つた、内閣彈劾の火蓋を切つた凛然たる花火の音こ共に急霰の如き拍手は湧いた、桐原大阪毎日相談役の挨拶について村山本社長座長に推され直に決議文の起草委員が指名せられた、やがて決議文は本社の和田韋尖氏によつて朗讀せられる

るはない舌端火を
發する熱辯は彼等をして遂に氣死せしめずんばやまざるの慨を示した 終つて食堂の開かれたるは一時に近い頃であつた。食卓に就いた來會者の人々は肉の味酒の香に落

しつくことが出來なかつた、金甌無缺の誇りを持つた我大日本帝國は今や
恐ろしい最後の裁判
の日に近づいてゐるのではなからうか、『白虹日を貫けり』こ昔の人が呟いた不吉な兆が默々として肉叉を動かしてゐる人々の頭に雷のやうに閃く

やがてデザートコースに入るこ神戸又新の酒井浩洋氏が熱烈な内閣彈劾の聲をあげたのに會衆は惡夢からさめたやうになつた、次で和歌山日々の山崎暖丹氏、京都通信社の櫻田大我氏、

写真11　関西記者大会。文中に「白虹日を貫けり」の文言があった（8.26大朝）

の新聞社は全く沈黙した。いや、『大阪朝日』自身も、この事件に関する報道も、新聞紙上での抗議も行っていない。この事件のきっかけが、寺内内閣の言論弾圧に抗議する集会だったことを考えれば奇妙である。

実はこの事件は、少なくとも前年の一九一七年から仕組まれていた。内務省は大阪府などとも連携を取りながら、『大阪朝日』を監視し、弾圧の機会を狙っていた。つまり、周到に準備された謀略事件だったのである。事件をきっかけに、『大阪朝日』ばかりでなく、権力に対抗した当時の主要な新聞や雑誌は、次々に政権に牙を抜かれていくことになる。

『大阪朝日』の「敗北宣言」

存亡の危機を迎えた『大阪朝日』は、一二月一日の紙面に「本紙の違反事件を報じ併せて我社の本領を宣明す」という記事を掲載した。これは、事件の経緯を読者に知らせるものである。しかし言論弾圧に抗議するものではなく、権力に対する事実上の「敗北宣言」であった。

この中で「我社はもとより国法を尊重す。言論の自由は国法の範囲内に制限されざる可らざるを知る」。「我社の新聞そのものは、国家社会の公益を図るべき公器なるが故に、かくの如き場合に遭遇しては、我社は宜しく誠意を以て反省考究すべきものなりと思惟す」。「而して近年の言論頗る穏健を欠くものありしを自覚し、また偏頗の傾向ありしを自知せり、かくの如き傾向を生ぜしは、実に我社の信条に反するものなり」。「我社すでにその過ちを知る、どうしてこれを改めることを憚らんや」と、「言論頗る穏健を欠く」「過ち」を認め、ひたすら謝罪し、国法と権力への「恭順の意」

を表した。

続いて、『大阪朝日』『東京朝日』両新聞に共通する編集綱領を開示した。綱領は四カ条から成るが、ひとつめだけをあげておく。

一　上下一心の大誓を遵奉して、立憲政治の完美を裨益し、以て天壌無窮の皇基を護り、国家の安泰国民の幸福を図る事（12.1大朝）

寺内内閣を「非立憲」と批判した『大阪朝日』が、「非立憲」の力に屈服し、天皇制の前にひれ伏した瞬間だった。『大阪朝日』ばかりでない。これ以後、新聞各社は、朝憲紊乱という天皇制に刃向かう行為を、「自ら」恐れるようになる（「朝憲紊乱」と「安寧秩序紊乱」は厳密にいえば異なる。『大阪朝日』と他の新聞社も、特に恐れたのは天皇と皇室への反逆である「朝憲紊乱」の罪）。

この『大阪朝日』の報道と判決結果を受けて、『福岡日日』は、「大朝事件の経緯　同社の改革と違反事実の報道発表」と題して、次のように伝えた。「大阪朝日の新聞の論調は先年大隈内閣成立前後より著しく偏頗《へんぱ》の傾向を帯び来たり」。往々にして大隈系または憲政会派の機関誌ではないかと疑わせるほどである。これは公平穏健思想を標榜してきた同新聞の声価に、少なからず影響した。そして、本年八月二五日、寺内内閣攻撃のため開催された関西新聞社大会に関する記事に、激しい文言があった。これが寺内内閣の要人の目にとまり、訴えられ今回の判決となった。事件勃発後、社長村山氏は大阪中之島で皇国青年会に襲撃され、浪人会（玄洋社、黒竜会に連なる国家主義団体）による朝日新聞批判演説会が、東京、大阪各地で開催された。朝日新聞社も責任を感じ、社長や編集者ほか幹部が引責退社した。そして、かねて編集長の鳥居素川派と対立した長老西村天囚氏（事件後編集顧問に就任）の一派が復活して、「大いに謹慎の意を表し」論調を一変するに至った。さらに『大阪朝日』『東京朝日』共通の「編輯綱領《へんしゅうこうりょう》」を制定して、「今後の革新改善を誓約し」ひたすら謝罪した。ただ『朝日新聞』が、言論界で「痛く憂慮された発行禁止」の処分を免れたことは、「新聞界一般のために深く慶賀す」べきことである（12.5福日）と。

ここには、八月二五日の「事件発生」から、一二月一日の敗北宣言である「本領を宣明す」を発表するまでの経緯がよく示されている。特に村山社長襲撃や浪人会の演説会など新聞社への暴力や圧力の影響、新聞社内部での主導権争いなどを経て、朝日が論調を一変させていった経過が分かる。こうして日本の新聞は、言論の自由を奪われた。そう考えると『福日』がいうように、発行禁止を免れて「慶賀すべし」、などという話では全くない。白虹事件は、戦前の日本ジャーナリズムの決定的転換点となった（有山）。

3　原政党内閣の成立

寺内内閣と政友会――是々非々主義

原敬の政友会内部には、犬養の国民党とともに寺内内閣を批判、攻撃すべきという声もあった。それほど、寺内内閣への風当たりは強かった。しかし原敬は、いたずらに形式だけで判断せず中立路線をとって、是は是、非は非として、公平無私の態度で望むことを表明した。いわゆる「是々非々主義」である。「与党でも野党でもない」が、原政友会のスタンスであった。

それには理由があった。ひとつに、内閣の側から政友会に近づいてくるという見通しを、原は持っていた。寺内は第一次西園寺内閣で陸相を務め、政友会の西園寺内閣を支えた経験がある。原は寺内が、政友会の支持を期待していることも知っていた。ふたつめは、憲政会の存在である。寺内内閣成立の翌日に、同志会を中心とする非政友会系政党が合同して憲政会が成立した。憲政会は衆議院に一九九名の議席を有する、第一党であった。憲政会は、寺内内閣への対抗姿勢を明らかにしていたから、政友会が憲政会と提携することはできなかった。是々非々は、第二党に甘んじている政友会の「独自路線」であった。その後、一九一七年四月の総選挙で、政府のテコ入れもあり政友会は圧勝した。是々非々が功を奏したのである。第一党に返り咲いた原の政友会は、その後も建前上は是々非々のスタンスを維持した。

この政友会の是々非々主義を、新聞はどのように評したのか。第四〇議会後の三月三〇日、『東京朝日』は「政友会と寺内内閣」で、「政友会は第四十議会に於て、その所謂《いわゆる》是々非々主義の本領を遺憾なく発揮したものとして、頗る得意げに見える。元田総務もかつて『是々非々主義の看板に偽りなきを天下に明らかにしたり』とほこり、一昨日の議員総会では原総裁もこれを力説した」。彼等はこれを自負しているが、「吾人の見るところでは、第四十議会に於ける政友会の寺内内閣に対する態度は、是々非々というよりも、むしろ是を是とすると同時に、非もまたこれを是とした」と批判した。政友会は、非もまた是として内閣に協力したという。その根拠として、「政友会は政府の明白なる違憲行為をも黙過」し、「援段一本槍の極めて偏頗な対中国政策をも不問に付した」。「政友会は、政党内閣を理想とし、従って現内閣はその主義に反することが明白にも拘わらず、何とか口実を設けてこれを擁護した」。「政友会は前内閣（第二次大隈内閣）に対するよりも、現内閣に対して寛大である」（3.30東朝）と述べた。政友会は是々非々主義といいながら、その実態は政府与党である、と批判した。繰り返しになるが、政友会は寺内内閣の事実上の与党であったから、その是々非々主義はまやかしであった。

政友会は何を目指したか

第四〇議会会期中の一九一八年一月二〇日、政友会は党大会を開いている。原総裁は、ここで次のように述べた（要約）。「第四十議会に臨み、わが党はこれまで同様、是々非々の態度を取り、誠意、国家に貢献しようと思う。欧州大戦はすでに満三年を経過したが終わらない。戦争中、列国の自衛自給方針は益々露骨となっている。戦後、列国は戦争の傷を癒やし、国力を回復させようとして、世界的一大競争が激化するだろう。いわゆる戦後経営の重点項目は三つある。①教育の充実。戦後、有意なる国民を作って列国との一大競争に対応する。②交通機関、特に鉄道の普及、港湾の整備と海運の発展。これに加え、③国防の充実である。欧州戦争の実験から、陸海軍に加え航空軍と称すべき新たな戦力が必要である。この際わが国防の充実を図り、国威の失墜を生じさせないことが急務である」。そして、「わが党は多年積極方針をとって国家に貢献した歴史に省み、時局に対し挙党一致で臨む。現内閣の提出する案件に対しては、時局の急に応ずるに足るか、またわが党の主張に一致するか、冷静な態度で審査をしたい。昨年四月に最大多数党となって、わが党の眼中には、ただ国家あるのみ」と締めくくった。

ここには、いわゆる政友会の「積極政策」が並べられている。特にその国防の充実やインフラの整備に関して、寺内内閣の目指す方向と、およそ大きな違いはなかった。それゆえ是々非々といいながら、事実上は内閣の与党として、その政権運営を補完する役割を担っていた。

政権継承の資格

『大阪朝日』は「政権継承の資格」で、原政友会に寺内内閣の後継内閣たる資格があるか、検討している。まず、寺内内閣に政治責任を負わせて更迭する以上、後継内閣は現内閣の「反対党」でなければならない。しかし政友会は、「厳正中立を標榜して世間体を誤魔化しているが、事実において政府党である」。第二に外政上、政友会の原君は、外交調査会のメンバーであるから、寺内内閣の外政失敗の責任を内閣と分けて負わねばならない。第三に、政友会は多数党だというが、寺内内閣による選挙干渉で多数党となった。第四に第四〇議会では、政府の議席増の選挙法改正を撤回させ、自党に有利な選挙法（小選挙区制）を作ろうとした。従って、原総裁の政友会に政権継承の資格は何ひとつない、とした。もし、資格を得たいのなら、まず是々非々主義を改めなければならない。その上で、「憲政の本義に依拠し、猛然と起って、寺内内閣を攻撃し一切の政策に反対すれば、政権受け継ぐものは当然政友会でなければならない」（5.16 大朝）とした。最後は、政友会に対し「憲政の本義」に立ち返れと、半ば叱咤激励しているようにもみえる。

いっぽう『読売』は、一貫して西園寺内閣を期待している。『読売』すでに寺内内閣の辞職が取り沙汰されていた九月半ば、「政党内閣」という記事を掲載した。ここでは、「政党内閣が、いま日本に出来るのが望ましいにせよ、望ましくないにせよ」、流れはこの方向にある。「しかし寺内内閣に継ぐべきは、純然たる政党内閣でなければならないという迄に、勢いが迫っているとはいえない」。「至極まじめな考えの者は、西園寺内閣を希望する」。それは、「政友会内閣には不安を感じるからである。原氏は自党本位であるから」、国政を任せられない。「今日の時局に際しては、まだ原君より西園寺侯の方がよい」。「なぜなら西園寺侯であれば、世界の形勢に対して、見当違いの考えがなく、また国内の人心にも通じおり、その上、政治屋連の横暴を抑える技量もある」（9.14 読売）

からであると。「今日の時局」とは、未だ第一次世界大戦下であることと、米騒動で人心が不安定な状況をさすものと思われるが、要するに西園寺と原の経験の差から生じる、政治家としての信頼度の違いということになろう。このように、寺内内閣の後継については、原政友会内閣が必ずしも待望されていたわけではない。

原内閣待望論

『京都日出』の「何ぞ原内閣を唱えざる」は、寺内再組閣、西園寺内閣、平田東助内閣、清浦奎吾内閣などと、「寺内後」の可能性を羅列する。しかし最後に、「如何なる内閣が出来るべきかというならば、問題は簡単明瞭である。議会に比較的ながらにも最多数を占める政友会の総裁原敬氏が内閣を組織すれば夫《そ》れでよろしい」とする。当時政友会は、衆議院の議席の過半数には満たなかった。また、「西園寺侯と違って、原氏の人柄とか、信用とかは随分問うべきものがある」。それでも多数党の党首が、内閣を組織すべきだという。これを「立憲の形式主義は多数党の内閣を組織するの常径」(3.24京都日出)、すなわち原内閣こそ「憲政の常道」であるという。また、寺内内閣は「非立憲挙国一致内閣」であったが、今後は「立憲挙国一致内閣」が望ましいという。原敬や政友会という個人や特定の政党にこだわるのではなく、あくまで「憲政の常道」を志向する。

大分の地元紙ではどうか。三月の『大分新聞』に「原内閣亦可　寺内内閣に比すれば」という記事がある(3.17大分)。これは大分県選出の国会議員箕浦勝人《みのうらかつんど》の談話である。箕浦は臼杵町(現臼杵市)出身の国会議員で、第二次大隈内閣で逓信大臣を務めた。この時期、憲政会に属している。憲政友会の箕浦は、政友会の原内閣について、「政友会の幹部連は原内閣に決めて居るらしいネ。ナーニ山本達雄君一人は別だよ。アレは寧ろ西園寺擁立の張本人だろう」。「何でも山本君は、原では貫禄が足りないと言っているようだが、どんな内閣が出来た処で今の内閣よりましだよ。原内閣だって今よりは良いだろう」と述べた。

山本達雄も臼杵町出身の国会議員で、政友会に属している。原内閣では農商務大臣を務めることになる。その山本君云々はさておき、「原内閣亦可」というのは、シベリア出兵をめぐり外交上迷走する寺内内閣に比べれば「可」ということである。原内閣をことさら待望しているわけではない。立憲主義の原則から、非立憲の寺内内閣よりマシな内閣として、政友会の原内閣を求める声はある。

原敬の人物像

寺内内閣の後継内閣に関する記事をみると、西園寺内閣を待望するものが多い印象を受ける。右にみた二つの記事（『京都日出』と『大分』）にも、西園寺の名が登場する。人柄や政治家としての技量としては、原より西園寺の方が期待されていたように思われる。原が、「平民宰相」として持て囃されるのは、内閣成立後である。では、当時の原の人物像というのはどのようなものだったのか。

『時事』七月九日付に「原内閣如何」という記事がある。「彼（原）は官僚に対しても、党員に対しても憎まれ役になった。彼が官僚と妥協しつつ、政党の勢力を拡張せんとした努力奮闘は、実に大なるものであった。一歩また一歩、遠浅に海潮《かいちょう》の満ち来るが如く、政友会の波は何時《いつ》しか官僚藩閥の脚下を洗って迫った。官僚藩閥が愕然として顧みたる時は既に遅かった。政友会の勢力は、中央地方の官界に根を下ろして」いた。原氏は、「無理に戦いは行わず遠巻きに巻いてヂリヂリと攻め立て、及ぶ限り兵を損じない工夫をしたのである」(7.9時事)。ここには、緻密な計画に沿って、忍耐強く党勢の拡大に努めた原の人となりがよく表現されている。記事全体は、原内閣を待望するものではない。しかし、党勢拡大における原の貢献度を評価している。

地方での評価はどうか。少し遡るが、一九一五年の『佐伯自治新聞』に「我国政党史」という、九回にわたる連載記事(第一回は一月一七日、最終回が三月二一日)がある。書き手は、「稲葉老人」とあるが不詳。その第四回に、政友会と原に関する記述がある。「元来政友会なるものの第一義は何の主義、何の綱領と言うべき物ではない」。「星亨が事実総理となり、次いで原敬が事実総理の地位を占める様になってからは即ち政友会の是迄の主義態度と言うものは、決して政権政策ではなかったのである。便利主義、現在主義と言う様なものが、その第一義であったのである。如何にして政権を把握するか、如何にして政党の拡張を計らんか、実にこれのみであった」。原敬は露骨に金力と権力の両刀の使い分け、「一方に政権を握り、その政権を濫用し、又は悪用して党勢の拡張をなし、これで以て今日迄絶対多数、所謂政友会天下の成功をかち得た」という。また「原敬の人物」では、「彼は飽く迄、現実主義の男だ。現実に徹底している男である。それだけ腕は冴えている」。現実にのみ生きる彼は、「伊藤を迎えてこれを追い出し、西園寺を迎え、更に憲政擁護、閥族打破を称導して桂内閣(長閥)を倒すや、その口の下から薩閥と通じ、所謂山本内閣の下に」与党となった。「主義や政策などは、唯政権を得るの手段に過ぎない」(1915.2.7佐伯自治)。ここでも原敬は、徹底したリアリストとして評されている。

『佐伯自治新聞』の原敬に対する人物評価は厳しい。とくに政友会と原敬への不信は、大正政変で桂内閣（閥族）打倒の先頭に立ちこれを倒しながら、薩閥の山本内閣が成立するとこれと妥協し、政権与党に収まったことにある。主義主張は二の次で、とにかく「政権につく」ことが政友会と原の目的であるという。これをして、「（原は）現実主義の男、現実に徹底している男」といわしめている。実際に政友会は、一九〇〇年（明治三三）に党を創立して以来、第三次桂内閣と第二次大隈内閣の時期を除けば、ほとんど常に歴代内閣に対して与党側に立ち、かつまた終始第一党の地位を保持してきた。政友会が創立以来、「永続的政権党」を目指していたことは間違いではない。

ところで、『佐伯自治新聞』は、不偏不党を標榜していた。しかし、佐伯町という政治風土と社主の阿南卓《あなみたかし》（第三章「戦地通信」の筆者）は、矢野文雄（龍渓）や藤田茂吉らの影響を色濃く受けている。阿南は早稲田大学出身で、同郷の矢野や藤田と昵懇であった。矢野も藤田も、自由党に対抗した改進党系の『報知新聞』に身を置いたジャーナリストで政治家である。従って、大隈や国民党の犬養に近い立場にあった。そのため政友会や原に対しては、どうしても厳しい評価にならざるを得ない。それにしても、「初の本格的政党内閣を樹立した平民宰相という名誉とは裏腹に、当時の原は驚くほど不人気だった」（清水）ことは、確かである。

原内閣の成立

寺内首相は一九一八年になって、体調が優れなかった。四月には「病気により激労に耐えられない」として、山県に辞意を洩らした。この時には、山県に慰留された。七月下旬にもシベリア出兵物をめぐって、積極的な閣僚と慎重な外交調査会の板挟みになって、山県に辞意を伝えたという。物価騰貴や米価の急騰による経済不安の増大も、辞意の背景にはあったらしい。しかしここでも、山県の同意を得られなかった。そのような時に寺内内閣は、米騒動に直面する。寺内内閣が米騒動で倒れたのは事実であるが、それ以前に寺内自身は、政権運営に自信を失っていた。

八月上旬の米騒動のピーク時に原は、故郷の盛岡にいて九月初めまで帰京していない。このとき原は、元老や藩閥勢力との調整を考えており、決して騒動に参加する人びとの側を向いてはいなかった。米騒動と東京に距離をおくことが、得策だと考えていたらしい。原は、九月二日に寺内の辞任決意の報を得て四日に帰京し、山県ら政界の要人たちと会っている。一九一八年九月二一日、ついに寺内内閣は総辞職した。

しかし、後継人事ははじめ難航した。山県は、後継首相に原を推すことを迷っていた。米騒動を目の当たりにし、またシベリア出兵直後に政党（政友会）に政権を委ねて良いものか。はじめ山県は、西園寺に働きかけた。しかし西園寺も病身であり、後進に道を譲るべきとして応じなかった。山県は平田東助や清浦奎吾にも打診したが、不調に終わった。再三の要請を断った西園寺が、山県に原を薦めることで、ようやく山県は首を縦に振った。元老間の話し合いで西園寺が、「原にては如何」というと、山県は「それも一案なり」と答え同意したのである。山県は自分の口から、原を指名することはできなかった。こうして九月二七日、原敬が組閣の大命を受けた。ここに、衆議院議員で爵位を持たず、藩閥出身でない初めての総理大臣が誕生した。

『東京日日』は、「西園寺侯は即ち二十五日参内《さんだい》大命拝辞（辞退）の後、原氏を奏薦せる次第にし

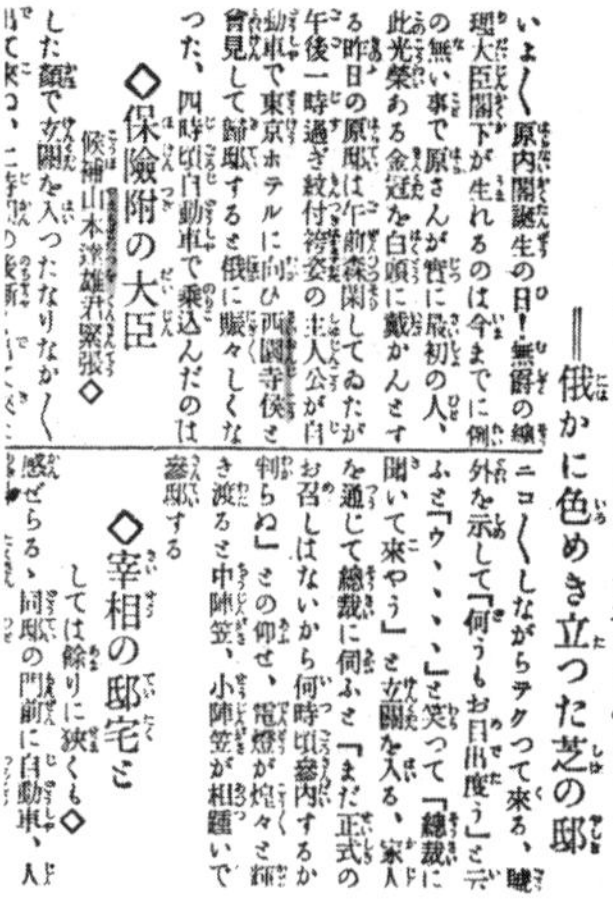

原内閣の誕生
無爵總理《むしやくそうり》の最初《さいしよ》の人《ひと》
金冠《きんくわん》は白頭《はくとう》に戴《いた》かれた
——俄《には》かに色《いろ》めき立《た》つた芝の邸《やしき》

いよ／＼原内閣誕生の日！無爵の總理大臣閣下が生れるのは今までに例の無い事で原さんが實に最初の人、此光榮ある金冠を白頭に戴かんとする昨日の原邸は午前森閑してゐたが午後一時過ぎ紋付袴姿の主人公が自動車で東京ホテルに向ひ西園寺侯と會見して歸邸すると俄に賑々しくなつた、四時頃自動車で乘込んだのは

◇保險附の大臣

候補山本達雄君緊張◇

した顏で玄關を入つたなりなか／＼出て來ぬ、……ニコ／＼しながらテクつて來る、……外を示して「何うもお目出度う」と云ふと「ウ、、、」と笑つて「總裁に聞いて來やう」と玄關を入る、家人を通じて總裁に伺ふと「まだ正式のお召しはないから何時頃參内するか判らぬ」との仰せ、電燈が煌々と輝き渡ると中陣笠、小陣笠が相踵いで參邸する

◇宰相の邸宅と

しては餘りに狹くも◇

感ぜらるゝ同邸の門前に自動車、人……

写真 12　原内閣の誕生。原敬は、初の「無爵総理」だった。（9.26 東日）

て、松方侯また二十四日山県公と、二十五日西園寺侯と会見して、これまた原氏推薦に同意を表したるを以て、原氏推薦の議は案外速やかに進捗し」、「西園寺侯拝辞の上は原氏を適任とする旨を奏上し、かくて直ちに原氏の御召《おめし》参内となり大命原氏に下ることとなれり」と拝命経過を伝えた。さらに、「原内閣の誕生無爵総理の最初の人　金冠は白頭に戴かれた」との見出しで【写真12】、「いよいよ原内閣の誕生の日！無爵の総理大臣閣下が生まれるのは今までに例の無い事で、原さんが実に最初の人」（9.26 東日）と、称賛の意をこめて伝えた。

新聞の評価と注文

日本で初の本格的政党内閣の成立を、人びとは驚きと称賛をもって迎えた。寺内内閣と厳しく対峙した新聞各社も、原内閣を概ね歓迎した。また、元老（特に山県）の後継選びが意の侭にならず、その影響力が低下したとみて歓迎する論調も多かった。いっぽう、原内閣に対して、全く不満がなかったわけではない。また原内閣には、期待とともにいくつもの注文が付けられた。

『東京朝日』は、「憲政の常道よりいうも、また政界の大勢よりいうも、寺内内閣の後をうけて新内閣を組織するものは、初めより政友会の原敬君でなければならなかった」。「果たして然らば、これを政党内閣と称するも差し支えないであろう。そしてこのことは、政党の実力が漸く世間に於いて認められた結果として、吾人の満足しなければならない所である。就中、無爵の原君が、新内閣を組織するが如きは、憲政の進歩上、特に吾人の満足しなければならない所である」。この出来事は、「政党嫌いの山県公が、いよいよ政党の軍門に降参したると同様なり」と賛意を表した。そして、「もし今回の政友会内閣が成功し、これに対する世間の信用を高めたならば、その次は必ず憲政会の天下でなければならない。原君についで第二の多数党を率いる加藤子爵（高明）が次の内閣の組織者でなければならない」（9.27東朝）と、来たるべき二大政党による政権交代、すなわち本格的政党政治の到来に期待をよせた。

西園寺内閣を待望した『読売』は、「西園寺侯が内閣組織の大命を御請けせられざりしについては、吾輩は侯に対し不満足なり」、「但し、侯にして起《た》たれざる上は、原政友会総裁に大命の降るは当然なり、当然というは、この際、これ以外の策なし」とした。そして、「吾輩は政党内閣を以て理想とするものに非ず、元来この種のことに理想とか道理とかあるものに非ず。ただ、利害得失を以て判断すべきものなり」（9.26読売）と、原内閣というより、「政党内閣誕生」というだけで、それを持て囃す風潮を批判した。

『東京日日』は、「原内閣はいよいよ成立を告げたるが、政友会は之を以て、自己多年の主張に係る政党内閣の実現なり」と原内閣を歓迎した上で、高橋是清蔵相は「物価の騰貴は恐れることはないという考え」だが、放置すれば「再び米騒動の危険性がある」と指摘した。また、田中義一陸相は、さらに陸軍の軍備拡張を企図している。原首相と政友会はシベリア出兵についても、「少数出兵を主張していた。参謀本部と意見を異にするが、どのように解決するか」（9.30東日）と、注文をつけた。

『大阪朝日』は「新内閣の意義」（法学博士佐々木惣一）で、「大体に於て政友会総裁を首脳とする政友会内閣といってよい」。「これは、私共の既に希望して置いた通りであるからして、今回の内閣には私共の立場から見る時は、賛意を表せざるを得ない」と、原内閣成立を歓迎した。そして、「更にこの内閣によって将来わが政局の進行が、憲政の常道に入るようにせねばならない」と、「憲政の常道」の常態化に期待する。当面の問題としては、「外交調査会を廃止するがよい。廃止し得ないならば少なくとも事実上之を無力のものとしてしまうがよい。元来外交調査会の制度が憲法違反であることは私共の唱道し来った所であって」（10.1大朝）と、憲法調査会の廃止もしくは無力化を要求した。同じく『大阪朝日』紙上で、京都大学法科教授河田《かわた》嗣郎《しろう》は、新内閣の顔ぶれもほぼ政友会で占められたから、「之を歓迎せざるを得ないのであって、民本主義の基礎、漸くに確立し、天下の政治が少数の藩閥官僚によって「独占せられたる従来の状態が変革された」。これではじめて「人民の意思の直接に之を参与するを得るの道が、漸くにして開け来たり」（10.7大朝）という。人民の意思が政党を通じて政治に反映されることを期待し、原内閣が民本主義の一つの到達点だと高く評価した。

原政党内閣と「デモクラシー」

政友会総裁原敬による、わが国初の政党内閣の成立。これをどのように考えれば良いのか。寺内超然内閣が倒れて、原内閣が成立する直接の契機は、やはり米騒動といわねばならない。米騒動はすでに述べたように、騒擾型街頭騒擾だけでなく、広範な消費者運動や労働者のストライキを伴い展開した。米騒動の原因は米価の高騰であるが、その他の諸物価高騰も生活難を招き、国民が耐えがたい困難に陥った。米価や諸物価の高騰の原因は、やはり第一次世界大戦である。食糧をめぐる暴動は、ヨーロッパでも起きている。また第一次世界大戦は、ロシア革命を引き起こした。ロシア革命の影響は、日本の労働者だけでなく支配層にもおよんだ。これはまた少なからず、米騒動発生に影響を与えずにはいなかった。「一九一八」年の日本は、様々な世界史的要素がリンクした渦中にあった。

第一次世界大戦下、挙国一致内閣として成立した寺内超然内閣は、国民との間に信頼関係を築くことは出来なかった。それどころか、その非立憲的な本質は批判の的になり、国民の生活苦をよそに多額の資金を中国の北京政府と軍閥に注ぎ込んだ。米価高騰にも無頓着で、さらなる軍事行動(シベリア出兵)に邁進した。国民は米騒動で、はっきりとシベリア出兵を拒否した。四年目を迎えた第一次世界大戦は、未だ終結に至らなかった。そのような内外の急変する情勢の中、誰がこの国の舵取りをするのか。

原敬と政友会こそが、この時点で国民を統合していく役割を担った。支配層からみても、原敬は国を治める切り札であった。元老の筆頭である山県は、それをじゅうぶんに理解していたし、原敬と政友会に頼らざるを得なかった。また多くの国民も支配層も、そしてメディアも、原敬と政党に期待した。いっぽう、原敬にしてみれば、元老山県とその背後の山県系官僚と手を結べば、おそらく永続的な政友会による政権保持が可能だと考えた。

日本政治の流れをみるならば、日露戦後、国民は政治や軍事への関与を強く要求するようになる。日露戦争で国民は、人的・財政的負担を強いられたからである。国民は選挙と政党を通じて、政治に関与する。その関与の深化が「デモクラシー」とみられ、政治の政党化を通じてはかられると考えられた。政友会と藩閥系勢力との間の政権交代路線（桂園時代）や大正政変などを通じて、政友会は着実に政治勢力として成長した。日比谷焼き打ち事件のような都市騒擾も頻繁に起こり、国民が政治に関与する機会も増えた。こうした流れの行き着く先が、原政党内閣の成立であった。

しかしそれは、飽くまで政治の「政党化」が進展したという意味での「デモクラシー」であった。従って、原内閣の成立が、広範な国民の権利を拡大し、生活を豊かにしたかといえば、それは残念ながら「否」である。この年の新聞を読み進めば、原内閣が成立して以降も、米価は下がってはいない。一〇月以降は、スペインかぜが本格的に日本を襲い、多くの国民が命を落とした。原と政友会は、自党のための小選挙区制導入には熱心であったが、普通選挙には冷淡であった。民本主義を唱えて「大正デモクラシー」の旗手であった吉野作造は、原という政治家を嫌い抜いたという（坂野、二〇二二年）。原は「平民宰相」といわれた。しかし当時の新聞では「無爵総理」とか「無爵宰相」という表現が多い。「無爵」という表現の方が正確で、「平民」は誤解を招くように思われる。いい古されてはいるが、少なくとも原は「平民の側に起つ宰相」ではなかったからである。

大正時代年表（一九一二〜一九二六）

＊下の太文字（「**西園寺→桂**」など）は当時の内閣名を表している。

一九一二年（**明治四五**）（**大正元**）
七月、明治天皇没。大正と改元。八月、桂太郎内大臣就任、友愛会創立。一二月、第二次西園寺内閣総辞職、第三次桂内閣成立、第一次護憲運動。 **西園寺→桂**

一九一三年（**大正二**）
二月、大正政変（第三次桂内閣総辞職）、山本権兵衛内閣成立。三月、『佐伯自治新聞』創刊。 **桂→山本**

一九一四年（**大正三**）
一月、シーメンス事件発覚。三月、山本内閣総辞職。四月、第二次大隈内閣成立。六月、サライェヴォ事件。七月、オーストリアがセルビアに宣戦布告し第一次世界大戦開始。八月、ドイツがロシアに宣戦布告、日本がドイツに宣戦布告。一〇月、海軍がドイツ領南洋諸島占領。一一月、青島陥落。一二月、二個師団増設案否決、衆議院解散。 **山本→大隈**

一九一五年（**大正四**）
一月、対華二一ヵ条要求。三月、総選挙で大隈与党圧勝。五月、ドイツ潜水艦がイギリ **大隈**

スのルシタニア号撃沈、中国が二一ヵ条要求受諾。六月、二個師団増設追加予算案可決、大浦事件発覚。七月、大浦内相辞職。

一九一六年（大正五） **大隈→寺内**

一月、吉野作造「憲政の本義」を『中央公論』に発表。六月、袁世凱死去。七月、第四次日露協約。九月、河上肇「貧乏物語」を『大阪朝日』に連載開始。一〇月、大隈内閣総辞職、寺内内閣成立、寺内内閣批判の全国記者大会。

一九一七年（大正六） **寺内**

一月、最初の西原借款。二月、ドイツが無制限潜水艦作戦開始、日本海軍地中海派遣。三月、ロシア二月革命。四月、アメリカがドイツに宣戦布告。六月、臨時外交調査委員会発足。八月、物価調整令、中国がドイツに宣戦布告。九月、暴利取締令、金輸出禁止、孫文の広州軍政府成立。一一月、石井・ランシング協定、ロシア十月革命、「平和に関する布告」。

一九一八年（大正七） **寺内→原**

一月、ウィルソン大統領「十四カ条の平和原則」、海軍がウラジオストクに軍艦派遣。三月、中国長沙で米騒動、ブレスト・リトフスク条約、カンザス州の陸軍基地で多数の兵士が発熱（スペインかぜ発生）、ブラゴベシチェンスク事件、イギリス軍がムルマンスクに上陸、戦時利得税公布。四月、石戸事件、陸戦隊がウラジオ上陸、大阪市公設市場設立、外米管理令、軍需工業動員法公布。五月、軍艦「周防」で集団感染（横須賀）、チェコ軍と独墺俘虜部隊衝突、日華共同防敵軍事協定締結。六月、チェコ軍がウラジオストク占領、日本で「軍隊病」流行。七月、アメリカがシベリア出兵を決定、富山県で「女一揆」。八月、シベリア出兵宣言（第一二師団に動員令）、米騒動が全国に拡大、米騒動の報道禁止、穀類収用令公布、白虹事件、大分連隊がウラジオへ向け出発、日本でスペインかぜ蔓延の兆し。九月、米騒動収束、寺内内閣退陣、原内閣成立。一〇月、大阪朝日村山社長、鳥居編集局長ら退社。一一月、ドイツ革命、休戦協定締結。一二月、大阪朝日敗北宣言、シベリア派遣軍兵員削減決定、吉野作造ら黎明会結成、東大新人会結成。

一九一九年（大正八） **原**

一月、パリ講和会議。二月、大分連隊田中支隊全滅。三月、朝鮮で三・一独立運動、アムール州イワノフカ村の惨劇。四月、講和会議でドイツ権益の日本継承を承認。五月、中国で五・四運動、第一二師団に内地帰還命令。六月、ヴェルサイユ条約調印。七月、第一二師団帰還。

一九二〇年（大正九） **原**

一月、国際連盟発足。三月、新婦人協会結成、尼港事件（〜五月）、株価が暴落（戦後恐慌のはじまり）。四月、アメリカ軍がウラジオストクから撤退。七月、日本軍が北サハリン（樺太）を占領。一〇月、間島事件。一二月、日本社会主義同盟創立。

一九二一年（大正一〇） **原→高橋**

一一月、原首相が東京駅で刺殺される、ワシントン会議、高橋是清内閣成立。一二月、四カ国条約調印、日英同盟破棄。

一九二二年（大正一一） **高橋→加藤友**
二月、九カ国条約調印。三月、全国水平社創立。四月、日本農民組合結成。六月、加藤友三郎内閣成立。七月、日本共産党創立。一二月、ソ連が成立。

一九二三年（大正一二） **加藤友→山本**
九月、関東大震災（一日）、第二次山本権兵衛内閣成立。

一九二四年（大正一三） **清浦→加藤高**
一月、清浦奎吾内閣成立、第二次護憲運動。六月、加藤高明内閣成立。

一九二五年（大正一四） **加藤高**
一月、『キング』創刊（発売は前年末）。三月、治安維持法議会通過、普通選挙法議会通過。五月、日本軍が北サハリンから撤退（シベリア出兵終了）。七月、ラジオ本放送開始。

一九二六年（大正一五）（昭和元） **加藤高→若槻**
一月、若槻礼次郎内閣成立。一二月、大正天皇没、昭和と改元。

あとがき――「一九一八年」から見えてきたもの

第一次世界大戦で世界は変わった。軍国主義と帝国主義が敗北し民主主義と平和主義が勝利した、世界は戦争から国際協調へ転換した、といわれた。しかし、第一次世界大戦に深く関わった自覚のない日本人には、このような変化も内面化されにくかった。また、実際には、世界の変化はこのような図式で語られるほど単純なものではなかった。民族自決が唱えられながら、アジアやアフリカの植民地が解放されることはなかった。

第一次世界大戦中に起きたロシア革命も世界史的出来事であった。日本では、圧制を強いるロシアの帝政が滅んだことは歓迎された。しかし、ボリシェヴィキが政権を握ると、一転して革命を否定的に捉える見方が強まった。社会主義革命への理解は、わが国ではまだ進んでいなかった。いっぽう、ロシアの帝政を論じながら、天皇制の存在やその専制性について語られることはなかった(その後、マルクス主義の立場から天皇制の構造的理解が深まる)。

世界戦争は、世界中で物価の高騰と食糧危機、それに格差拡大をもたらした。日本は大戦景気のなかで、成金が簇生《そうせい》するいっぽう、細民が急増した。ヨーロッパでも日本でも、物価高騰と食糧危機に端を発した食糧暴動が起こった。米騒動は、参加者一〇〇万人ともいわれる大暴動に発展した。

米騒動と並行して、生産現場ではストライキも頻発した。政治家や識者たちは、その規模の大きさに恐れ、さらにロシア革命の影に怯えた。

シベリア出兵は、ロシア革命への干渉戦争であった。しかし日本に、シベリアや北部満洲に対する領土的野心があったことは間違いない。日本軍は、連合国の軍隊が撤退しても、シベリアや北サハリン（樺太）に駐留し続けた。シベリアの資源確保は、次なる総力戦への対応でもあった。またこの出兵で、日本とアメリカとの国家間の対立は確実に深化した。いっぽう国民は、シベリア出兵を、米騒動という行動で拒否した。少なくとも、政治家たちが期待した国民の熱狂は無く、対外戦争による国民意識の引き締めにも失敗した。

スペインかぜは、第一次世界大戦によるグローバル化がもたらした、新型インフルエンザのパンデミックであった。日本でも三年間に五〇万人近くの死者が出たとされる。常に感染症の脅威にさらされた当時の人々にとっては、スペインかぜが特別とは認識されなかった。しかしスペインかぜの流行は、感染症対策や衛生思想の普及を促した。「衛生」は、国民の規範であり義務となっていく。

寺内超然内閣は、新聞などメディアの批判にさらされた。それは米騒動でいっそう強くなったが、政府は言論弾圧の挙にでた。米騒動沈静後、寺内内閣は退陣し、わが国初の本格的な政党内閣である原内閣が誕生した。メディアも国民もこれを歓迎したが、政友会政権下で米価は下がらなかった。政友会の支持基盤は地主であり、一部の産業資本家であった。政党内閣の成立は、「デモクラシー」のひとつの到達点ではあった。しかし原内閣が成立したのは、寺内内閣のような非立憲内閣では、もはや政治運営が難しいからであった。陸軍少将河野常吉は、連合国と同盟国の優劣の差を、ドイツが参政権を制限し国民に戦争を強制したのに対し、連合国側は権利を与えたうえの義務観念に基づく自覚的な戦争をさせた結果だ、と総括した。言い換えれば、ドイツの専制主義・軍国主義に対し、連合国のデモクラシーが勝利したという（櫻井）。戦争に勝利する条件としての「デモクラシー」、国民統合のための「デモクラシー」である。いっぽう日本人は、中国や朝鮮をはじめとするアジアの隣人に関する「デモクラシー」には、無関心であったし、むしろ抑圧する側に立った。

本文中で何度も述べたが、拙著で取り上げた個々の出来事は、すべて密接にリンクしていた。それはひと言でいえば、世界戦争とグローバル化がもたらしたものであった。

大きな転換点だった第一次世界大戦を経て、世界もわが国も「改造」の時代を迎える。「改造」の方向はふたつあった。ひとつは、デモクラシーや国際平和・協調をいっそう発展させる方向である。そして、もうひとつは「国家改造」などといわれる方向のさきにある総力戦体制の構築である。わが国の歴史がどちらに進んだのかは、いうまでもない。しかしこのふたつの流れは、全く別の流れであったものだろうか。

拙著は二〇一八年の構想段階から、約五年を要した。その間に新型コロナウイルス感染症という世界的大事件が起きた。この出来事に触発されて（実際には様々な調査、資料収集活動が不可能となって）、これまで書きためた文章をもとに『感染症と日本人』（二〇二〇年）を書いた。その後、幕末維新期の草莽に関する新資料を入手できたこともあって、『花山院《かさのいん》隊「偽官軍」事件』（二〇二一年）を書いた。これを終えて、やっと本格的に拙著に取り組みはじめた。いっぽう、並行して『佐伯市誌（中巻）』（二〇二四年刊行予定）の編纂事業に関わることになった。ここで幸運にも、『佐伯新聞』という貴重な新聞資料を入手することができた。しかも『佐伯新聞』には、拙著の中心に据えた「一九一八年」分のそれが含まれていた。これによって、大分県南の南海部郡と佐伯町という小さな地域が、スペインかぜやシベリア出兵に深く関わったことがみえてきた。しかも『佐伯新聞』は、社会批評も展開する優れた新聞であった。『佐伯新聞』がなかったならば、拙著は平板なものになっていたかも知れない。

拙著は、新聞資料によって時代を描くという方法をとった。しかしいうまでもなく、新聞記事の内容がすべて事実ではないし、何らかの意図を持って書かれていることに注意を払う必要がある。しかし、全国紙に近いものから県レベルの地方紙、さらに極ローカル紙まで読むことで、同時代に身を置くような感覚が得られた。

ところで、二〇二二年の高校一年生から、「世界史B」「日本史B」に代わり、「歴史総合」「世界史探究」「日本史探究」という科目が実施された。「歴史総合」とは、世界と日本の近現代史を総合し学習する科目である。それは、日本の歴史（特に近現代史）が日本国内で完結するのではなく、世界的な事象と密接に関係しながら展開するという認識に立っている。もちろん、日本の動きが世界に与えた影響も大きい。こうした「歴史総合」の観点からみれば、「一九一八年」は、まさに恰好の教材となろう。

二〇二三年と「一九一八年」とは、おおよそ一〇〇年の開きがある。しかし社会状況としては、似通った所が多い。一〇〇年前は、「自由放任主義」の時代だった。そして今は、「新自由主義」のただなかにある。格差社会の中で迎えた世界的なパンデミック、戦争の影響による物価高、中間層は痩せ細り金持ち（成金）が幅をきかす。立憲主義が脅かされる政治状況や次なる戦争に備えた軍備の増強などなど。そして今また、放送法をめぐり「政治的中立」の問題が議論されている。結局のところ、メディアに対する統制が強められようとしている。大手メディアの側もまた、あの時のように、権力に迎合や忖度する傾向を強めているように思えてならない。ただ「新しい戦前」といわれる昨今、同じ事の繰り返しはご免蒙りたい。

また、ちょうど一〇〇年前の一九二三年（大正一二）には関東大震災が起きている。この一九二三年には、筆者の思い入れがある。筆者の父親と司馬遼太郎が生まれた年である。つまり二〇二三年は、ふたりの「生誕一〇〇年」にあたる。父は筆者の生まれた村と先祖の歴史を語ってくれた。司馬遼太郎の作品には、若い頃の愛読書が多い。両者に何ら接点はないが、筆者にとって、ともに「歴史への導きの糸」的存在であった。そして奇しくも二人は、同じ年（一九九六年）に世を去った。

最後に、構想を提示してから五年も経ってしまい、その間に二冊の本の出版を引き受けて下さり、なおも辛抱強く待っていただいた弦書房の小野静男氏に感謝を申し上げる。

二〇二三年九月

長野浩典

主要参考文献（引用順）

長野浩典『感染症と日本人』弦書房、二〇二〇年
井上寿一『第一次世界大戦と日本』講談社現代新書、二〇一四年
山内昌之・細谷雄一編『日本近現代史講義』中公新書、二〇一九年
伊藤之雄『元老――近代日本の真の指導者たち』中公新書、二〇一六年
飯倉章『第一次世界大戦史』中公新書、二〇一六年
木畑洋一『二〇世紀の世界』岩波新書、二〇一四年
小林啓治『総力戦とデモクラシー』吉川弘文館、二〇〇八年
加藤聖文『国民国家と戦争　挫折の日本近代史』角川選書、平成二九年
毎日新聞社編『大正という時代「一〇〇年前」に日本の今を探る』二〇一二年
櫻井良樹『日本近代の歴史4　国際化の時代「大正日本」』吉川弘文館、二〇一七年
薬師院仁志「近代大阪の小売商――公設市場からスーパーマーケットまで――」『帝塚山学院大学研究論集』四一号、二〇〇六年
大阪市社会部庶務課編『社会事業史』大正一三年
『大阪市政五十年の歩み・自治制発布五十周年記念』大阪市、一九三八年
山室信一ほか編『現代の起点第一次世界大戦第一巻　世界戦争』岩波書店、二〇一四年
山室信一『複合戦争と総力戦の断層』人文書院、二〇一一年
有山輝雄『近代日本ジャーナリズムの構造　大阪朝日新聞白虹事件前後』東京出版、一九九五年
久保亨『戦争と社会主義を考える』かもがわ出版、二〇二三年
佐々木雄一郎『近代日本外交史』中公新書、二〇二二年
江口圭一『大系日本の歴史14　二つの大戦』小学館、一九八九年
井本三夫『米騒動という大正デモクラシーの市民戦線』現代思潮新社、二〇一八年
成田龍一『大正デモクラシー　シリーズ日本近現代史④』岩波新書、二〇〇七年
『数字でみる日本の一〇〇年』第四版、国勢社、二〇〇〇年
松尾尊兊『大正デモクラシー』岩波書店、一九七四年
麻田雅文『シベリア出兵』中公新書、二〇一六年
「米騒動」『日本史大事典』平凡社、一九九三年
金原左門『大正期の政党と国民』塙書房、一九七三年
『大分県警察史』大分県警察部、昭和一八年
大分放送大分歴史事典刊行本部編『大分県歴史事典』大分放送、一九九〇年

小松裕『全集日本の歴史第一四巻「いのち」と帝国日本』平凡社、二〇〇九年
藤野裕子『都市と暴動の民衆史』有志舎、二〇一五年
季武嘉也「都市民衆騒擾と政党政治の発展」『岩波講座日本歴史第一七巻』岩波書店、二〇一四年
佐藤浅五郎『米往来』平凡社、大正一五年
纐纈厚『田中義一　総力戦国家の先導者』芙蓉書房出版、二〇〇九年
菊地昌典『ロシア革命と日本人』筑摩書房、一九七三年
石光真清の『誰のために』中公文庫、二〇一八年
細谷千博『シベリア出兵の史的研究』岩波現代文庫、二〇〇五年
井竿富雄『初期シベリア出兵の研究』九州大学出版会、二〇〇三年
井竿富雄「新聞の中のシベリア出兵」『山口県立大学国際文化学部紀要第一二巻』二〇〇六年
川島真『近代国家への模索』岩波新書、二〇一〇年
安藤実「第一次世界大戦と日本帝国主義」『岩波講座日本歴史近代5』一九七五年
平松鷹史『郷土部隊奮戦史』大分合同新聞社、昭和三七年
柴田秀吉『シベリア出兵「ユフタの墓」』私家版、二〇〇五年
広岩近広『シベリア出兵――「住民虐殺戦争」の真相』花伝社、二〇一九年
伊藤正徳『国防史』東洋経済新報社、昭和一六年
菅原佐賀衛『西伯利出兵史要』偕行社、大正一四年
『佐伯市史』佐伯市史編さん委員会、一九七四年
『鶴見町誌』鶴見町誌編さん委員会、二〇〇〇年
信夫淳平『大正外交十五年史』国際連盟協会、一九二七年
内務省衛生局編『流行性感冒』平凡社東洋文庫、二〇〇八年（原書は一九二二年発行）
速水融『日本を襲ったスペイン・インフルエンザ――人類とウイルスの第一次世界戦争――』藤原書店、二〇〇六年
「コロナショック・ドクトリン」『世界 no.932』岩波書店、二〇二〇年五月号
詫摩佳代『人類と病』中公新書、二〇二〇年
加地正郎『インフルエンザの世紀』平凡社新書、二〇〇五年
「日本におけるスペインかぜの精密分析」『東京都健康安全研究センター年報（五六巻）』二〇〇五年
『大分県史近代篇Ⅲ』大分県、昭和六二年
新村拓編『日本医療史』吉川弘文館、二〇〇六年
渡辺滋『寺内正毅とその周辺』山口県立大学、二〇二〇年
岡義武『岡義武著作集第三巻　転換期の大正』岩波書店、一九九二年
若槻礼次郎『明治・大正・昭和政界秘史――古風庵回顧録――』講談社学術文庫、一九八三年
春原昭彦『日本新聞通史』四訂版、新泉社、二〇〇三年

三谷太一郎『日本の近代とは何であったか』岩波新書、二〇一七年
清水唯一朗『原敬』中公新書、二〇二一年
中公新書編集部編『日本史の論点』中公新書、二〇一八年
岩波新書編集部編『日本の近現代史をどう見るか』岩波新書、二〇一〇年
坂野潤治『日本近代史』ちくま新書、二〇一二年
坂野潤治『明治憲法史』ちくま新書、二〇二〇年
坂野潤治『近代日本の構造　同盟と格差』講談社現代新書、二〇一八年
成田龍一『近現代日本史と歴史学』中公新書、二〇一二年
成田龍一『近現代日本史との対話（幕末・維新――戦前編）』集英社新書、二〇一九年
岩波新書編集部編『日本の近現代史をどう見るか　シリーズ日本近現代史⑩』岩波新書、二〇一〇年

〔著者略歴〕
長野浩典（ながの・ひろのり）
一九六〇（昭和三五）年、熊本県南阿蘇村生まれ。
一九八六（昭和六一）年、熊本大学大学院文学研究科史学専攻修了（日本近現代史）。
歴史（近現代史）研究家。
主要著書『街道の日本史　五十二　国東・日田と豊前道』（吉川弘文館）
『熊本大学日本史研究室からの洞察』（熊本出版文化会館）
『緒方町誌』『長陽村史』『竹田市誌』（以上共著）
『大分県先哲叢書　堀悌吉（普及版）』（大分県立先哲史料館）
『ある村の幕末・明治――「長野内匠日記」でたどる75年』『生類供養と日本人』
『放浪・廻遊民と日本の近代』『西南戦争民衆の記――大義と破壊』『川の中の美しい島・輪中――熊本藩豊後鶴崎藩からみた世界』『感染症と日本人』『花山院隊「偽官軍」事件――戊辰戦争下の封印された真相』（以上弦書房）

新聞からみた1918
――大正期再考

二〇二三年一〇月三〇日発行

著　者　長《なが》野《の》浩《ひろ》典《のり》
発行者　小野静男
発行所　株式会社　弦書房
（〒810・0041）
福岡市中央区大名二―二―四三
ELK大名ビル三〇一
電　話　〇九二・七二六・九八八五
FAX　〇九二・七二六・九八八六

組版・製作　合同会社キヅキブックス
印刷・製本　シナノ書籍印刷株式会社

ISBN978-4-86329-277-2　C0021